建设交通强国

交通是兴国之要、强国之基

强国建设书系

交通强国

傅志寰　陆化普　著

中国科学技术出版社
·北 京·

编 委 会

主　　任：傅志寰
副 主 任：陆化普
委　　员：傅志寰　陆化普　刘长俭
　　　　　张　宇　王长君　张永波
　　　　　彭　虓　许　飒　张晚笛
　　　　　王天实　郑金子
摄影支持：赵　晋　罗春晓　张凤展
　　　　　贾传军　李惟斌　吴祖南

序

　　交通运输是人类生存的基本条件和社会进步的推动力量，就像人的血液循环一样须臾不可或缺。纵观古今中外，大国的崛起、民族的振兴，无不倚重交通。1—2世纪"条条大道通罗马"的古罗马帝国，7—9世纪开拓路上和海上丝绸之路的"盛世大唐"，15世纪拓展海上新航路的葡萄牙、西班牙，17世纪的"海上马车夫"荷兰、确立海上霸权的英国、新兴的美国，无不如此。18世纪以后，工业革命开启了交通发展的新时代，以蒸汽、燃油、电力驱动的轮船、火车、汽车以及飞机相继问世，带动了航海、铁路、公路和航空的迅猛发展，极大地缩短了世界各地间的时空距离，加速了人类的生产生活节奏和文明发展的进程。

　　追溯中华文明，交通之于国土的整合、经济的发展、文化的交融、边疆的稳固均起到了举足轻重的作用。秦代构筑

的驰、直道系统，为中国的统一和繁荣发展提供了有力支撑；隋唐开凿的京杭运河，沟通了南北数千里的水上往来，缩短了南北运输时间，造就了沿岸的繁荣昌盛；古老的丝绸之路促进了东西方贸易发展和文化交流；郑和下西洋的航海壮举，加强了我国与南亚、西亚乃至非洲国家的联系。到了近代，我国的先贤们预见到交通的重要作用，力图以交通为先导振兴中华。孙中山先生提出"当知振兴实业，当先以交通为重要""交通是实业之母"等主张，然而由于军阀混战、政权腐败、外敌入侵，其设想未能实现。

新中国成立以来，特别是改革开放以来，在中国共产党的领导下，我国交通事业取得巨大成就，实现了从对经济发展的瓶颈制约到基本适应的历史性跨越。党的十八大以后，交通发展步入高质量发展的新征程。高速铁路、高速公路、内河航道里程及港口泊位数量均居世界第一，铁路营运里程、公路通车里程、民航机场数量居世界第二，交通总运量居世界之首。更令人振奋的是我国高速铁路成为走向世界的亮丽名片，新能源汽车在国际上异军突起……

然而，对比处于世界前列的交通强国，我国交通运输在技术装备、服务水平、效率成本、安全韧性等方面还存在差距，尚不能完全满足我国人民群众出行多样化、个性化的期望和经济社会发展的需求。

面对新时代的要求，党的十九大提出了"建设交通强国"的奋斗目标，将"发展交通"上升为国家战略；党的二十大再次强调"加快建设交通强国"。这是以习近平总书记为核心的党中央着眼全局、面向未来做出的重大战略决策，是时代赋予我国交通事业的崇高使命。

交通是兴国之要、强国之基。面对我国经济高质量发展和人民群众对美好生活的需求、面对世界新技术革命的重大机遇，作为交通人，必须要有所作为，牢记使命，建设"人民满意、保障有力、世界前列"的交通强国，为实现中华民族伟大复兴的中国梦当好先行者。

本书围绕"交通强国"这一主题，简要回顾了我国古代和近代交通发展的脉络，重点阐述了新中国成立以来，特别是党的十八大以来我国交通运输业取得的巨大成就和面临的

挑战，解读了《交通强国建设纲要》《国家综合立体交通网规划纲要》有关要点。与此同时，本书也适度介绍了国外的交通建设经验，以资借鉴。

《强国建设书系·交通强国》一书由来自高校、科研院所和企业的知名交通专家共同编写。作者们基于多年研究成果和深厚的底蕴，实事求是地对我国交通发展实践展开深入的分析，围绕建设交通强国的目标任务，对未来发展做了展望，力求以简洁通俗的语言奉献给读者一本有信息、有启发的好书。

本书执笔分工如下：第一章"千古有道"由王天实执笔；第二章"路通国兴"由张永波撰写；第三章"强国蓝图"的执笔作者是傅志寰；第四章"基础设施"由刘长俭撰写；第五章"运输服务"由许飒和彭虓共同完成；第六章"安全交通"的执笔作者是王长君和郑金子；第七章"绿色交通"由张晚笛和彭虓合作撰写；第八章"智能交通"的执笔作者是陆化普；第九章"城市交通"由张宇撰写；第十章

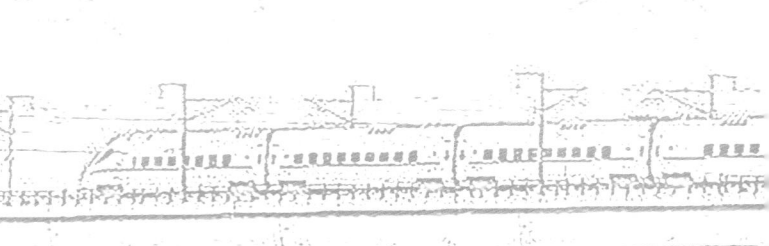

"创新驱动"由陆化普执笔；第十一章"通达世界"的作者是刘长俭。

在此，我们向参加本书撰写的专家们表示衷心的感谢，并为他们在百忙之中倾注热情、严谨求实的写作而深受感动。

我们也深知，由于水平有限，书中难免存在不足之处。我们真诚地欢迎广大读者批评指正，共同为我国交通事业的发展贡献力量。

傅志寰

陆化普

2024 年 2 月

目录

序 ································ 傅志寰　陆化普

第一章　千古有道

第一节　先秦的古代交通 ································ 4
第二节　秦以来的道路交通 ···························· 6
第三节　历史悠久的运河与水运 ···················· 11
第四节　筚路蓝缕的近代铁路 ························ 15
第五节　从无到有的近代航空 ························ 22
第六节　邮驿系统的发展演化 ························ 25
第七节　交通与社会发展 ································ 29

第二章　路通国兴

第一节　综合交通发展 ···································· 36
第二节　铁路交通发展 ···································· 43
第三节　公路交通发展 ···································· 53
第四节　水运交通发展 ···································· 60

第五节　航空运输发展……………………………………68

第六节　管道运输发展……………………………………74

第三章　强国蓝图

第一节　"发展交通"上升为国家战略……………………84

第二节　交通强国建设的目标与内涵……………………86

第三节　坚定走中国特色交通强国之路…………………90

第四节　深化改革，当好先行……………………………99

第四章　基础设施

第一节　交通基础设施现状、成就与挑战………………114

第二节　新阶段交通基础设施建设任务…………………118

第三节　铁路基础设施建设………………………………121

第四节　公路基础设施建设………………………………124

第五节　水运基础设施建设………………………………128

第六节　支撑畅行全球的航空运输体系…………………134

第五章　运输服务

第一节　综合运输服务发展……………………………146
第二节　客运服务发展……………………………………155
第三节　货运服务发展……………………………………171

第六章　安全交通

第一节　我国道路安全形势分析………………………190
第二节　交通事故是如何发生的………………………195
第三节　国内外提升道路交通安全水平的经验借鉴………209
第四节　交通安全提升对策体系………………………216
第五节　借助于智能化显著提升交通安全水平…………226

第七章　绿色交通

第一节　绿色交通的中国内涵…………………………234
第二节　我国绿色交通发展现状与问题…………………241

第三节　交通绿色发展的国内外经验 …………… 249

第四节　绿色交通的工作重点 …………… 258

第五节　我国交通绿色化的政策保障 …………… 262

第八章　智能交通

第一节　智能交通的意义和内涵 …………… 270

第二节　智能交通发展现状与挑战 …………… 276

第三节　我国智能交通发展的若干关键问题 …………… 288

第四节　交通智能化前景分析展望 …………… 290

第五节　交通智能化的政策保障 …………… 297

第九章　城市交通

第一节　城市绿色交通体系建设 …………… 306

第二节　城市交通拥堵治理策略 …………… 317

第三节　城市空间与交通的深度融合 …………… 322

第四节　都市圈与城市群交通发展路径……………………330

第十章　创新驱动

第一节　现状与差距……………………………………………340

第二节　创新驱动的主要方向…………………………………342

第三节　实现创新驱动发展的若干措施………………………352

第四节　未来交通新技术发展的若干亮点……………………355

第十一章　通达世界

第一节　联接世界的综合立体交通网络：现状、成就
　　　　与挑战……………………………………………………378

第二节　支撑全球交通服务的枢纽基地………………………380

第三节　走向世界的中国铁路…………………………………383

第四节　合作共赢的海外港口建设……………………………386

第五节　跨境交往的口岸交通…………………………………396

第六节　中欧班列的作用与未来发展……………………398
第七节　"一带一路"：走向共同富裕的交通走廊…………401

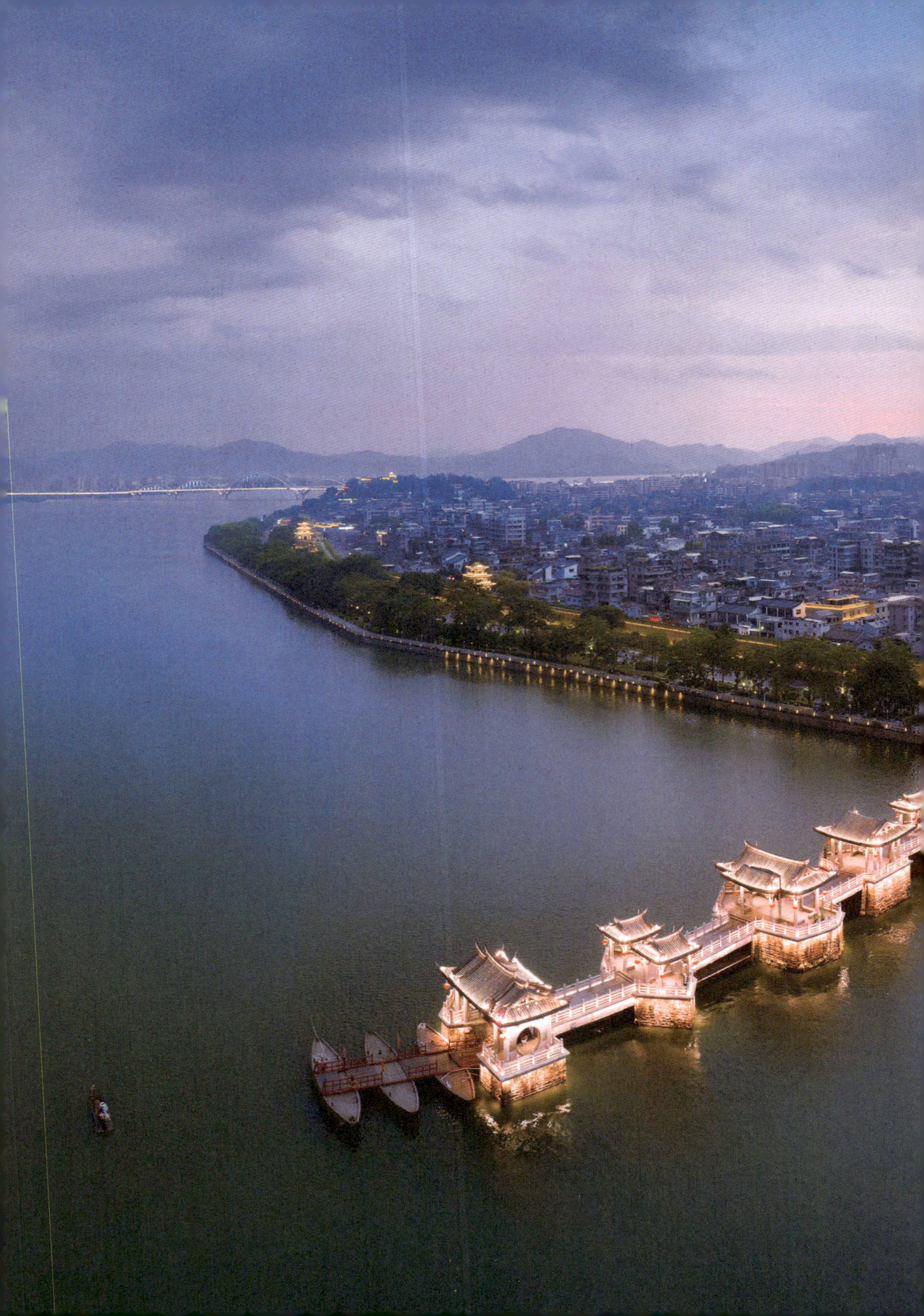

第一章 千古有道

交通伴随着人类的诞生而出现，是支撑中华民族经济、文化发展和民族融合、国家富强的基础性和战略性条件。交通运输每一次重大变革都深深影响着人类文明的进程。

　　自古以来，在中华文明绵延发展中交通发挥了极为重要的引领和支撑作用。交通强国理念在中国古代和近代交通发展中同样有着深刻的体现。京杭运河沟通了南北往来，丝绸之路促进了东西方贸易。尤其是近代以来，交通的先导作用日益彰显。

孙中山先生曾疾呼"当知振兴实业，当先以交通为重要""交通为实业之母"，并提出在中国沿海修建三大深水港，修建10万英里（约合16万千米）铁路等设想。实践证明，交通牵引着国家的经济布局，往往决定一个地区的繁荣及城市的兴衰。新征程上，置身于交通强国建设的关键期，回顾我国古代和近代交通发展，对于深刻理解交通与经济社会发展和历史文化进步的关系、交通科技发展与交通运输和社会进步的影响关系，具有重要意义。

🚆 交通强国

第一节　先秦的古代交通

交通发展与特定阶段人类面临的主要矛盾和生产力的发展水平有着十分密切的关系。华夏民族从不同地域到不同民族不断地融合发展，从而形成了生生不息、具有强大生命力和凝聚力的中华民族。在不同历史时期，交通发展的主要推动力量和发展特点各不相同[1]。

古往今来，水是人类的生命之源、发展之基，而洪水泛滥也是早期人类面临的最大威胁。治水是五帝时期，尤其是舜帝执政时期的关键矛盾。

大禹（图 1.1）受命治水后，总结了前代治水失败的教训，采用了疏堵结合治理水患的策略并取得了成功。他最突出的历史贡献是疏通弱水、黑水、黄河、漾水、长江、淮河、沇水、渭河、洛河等 9 条江河，治理了威胁华夏民族生存的严重

图 1.1　绍兴大禹陵的大禹雕像

水患。为了达成这一目的，大禹实施了一系列工程，开辟了9条道路交通线，为大规模治水创造条件，这也是"交通先行"的最早例证。大禹开辟的9条道路交通线，总里程约为8000千米，其不仅支撑了大规模的治水工程，也为夏初的国家治理和经济发展奠定了坚实基础。

商周时期是中华民族文化第一次蓬勃发展的时期。商朝对周边部族发动的战争促进了多民族的融合，扩大了国家版图，西周在此基础上扩大国家道路规模，道路建设的水平和质量也进一步提升。西周设"周道"，周道是西周王朝连接西都镐京与东都成周的道路交通主轴线，从今陕西西安沿渭河南岸东行，然后出河南三门峡灵宝市，沿黄河南岸直到河南洛阳老城区，全长约500千米。后来西周王朝又将周道继续向东延伸，经过今河南郑州巩义市、荥阳市、管城区和开封陈留镇，直到河南商丘睢阳区，然后分为东西两条路线通往东北方向。周道大体以一条大路为主轴，辐射四周及平原上的各诸侯国，从而形成"周道延伸线"，将周王朝与设置于东方的齐、鲁、卫、宋、曹等重要封国连成一片，其政治、军事、经济意义十分重大。

周道及其延伸线，不仅是以成周为中心的交通主干线，而且是纳入国家管理制度的政治、经济、军事大动脉，成为周王朝强化统治的重要设施，也是一条国防交通线。此后直到唐宋时期的2000多年间，中国历朝历代均以今西安—洛阳—开封一线作为道路交通主轴线，即使到元明清时期，这条道路主轴线仍然是中国北方的重要交通干线。

到了春秋战国时期,伴随着频繁的征战,生产力迅速发展,也引发了空前的交通需求,促使道路网络进一步形成体系。春秋时期我国的道路系统已经具备了相当的规模,这为大一统国家的形成和发展提供了坚实基础和强有力的保障。同时,发达的道路交通又进一步促进了华夏各民族文化的深度融合和一体化发展,也为春秋战国时期百家争鸣局面的形成提供了肥沃土壤,促进了各种学派的形成和早期哲学的迅速发展,奠定了中国哲学和中华文化的发展基础。

第二节　秦以来的道路交通

春秋时期,各国为了扩充实力,均不遗余力地在各自都邑开辟道路,以便利的交通为前提竞相谋求霸业,使地区性的道路交通得到改善。由于当时周王室仍是名义上的君主,各国交战和会盟的地点距离周王室所在地成周(今河南洛阳)不远,因此道路交通以成周为中心,东通宋、鲁、齐,西至秦、陇,南连楚、吴、越,北达晋、燕[2]。

到了战国时期,七雄割据并立,为夺取更多的土地、人口和租赋,兼并战争日益剧烈,战争规模不断扩大。同时,由于铁器的使用、牛耕的推广以及农业和手工业的进一步发展,商业也逐步繁荣起来。随着政治、军事和经济发展的需要,道路交通范围更加广阔,北至今内蒙古、河北张家口和承德地区,南至今云南、广西北部，西至今甘肃东南部以及四川大部，并连通今新疆地区，东至朝鲜半岛及东海沿岸。

秦国在各国中有其独特的交通优势。秦地处西北，位于山河环护的四塞之内，为了接受中原文化的积极影响，必须坚持东进才能在交往中取得主动，提升国家实力。秦国向东扩张的要塞是函谷关（今河南三门峡），连接秦都与函谷关的通道称为"函谷路"。函谷关和函谷路对秦国来说具有特别重要的战略意义，列国"合纵"伐秦均被阻于函谷关。秦国军队在函谷路疾驰，保证了军事作战的效率。

位于秦国西部的汧水道是另一条重要的交通要道，并且与秦国自身发展密切相关。前11世纪，伯益第25世孙中潏被商朝安插到西垂（今甘肃陇南）。商朝灭亡后，部分嬴姓族人被发配至此。此后，秦嬴族人在当地经营，先是定都汧邑（今陕西宝鸡陇县），后沿汧河一路东迁到雍城（今陕西宝鸡凤翔县）。为抵抗西戎的侵扰，自秦襄公开始与之持续争斗，直到秦穆公"称霸西戎"，而汧水道就是秦国背靠关中的生命线。常年与西戎的征战，客观上提升了秦国的军事实力。

秦人对蜀道的经营也举世瞩目。秦人修筑通往巴蜀的栈道，显著改善了秦岭巴山道路的通行条件。秦军循栈道据有巴蜀，取得这一地区的资源，改变了与东方强国的实力对比，形成对主要敌国楚国两面夹击的战略态势，对于最终实现统一有着极其重要的意义。

除秦国外，其他各国也积极进行了交通建设。

交通强国

　　齐国的交通以临淄为中心，有陆路和水路两部分。齐国的陆路交通线，以号称齐国"五都"的临淄（今山东临淄）、灵丘（今山东聊城高唐县）、谷邑（今山东济南平阴县东阿镇）、即墨（今山东平度）、平陆（今山东济宁汶上县）为枢纽，形成沟通齐国70余座城市的道路网络。齐国的水路交通线主要是利用济水河道，西向通过黄河、渭河通航到魏国都城大梁（今河南开封）、东周都城成周（今河南洛阳）、秦国都城咸阳（今陕西咸阳渭城区），南下通过黄沟、邗沟可通航到长江流域。此外，齐国还有碣石、芝罘、琅琊等海港，南下可通往吴国、越国，北上可至辽东、朝鲜半岛。

　　赵国于安王十六年（前386年）迁都到邯郸。邯郸地处河北南部，西依太行山脉，东接华北平原，号称"天下名都"。赵国迁都之时，邯郸已是重要的交通枢纽。为保障与太行山以西的联系，赵国疏通滏口陉、井陉、飞狐陉、蒲阴陉，设置无穷之门（今河北张家口张北县）、句注塞（今山西忻州代县）、鸿上塞（今河北保定唐县）、高阙塞（今内蒙古巴彦淖尔乌拉特后旗）、井陉塞（今河北石家庄井陉矿区）等关隘。周赧王九年（前306年），赵武灵王通过"胡服骑射"改革，开始组建骑兵反击匈奴的侵扰，乘胜追击到九原（今内蒙古包头九原区），随即开辟"灵九大道"（从灵丘到九原）。此举有从北面虎视秦国都城咸阳、实施战略迂回的谋划，迫使秦国开辟咸九大道与之对抗，最终形成后来秦直道的雏形。

　　魏国的交通包括陆路和水路。道路交通以故都安邑（今山西运城夏县）、都城大梁（今河南开封）为枢纽，形成从安邑到大梁、从新绛到晋阳、从大梁到邯郸的3条要道。魏惠王开凿以大梁为中心沟通黄河与颍水的鸿沟，加强了中原与江南各地的联系，使大梁一跃成为中原地区的水路陆路交通枢纽。

楚国一度是春秋战国时期面积最大的国家，其势力从今湖北、湖南，扩张到广东、广西、江西、浙江、福建、江苏，以及四川东部、安徽大部、河南南部等地。为巩固领土，楚国相继开辟了从国都郢（今湖北荆州市荆州区）到郑国都城郑邑（今河南郑州新郑市）、从郢都到宋国都城睢阳（今河南商丘睢阳区）、从郢都到滇池（今云南昆明）的3条交通干线。虽然楚国先至川滇地区，但秦利用金牛道，很快击破蜀国、巴国，并占领黔中，切断了楚军的交通线。

交通事业在秦朝得到了空前发展，特别是秦驰道的建设，基本上奠定了我国陆路交通网的基本框架，这是秦朝对后世的一项重大贡献。

秦朝修建驰道，将战国时期各国主要道路连为一体，第一次形成了相对完整的全国陆路交通网体系[1]。这项工程耗费了约10年时间，将全国各地重要城市，尤其是原山东各诸侯国的都会全部连通起来。秦朝的干线交通网包括驰道、直道、栈道等多种形式。

其中，驰道大多利用战国原有道路，以连接补筑为主；直道特指秦统一后新建的从云阳到九原的南北大通道；栈道则是战国时期为了克服秦岭的阻隔打通的从陕西到四川的道路，大

多修筑于川谷峭岩陡壁上，经凿孔架木而成，后被纳入驰道网络。路网整体结构由以咸阳为中心的6条放射干线和2条外围干线组成。

为了保证军事、政治等信息传递的高效率，驰道每隔5千米建一亭，作为区段治安的管理所、道路行人的休息站和邮传人员的交接处。驰道还有一项严格的管理规定，即非经特许不得通行于驰道中，体现出了等级尊卑。驰道是路面划分为三部分、具有分隔带的多车道道路，"中央三丈"是所谓"天子道"，经过特许的贵族官僚可行旁道。未有诏令而行驰道中，会受到严厉处罚。

以驰道为骨架的全国交通干线网络，将战国时期割据一方的各诸侯国连通起来，不仅提高了军事和行政效率，还为贸易通商、文化传播提供了便利，这对当时政治、经济、军事和文化的发展起到了积极的作用，并为中央集权国家的大一统提供了设施保障。秦驰道的修筑，可以视为国家层面开展全国公路网规划建设的起点，基本上奠定了随后历朝历代的道路系统结构，甚至影响了2000多年之后我国国家级干线公路网的总体格局，这不能不说是一个伟大的奇迹。

第三节　历史悠久的运河与水运

运河系统是中国创造的世界奇迹，也是中国自然地理特征决定的必然选择。在以水运为主的漫长年月，建设南北方向的水运大通道，既是当时社会经济发展的需要，也是古人的伟大壮举。我国的运河系统发展到今天，已经全面沟通了海河、淮河、黄河、长江和珠江水系，形成了世界上规模最大、水运最繁忙、至今依然发挥着重要作用的人工运河体系，是无与伦比的世界奇迹。运河是为沟通地区或江河湖海而人工开凿的水道，是人类利用大自然的重大创举。除航运的基本功能外，运河还兼顾灌溉、分洪、排涝、给水等功能，并作为历史悠久的水运交通方式，起到了繁荣经济、沟通文化、推动城市发展等作用，有力维护了国家的统一与稳定[3-4]。

闻名天下的都江堰（图1.2）始建于秦昭襄王末年（约前276—前251年），是蜀郡太守李冰父子在传说中古蜀国国王鳖灵兴建的湔堋基础上组织修建的大型综合水利工程，由分水鱼嘴、飞沙堰、宝瓶口等部分组成。都江堰除具有防洪、灌溉功能外，还具有助航等综合功能。都江堰的建设，为成都平原

交通强国

图1.2 都江堰航拍图

发展成天府之国奠定了丰厚的水源基础。先秦的运河大多借助当时平原地区自然河流、湖泊分布较密,便于人工开凿连通的有利条件,往往布局分散,缺乏系统,引水、壅水设施很少见,工程未臻完善,航运能力较弱,但却对后世运河的发展影响深远。

秦在统一中国的过程中重新整治、改造先秦时代留下的运河,并开凿灵渠,连通了岭南地区。始皇三十七年(前210年),秦始皇遣刑徒3000人自丹徒(现江苏镇江丹徒区)至曲阿(今江苏丹阳),顺应丘陵地势,开凿一条新的河道,即丹徒水道,东南通吴王夫差所开的古江南河而至会稽郡(今江苏苏州),奠定了隋代江南运河的基本走向[3-5]。

漕运作为集权统治的产物,与集权统治紧密相关。运河的开凿与疏通最直接的原因是为统一国家和巩固统治的军事行动而运送将士、粮草及其他军需物资。在强大统一王朝时期，漕运就兴旺发达；在分裂割据时代，漕运就颓废荒败。秦始皇揭开了集权统治时代的大幕，统治天下的支柱不再是分封于各地的世袭贵族，而是一支完全听命于皇权的职业性官僚队伍。国家为满足庞大的官僚队伍的物质需求，征调全国财赋，建立俸禄制度；实施"外攘夷狄，内兴功业"国策，打下强大物质基础；征调地方的财物，削弱了地方物质基础；为最高统治者享尽人世间的一切荣华富贵，征调四方出产的各种物资。汉代沿用了秦漕运制度，漕运在波折中兴旺发达。秦、西汉时期的运河连接了经济中心和政治中心，不仅推进了秦朝对岭南的统一，而且对秦汉以后巩固南北的统一，加强南北、东西政治、经济、文化的联系，发挥了积极的作用。魏晋南北朝时期，漕运未能得到较大发展。相对来说，曹魏更重视运河疏浚和开凿，对巩固北方的统一发挥了战略作用，同时为定都邺城（今河北邯郸临漳县）奠定了基础[3]。

  隋唐时称运河为漕渠或漕河、运渠，至宋代始称运河。隋唐时的京杭运河，是由通济渠、山阳渎、孟渎（江南运河）和永济渠连通构成的，长2000多千米，宽30多米[6-7]。

  隋唐开凿的这一系列运河，西自京师大兴城，北抵涿郡，南至余杭，全长2000多千米，沟通了海河、黄河、淮河、长江、钱塘江五大水系，并把京师、东都、涿郡（幽州）、浚仪（汴州）、梁郡（宋州）、山阳（楚州）、江都（扬州）、吴郡（苏州）、余杭（杭州）等都城大邑连缀在一起，加强了各地区之间的联系。

宋时，通济渠被称为汴河，地位更显重要；山阳渎为淮南运河，地位同汴河；孟渎为浙西运河，南宋时尤显重要；永济渠为御河。这几条运河在两宋时期得到持续治理，构成南北水运干线。除上述水运干线外，其他运河也发挥着重要作用：惠民河是北宋开封西南闵水、蔡河诸运河的统称；广济河（又名五丈河）上接汴水，自汴京东北，经定陶、济州合蔡镇（今山东郓城西南）入梁山泊达郓州，沿济水（北清河）贯齐鲁达海；金水河是北宋开封城西引水渠；浙东运河为钱塘江与姚江之间数段运河的统称[8]。汴河、惠民河、广济河、金水河（一说黄河）合称"漕运四河"，共同形成以京师开封为中心的运河网络。南宋偏安一隅，但因临安左江右湖，舟船最便，运河继续发挥重要作用。在维护使用淮南、浙西运河的同时，南宋全力整治浙东运河。该运河成为支撑南宋政权的生命线。

唐宋时期沿袭了前代漕运的管理体制，元朝灭南宋后，仍依靠旧运河进行水陆转运。但这条隋唐以来的运河旧道，因历经变迁，久不通畅。随着元定都大都（今北京），连接北方政治中心和南方经济中心的水运通道就显得尤为必要，因此着手陆续整修京杭运河，主要为济宁以北的通惠河、会通河、济州河，均在元世祖至元年间（1271—1294年）实施，京杭运河缩短了900多千米，至此京杭运河总体格局已定[9-10]。元朝在原有运河的基础上，通过开凿新运河河段、裁弯取直、疏通河道等手段，以最短距离贯通南北，连通了北方政治中心和南方经济中心。元朝统一全国后，我国再没有出现长期分裂的局面，从某种角度看，京杭运河功不可没。

第四节　筚路蓝缕的近代铁路

100多年来，中国铁路从无到有、从弱到强，从蹒跚起步、艰难延伸到高速铁路密布、动车飞驰，从七拼八凑、"万国博览"到统一规范、现代管理，从路权丧失、任人欺凌到树立标杆、成为楷模，经历了艰难曲折、创新奋进的发展过程。中国铁路百年巨变，彰显了在中国共产党领导下，铁路人不屈不挠的奋斗历程和自立自强的创新精神。回顾中国铁路百年历史，将为全面认识中国交通发展历程、推进铁路改革发展提供启迪和借鉴。

19世纪是铁路的时代，而此时的中国，刚刚经历了康乾盛世的辉煌，外表强大，内里却是颓势尽显：内忧外患压力重重、国家财政捉襟见肘、民间资本乏善可陈、外交金融人才严重缺乏、对外闭关锁国、思想观念保守落后。这一切都使得中国早期铁路的发展更加步履维艰，充满曲折与艰辛。

19世纪初，铁路知识开始由西方传教士带入中国。林则徐、徐继畬、洪仁玕等中国开明人士也积极介绍铁路知识。第二次鸦片战争结束后，中国半殖民地化程度进一步加深。西方列强为向中国内地扩展势力，不断向清政府提出修建铁路的要

交通强国

求。清政府对西方列强向中国内地扩展势力深怀戒惧,并视铁路为西方"奇技淫巧",采取了坚拒铁路于国门之外的态度。

中国第一条营业性铁路是由英国怡和洋行擅自修筑的吴淞铁路,于1876年12月全线通车,次年由清政府收回并拆除。19世纪70年代,洋务运动兴起,清政府部分洋务派官员认识到铁路对巩固海防和发展经济的重要性,开始提议修建铁路。此后,围绕修不修铁路,清政府内部展开激烈争论。

1881年11月,唐胥(唐山—胥各庄)铁路(图1.3)建成,这是中国自行修建的第一条铁路。该铁路是由开平煤矿修建的运煤铁路。线路由唐山至胥各庄,长9.7千米,初始由马拉运,后改用蒸汽机车牵引。

图 1.3　唐胥铁路运煤列车

京张铁路(图1.4)是中国人自己设计与施工,且建成后自主运营的第一条干线铁路。1905年,因英、俄两国相争不下,清政府决定自主修建京张铁路。然而,在北京与张家口相隔的200余千米间,地理条件复杂险峻,施工难度极高,此前中国人还从来没有独立修筑任何一条铁路干线的经验。因此,西方人对中国人修筑京张铁路普遍表示怀疑,有的外国人甚至宣称能修京张铁路的中国人还没有出生。

图 1.4 1905 年修筑的京张铁路桥洞

1905 年 10 月 2 日，京张铁路正式开工建设。1909 年 8 月，京张铁路建成。铁路全长 201.2 千米，跨长城内外，途经燕山山脉，沿途山峦起伏，石峭弯多，工程艰巨。京张铁路总工程师詹天佑不畏艰难、栉风沐雨，解决了一个个工程难题。为了线路能够翻越八达岭，詹天佑多次勘测，顺着山势设计出了"人"字形折返线爬坡，将八达岭隧道从最初设计的 1800 米缩短到 1091 米，降低了工程造价。居庸关隧道和八达岭隧道是两项最为艰巨的隧道工程，詹天佑亲自勘测设计和监督施工，采取了多项新技术，加快了工程进度。1909 年 9 月 24 日，京张铁路全线通车。京张铁路的建成通车轰动中外，其意义远远大于工程本身，它增强了中国人民的民族自尊心和自信心，充分展现了中国人民的智慧和力量，鼓舞了一

交通强国

代又一代的中国人，周恩来总理称赞这一业绩是"中国人的光荣"。

中日甲午战争后，帝国主义列强采取划分势力范围等方式，直接在中国修建铁路。帝国主义列强对中国铁路权益的掠夺，激起了中国人民反对帝国主义的爱国热情，从而引发了收回路权运动和商办铁路热潮的兴起。1903年，粤、湘、鄂三省人民率先提出废除与美国签订的《粤汉铁路借款合同》。迫于百姓的压力，1905年8月，清政府与美国签订合同，赎回粤汉铁路路权。此后，各省纷纷要求废除与列强签订的条约，收回路权运动逐步走向高潮。收回路权运动促进了商办铁路热潮的兴起。

1903—1910年，全国有15个省先后组建19家铁路公司，其中多数为商办公司。在收回路权运动的高潮中，清政府为加强铁路管理，于光绪三十二年（1906年）设立邮传部，主管航运、铁路、电政、邮政四政。这是中国第一个主管交通事业的中央行政机关。

收回铁路权益，国人自办铁路，引起帝国主义列强的不安。英、法、德、美等国不甘心放弃已经取得的铁路权益，对清政府施加压力。清政府害怕事态扩大，以商办铁路进展缓慢、集款困难等为由，于1911年宣布铁路干线收归国有，并且同英、法、德、美四国银行团签订《湖广铁路借款合同》。此举激起湘、川、鄂、粤四省人民强烈反对，尤其是四川各界开展了声势浩大的保路运动。清政府派大员前往四川查办铁路事宜，抓捕保路领导人，枪杀数十民众，制造了"成都血案"。成都学界罢课、商界罢市，四川各州县人民抗捐抗粮并组织保路同志军进军成都。清政府急令抽调湖北新军赴四川镇压，造成武昌兵力空虚，革命军乘机于1911年10月10日攻占武昌。保路运动加速了辛亥革命的爆发。

1876—1911年，中国共修建铁路9488千米。从空间分布看，以北京为中心的京奉、京汉、京张、津浦铁路4条干线以及与干线连接的正太、道清、胶济、汴洛4条线路初步构成华北铁路网。长江以南有沪宁、沪杭、株萍、株长4条线路。华南只有广九、潮汕、漳厦等短线，西北尚没有铁路，西南地区只有滇越线。从修建时间看，甲午战争前，清政府修建的铁路里程较少，仅有485千米，占总里程的0.5%左右；其余均为甲午战争后修建。

1912年1月1日，孙中山在南京宣誓就任中华民国临时大总统。1912年2月，孙中山辞去中华民国临时大总统职务后，全权筹划全国铁路事宜。他提出"交通为实业之母，铁道又为交通之母"的重要论断，开始系统研究全国铁路建设总体规划，并着手筹集经费、设计铁路干线等工作。1919年8月，孙中山发表《实业计划》，以铁路建设为中心，将铁路与公路、内河航运、电报电话、港口建设、枢纽设置、交通工业等相关门类做了通盘设计，形成了系统、完整的大交通思想。计划中共分为六大铁路系统，构成一个"全国四通八达，流行无滞"的铁路交通网，总体目标是使中国成为拥有10万英里

交通强国

（约16万千米）铁路的现代强国。由于政局动乱等原因，孙中山的计划未能顺利实施。

北洋政府时期，继续推行清政府的干线铁路国有和借债建路政策，取缔商办铁路，大量拍卖路权，用以抵借外债。1912—1915年，北洋政府与多个国家签订了9项铁路借款合同，出让了11条铁路的权益。1912—1927年，共修建约3900千米铁路，其中关内各省修建约2100千米，东北三省修建约1800千米。

1928—1937年的10年间，国民政府在关内各省修建了约3600千米铁路。粤汉铁路株洲至韶关段于1936年完工，至此，全长1096千米的粤汉铁路全线建成。陇海铁路西延至宝鸡。津浦铁路长江轮渡于1933年投入使用。一些地区修筑了一批公营铁路，如浙赣铁路、同蒲铁路、淮南铁路等。中国著名桥梁专家茅以升主持建造了由中国人自己设计的第一座公路铁路两用桥——钱塘江大桥（图1.5）。大桥全长1453米，正桥长1072米，于1934年8月开工，铁路桥于1937年9月26日建成通车。1928—1931年，东北地区公营铁路修建约660千米。一些商办民营铁路也有一定发展，如江南铁路、齐克铁路、个碧石铁路等。1931年九一八事变后，

图1.5　公路铁路两用桥——钱塘江大桥

日本侵占中国东北地区，对东北地区铁路、公路、水运、航空和通信等实行"交通一元化"政策。为实现"殖民东北"的目标和支援侵华战争，日本以"开发满蒙铁路计划"为基础，大规模修建新线。1931—1945年，日本在东北地区修筑铁路约5700千米，已开工的还有大约1000千米。到抗日战争结束时，东北地区铁路总里程约为11800千米，形成了东北铁路网。

1937年7月7日，抗日战争全面爆发。日本侵略军把抢占铁路作为军事目标，华北及华东地区铁路大部分被日军占据。抗日战争期间，为满足军事侵略和经济掠夺的需要，日本利用沦陷区的人力、物力和财力，在华北、华中、华南沦陷区修筑了一些铁路。对于沦陷区铁路，日本实行殖民化管理和经营。

1945年8月15日，日本无条件投降。国民政府和中国共产党领导的各解放区人民政府分别从日伪手中接管铁路。东北地区的中长铁路，收回后由双方共管。被日本占领50年的台湾省铁路宣告光复。滇越铁路中国段根据中法两国协定，由我国收回路权。

民国时期（1912—1949年），全国共建成铁路17103.1千米，平均每年修路约462.2千米。1912—1927年，由于军阀混战，政局动荡，铁路主要靠借外债修建，15年共修路3946.7千米，平均每年修路263千米。20世纪30年代初至抗日战争全面爆发前，出现了难得的筑路热潮。从1928年到

交通强国

1949年，共修铁路13156.4千米（含日本在中国修的铁路），平均每年修铁路626.5千米。

  新中国成立前的铁路建设情况具有以下特点：一是起步晚、发展慢。铁路在中国出现的时间，比世界上第一条铁路出现的时间晚了约半个世纪。二是数量少、分布偏。至1949年新中国成立前，全国铁路共有2.18万千米（部分线路被拆除），多建在东北和沿海地区，广阔的西北、西南地区只有1600多千米。三是设备差、效率低。铁路技术设备基本依赖进口，轨距不一，型号杂乱，有"万国铁路博物馆"之称；管理分割，运输效率低下。四是受制于人、路权旁落。借款修筑并以路产和营业收入作为抵押，导致铁路行车权、管理权、用人权、购料权由外国把持；外国直接修建经营的铁路，利权则全部被掠夺。

第五节　从无到有的近代航空

  作为五大运输方式之一，我国的航空运输起步较晚，然而发展迅速。目前，我国已经是航空大国，正在向航空强国迈进。中国民航旅客运输量连续16年位居世界第2位，较好满足了人民群众日益增长的航空运输需求，有力地支撑了国家对外开放发展战略，基本适应了经济社会发展对民航的需求。

  1909年9月21日，旅美华侨冯如驾驶着自制的飞机"冯如一号"，在奥克兰市上空翱翔了800多米，安全着陆。

1919年3月，中国最早的民用航空（简称民航）机构——北洋政府的筹办航空事宜处成立。1920年5月，中国第一条民用航线——京沪线京津段开航。

世界上最早的空中定期航线是由德国飞艇股份公司在1909年开通的，用飞艇载客在法兰克福、巴登和杜塞尔多夫之间做定期飞行。最早的国际民航定期客运航线，是1919年3月22日法国的法尔芒航空公司在巴黎和比利时的布鲁塞尔之间开通的。可以说，中国民航与世界上一些发达国家相比，起步稍晚。

在20世纪20年代末以及30年代，发达国家开始组建世界性的航空网，部分公司开通了到中国的航线。20世纪20年代末，美国的民航运输迅速发展起来，并逐渐超过了欧洲。而市场的需求也使民用飞机的研制出现新的飞跃，这使得美国的优势更加明显。

1930年8月，中美合作的中国航空公司成立。这家公司得到了南京国民政府的大力支持，在技术设施和业务经营上与其他航空公司相比处于领先地位。第二次世界大战结束后，中国的中国航空公司和中央航空公司（由中德合资成立的欧亚航空公司改组而成）在技术和业务方面都有较大的发展。中国航空公司运输总周转量在国际民航运输协会各成员国航空公司中排名第8位。与此同时，1946年12月20日，南京国民政府与美国签订了《中美空中运输协定》，规定在中美两国领土间发展空中运输。双方各指定3处地点，供两国航空公司在此承

交通强国

载客货和邮件，并设定3条航线，分别为北太平洋线、太平洋线和大西洋线。

1946年12月，南京国民政府同意法国航空公司每月可以有两个从越南西贡（今胡志明市）到上海的航班，1947年后改为每周一班。1947年，法国航空公司还使用DC4客机试航巴黎—上海。1948年5月，法国政府又与南京国民政府签署协议，准许中国与法国各指定一个或数个空运组织，在昆明至越南河内间经营商业航空。此后，法国航空公司使用DC3飞机开辟了从越南西贡经越南河内到昆明的货运航线。中国航空公司也开辟了从上海经昆明到达越南河内的航线。

新中国成立后，在很长一段时间里，由于受到物质和技术条件的影响，中国民航发展的速度比较慢、规模也比较小，但以此为手段加强与外界之间沟通联系的脚步始终没有停下。20世纪50年代，中苏开通北京—伊尔库茨克航线，不仅使中国首都与苏联和东欧各国的联系更加畅通，而且通过联运扩展到欧洲其他城市和南北美洲一些国家。例如，1956年10月，中法之间就是利用这样的渠道实现了间接通航。当时，中国民航的飞机飞到伊尔库茨克后，接着由苏联飞机联运到布拉格，再由法国航空公司完成从布拉格到巴黎的飞行。20世纪60年代，中国实现了与巴基斯坦的通航，从而打开了西部大门，使中国的民航飞机可以经巴基斯坦直接飞抵欧洲和非洲。

1964年1月，中法建交。1966年6月，中法两国签订航空运输协定。同年9月，法国航空公司开航上海，它也成为与中华人民共和国通航的首家西方航空公司。9月20日,"舍维尼城堡号"波音707飞机第一次降落在中国领土,从此开启了巴黎到上海的固定航线。中法之间首条航线的开辟,使新中国民航打破了西方封锁,中国与西方国家的联系从此进入"空中时代"。中法通航也进一步打开了中国向西方开放的大门,对中国发展与欧美国家关系、扩大对外影响起到了很好的促进作用,具有重要的政治意义。

第六节 邮驿系统的发展演化

古时的邮驿是以驿站为主体的马递网络和以急递铺为主体的步递网络[11]。邮驿是我国依托交通干线和站点建立的官方信息传递制度,而传输的信息,既有政情军情,又有一线采风。我国邮驿系统的四通八达,对历代王朝政权的稳定起着很关键的作用,深刻影响着中国古代的历史进程,也是世界上功能最完善、规模最宏大的邮驿体系。

我国的邮驿体系源远流长,早在尧舜时期就出现了雏形。在夏商时期奠定了我国信息传输的基础。到西周时期,我国的邮驿制度逐渐快速发展起来,已经形成了比较完整的邮驿制度,各种文书传递方式也有不同的名称。西周的驿道开始逐渐提供服务设施,设置各类休息站,叫作庐、委或市。

此外,西周通信的最大特点是在传递军情信息时使用烽火(图1.6)。一旦发生紧急情况,守卫通过点燃烽火台中的柴火

交通强国

图 1.6　长城烽火传递信息示意图

和狼粪而发出狼烟信号，让外界和下一个烽火台的守卫能马上发现，下一个烽火台也会发出信号。信息通过一个个烽火台进行传递，消息很快就会传到都城。同样，如果都城有重大事件发生，消息又会从反向传到边关。烽火制度是我国古代十分有效的通信系统，从西周一直到汉朝都在沿袭使用。

进入汉代，邮驿制度发生了重大变化，其中最显著的是改邮为置。置，也称为驿置或者传置，指配备了马匹、专门用来递送紧急公文的大型驿站。改邮为置的核心在于，把原有的车传或者人传方式，变为单人骑马传输的方式，并规定"五里一邮，十里一亭，三十里一驿"。邮和亭是短途步传信使的转运和休息站，驿也称为置，指长途传递信件文书的设施，汉朝的紧急和重要公文都由它来传运。驿置的长处在于传递迅速，通常以轻车快马为主。驿置预先会备好车马，随时供来往驿使使用。

隋唐时期的邮驿事业进一步发展，道路网也更加完善。自南北朝以后，邮驿系统的职责不断增加，既负责国家公文书信和紧急军事情报的传递，同时还兼管接送官员、维持治安、追捕罪犯、押送犯人和救助灾区等各种事务。隋唐时期的驿道、驿站遍布全国。据唐玄宗时期的《唐六典》记载，全国水驿共有260个，陆驿有1297个，从事邮驿工作的共有2万多人，其中驿夫有1.7万人，这一数字甚至超过了民国时期从事邮驿工作的人数。

进入宋代，邮驿开始由国家行政管理趋向军事化管理。第一，从中央管理制度来看，兵部具体管理邮驿的规约条令、人事调配、递马配备等。同时，枢密院也参与管理，负责驿马的发放、颁布驿递的凭信符牌等。第二，北宋实行以士兵代替百姓作为邮递人员的办法，完全按军事编制管理传递书信的机构。邮件文书的递送和过往官员投宿的馆驿，从职能上已经完全分开。

元朝的邮驿有了更大的发展。为了适应对广大疆域的统治，元朝政府在邮驿方面进行了积极的改革，大大扩展了驿路范围[11]。早在成吉思汗时代，就在西域地区新添了许多驿站。成吉思汗的儿子窝阔台和孙子拔都，更是把蒙古的驿路一直推到欧洲。元代，各驿站设有驿令、驿丞和提领等驿官，负责供应良马、检验驿使凭证、清点驿站设备等[12]。这些驿站管理的具体条例，更好地保障了元代邮驿的发展。

洪武元年（1368年），明太祖朱元璋建立了明朝，下令

交通强国

整顿和恢复全国的驿站，大力开展边疆地区的邮驿设施建设。除西南云贵地区外，朱元璋在我国东北、北部和西北边疆地区都开辟了大量驿道，设置了驿站，使中央和边疆地区的联系大大加强。明朝和元朝一样，平常的文书交给步行的递铺，重要和紧急的文书才交给马驿办理。递运所是在一般的递和驿之外，专门运送军需物资和上贡物品的运输机构。这种机构分陆运和水运两种。递运所的设置代表了运输的一大进步，使货物运输有了专门的机构。递运所由专门的官员负责，设大使、副使各一人，另设百夫长。运输任务陆驿由军卒承担，水路则由各地船户负责。这种递运基本上采取定点、定线，兼以接力的方法。这种专职的递运业务，把陆路运输和海运、河运很好地组织起来了。

在清代以前，虽说常常"邮驿"合称，但实际上"邮"和"驿"是职能不同的两种组织机构。汉唐以来，邮是负责传递公文的通信组织，也称为递；驿实际上只负责提供各种交通和通信工具，兼有招待所的性质。清代，这两种组织融为一体，驿站从间接地为通信使者服务，变成直接办理通信事务的机构。这实质上简化了通信系统，大大提高了工作效率。清朝驿务的管理归于兵部，专设车驾司，任命官员7人，主管全国驿道驿站。同时又在故宫东华门附近设2个专门机构，由满汉两大臣共同管理京师和各地驿务联系，下设马馆，专管驿夫驿马；又设捷报处，收发来往公文和军事情报。

第七节　交通与社会发展

　　古代先贤的哲学主张已融入我国治国理念与对外发展思路，深刻影响了我国从古至今的交通建设。在经济社会发展初期，交通基础设施供给不足，交通的基础性和服务性作用明显。进入高质量发展的新时代，交通的引领性和战略性属性则上升为核心功能。

　　早在20世纪初，孙中山先生便在《建国方略》中高度重视交通的作用，提出如下交通建设方案：修建约16万千米的铁路，把中国沿海、内地、边疆连接起来；修建160万千米的公路，形成遍布全国的公路网并进入青藏高原；开凿和整修全国水道和运河，建设三峡大坝，发展内河交通和水利、电力事业；在中国北部、中部、南部沿海各修建一个世界水平的大海港等[13]。

　　新中国成立以来，特别是改革开放以后，我国在经济社会发展中坚持交通运输先行理念，交通运输领域发生了历史性变化，交通基础设施加速成网，运输服务能力连上台阶，交通在国民经济发展中发挥了"先行官"作用。

　　交通是当今时代人民幸福生活的核心内容。党的二十大报告在充分肯定党和国家事业取得举世瞩目成就的同时，还指出发展不平衡不充分问题仍然突出。当前衣食住行中，衣、食、住的需求已经得到了解决，"人享其行"则成为美好生活的主要衡量指标和检验标准，是构建美好生活的关键要素。

交通强国

交通是提高竞争力的关键[1]。我国要建设现代化产业体系，坚持把发展经济的着力点放在实体经济上，推进新型工业化，加快建设交通强国。一座城市、一个区域、一个国家的经济竞争力的重要衡量要素之一就是交通。优越的交通条件，也是聚人气、吸引人才的关键要素。

历史证明，人才聚则地域兴，人才失则地域衰。"交通+"是最具潜力的发展方向和交通建设的最高境界[1]。交通与土地使用深度融合，才能实现土地集约节约、出行便捷高效、环境节能减排、服务世界一流的目标；交通与旅游深度融合，才能实现出行全程"人享其行"，尽情享受出行乐趣；交通与产业深度融合，才能实现精准运输、高效物流，从而实现零库存、低成本，使"中国制造"更有竞争力；交通与高端资源环境相结合，才能最大限度地实现对高端服务和稀缺景观资源的全面利用和广泛分享。

交通运输安全体系是落实总体国家安全观的有效支撑。国家关键通道和重点枢纽设施是经济社会运行的大动脉，也是能源、矿石、粮食等重要物资运输以及关键通道和重点枢纽的安全畅通保障。完善的交通运输应急保障体系和保障能力，将成为维护人民群众生命财产安全和国家总体安全的有力保障。此外，交通与国家安全保障体系相结合，能以最小的代价提供最快捷、最可靠、最高效的运输能力，铸就国防安全的铜墙铁壁。

由此可知，交通是兴国之要、强国之基、富国之路、民需之本。

参考文献

[1] 陆化普. 交通天下：中国交通简史 [M]. 北京：人民交通出版社，2023.

[2] 司马迁. 史记 [M]. 北京：中华书局，1959.

[3] 白寿彝. 中国通史（第三卷上）[M]. 上海：上海人民出版社，2000.

[4] 白寿彝. 中国交通史 [M]. 北京：团结出版社，2001.

[5] 白寿彝. 中国通史（第五卷上）[M]. 上海：上海人民出版社，2000.

[6] 白寿彝. 中国通史（第六卷上）[M]. 上海：上海人民出版社，2000.

[7] 钱穆. 中国经济史 [M]. 北京：北京联合出版公司，2020.

[8] 安作璋. 中国运河文化史（中、下）[M]. 济南：山东教育出版社，2001.

[9] 吴琦. 漕运与中国社会 [M]. 武汉：华中师范大学出版社，1999.

[10] 白寿彝. 中国交通史（第八、九、十卷）[M]. 上海：上海人民出版社，2000.

[11] 臧嵘. 中国古代驿站与邮传 [M]. 北京：中国国际广播出版社，2009.

[12] 宋濂. 元史 [M]. 北京：中华书局，1976.

[13] 孙中山. 建国方略 [M]. 北京：生活·读书·新知三联书店，2014.

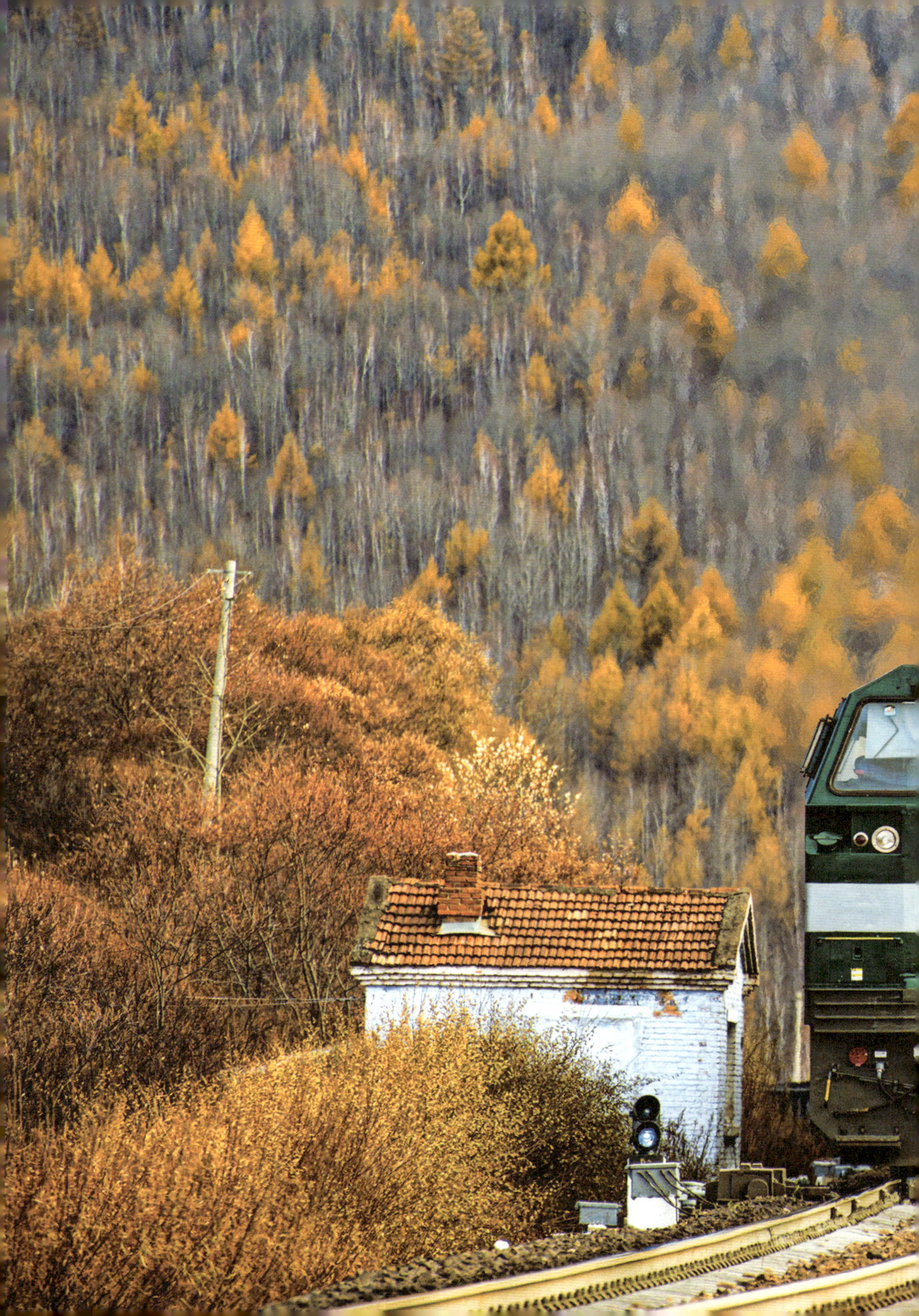

第二章 路通国兴

新中国成立以来，我国交通运输从基础薄弱、百废待兴，到成为交通大国，经过70多年的努力，实现了历史性跨越，特别是从改革开放之初的瓶颈制约，到20世纪末的初步缓解，再到目前的基本适应，交通运输业为我国国民经济持续快速发展和快速的城市化与机动化提供了强有力支撑。党的十八大以来，交通运输领域以推进供给侧结构性改革为主线，着力调整

交通结构、转变发展方式，满足了在人口众多、基础薄弱、经济高速发展背景下的社会经济发展和人民群众不断增长的规模庞大的交通需求，创造了发展奇迹。

回顾这段交通运输攻坚克难、砥砺前行的峥嵘岁月，深度思考和凝练交通发展的宝贵经验，对于我国交通运输的高质量发展具有重要意义。未来，随着科技创新的不断发展和政策的不断完善，我国的现代交通事业将继续保持强劲的发展势头，为实现中华民族伟大复兴的中国梦做出更大贡献。

交通强国

第一节　综合交通发展

新中国成立后，特别是改革开放40多年来，我国持续实施交通领域各项改革，推进交通基础设施建设，提升交通工具和运输服务水平，铁路、公路、水运、航空和管道运输等各种交通方式快速发展，形成了比较完善的综合交通运输体系。

一、综合交通实现快速发展，创造世界奇迹

中国人民以越是艰险越向前的大无畏精神，逢山开路遇水搭桥，交通运输事业取得惊人发展，填补了一个又一个交通空白，创造了一桩又一桩人间奇迹。交通发展重塑了经济地理，使天堑变成坦途，影响了亿万中国人民的生活。

我国基本形成了由铁路、公路、水路、民航等多种运输方式构成的综合交通基础设施网络。2022年年底，我国综合交通网络总里程618万千米（包括城市道路、不含民航和沿海运输），基本形成了以"十纵十横"综合运输大通道为骨干的"通道+枢纽+网络"的基础设施体系；以"八纵八横"为主骨架的高速铁路网对百万人口以上城市覆盖率超过95%，以"71118"为主骨架的国家高速公路网（7条首都放射线，11条南北纵线和18条东西横线）对20万人口以上城市覆盖率超过98%，254个民用运输机场覆盖约92%的地级行政单元，超大特大城市轨道交通加快成网；目前正在按照中共中央、国务院印发的《国家综合立体交通网规划纲要》推进"6轴7廊

8通道"综合立体交通网络体系建设。

当前我国交通运输基础设施规模、客货运输量，均已位居世界前列，科技创新取得突破，交通治理得到改善，已经成为名副其实的交通大国，交通供给能力基本适应国民经济的发展。

（一）综合交通基础设施及运输取得重大成就

我国运输线路总里程规模、高速铁路和高速公路里程、沿海港口总吞吐能力、内河通航里程、城市轨道运营里程以及港口万吨级泊位数量等均位居世界第一[1]。

从交通基础设施来看，我国铁路里程2022年达15.5万千米，比1978年增长2倍，位居世界第二；高速铁路里程2022年达4.2万千米，比2003年增长104倍，位居世界第一（参见图2.1）。公路里程2022年达535.48万千米，比1978年增长5倍，位居世界第二；高速公路里程2022年达17.73万千米，比1988年增长1772倍，位居世界第一（参见图2.2）。

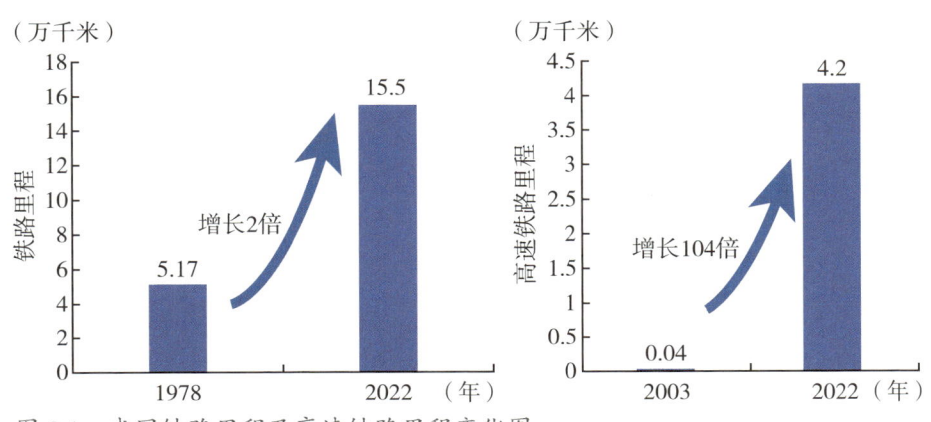

图2.1 我国铁路里程及高速铁路里程变化图

交通强国

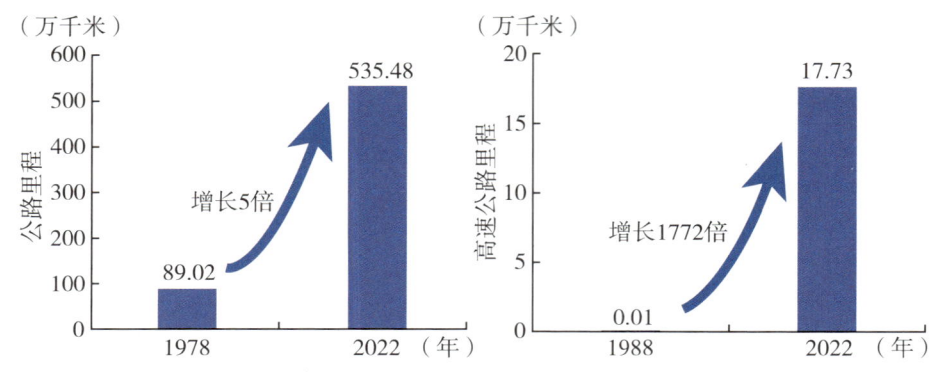

图 2.2 我国公路里程及高速公路里程变化图

我国港口拥有万吨级及以上泊位由2008年的1416个增长到2022年的2751个；颁证民航运输机场由2010年的175个增长到2022年的254个，参见图2.3。通用机场数量由2010年的38个，增长到2022年的399个，增长9.5倍[2-5]。

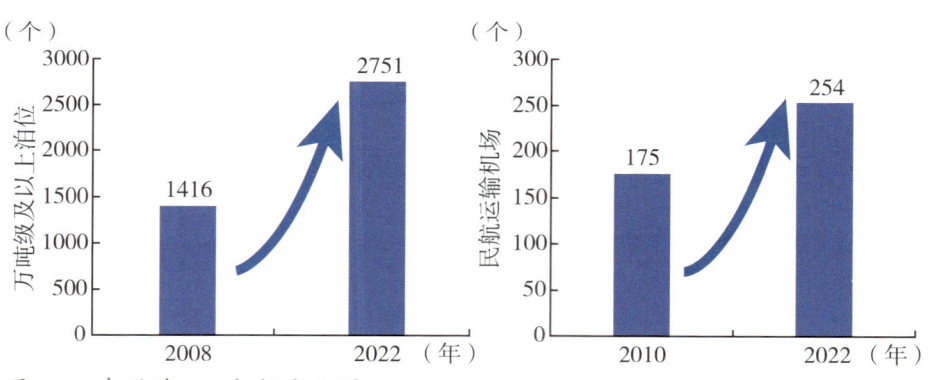

图 2.3 我国港口及机场变化图

此外，港口货运及集装箱吞吐量发展也很迅猛，从2008年到2018年，集装箱吞吐量增长了1倍，占全世界总量的1/4以上，为我国成为世界第一货物贸易大国提供了有力支撑。表2.1展示了我国客货运输发展规模的变化。

表 2.1　我国客货运输发展规模变化指标表[2-5]

指　标	1978 年	2022 年
铁路旅客周转量（亿人千米）	1093.2	6577.53
铁路货运周转量（亿吨千米）	5345.2	35945.69
公路旅客周转量（亿人千米）	1093.2	2407.54
公路货运周转量（亿吨千米）	5345.2	68958.04
民航旅客周转量（亿人千米）	27.9	3913.87
水路货运周转量（亿吨千米）	3801.8	121003.14

（二）交通运输科技创新能力及技术水平显著提升

我国交通运输行业始终瞄准国际交通科技发展前沿，在交通装备、交通信息化与智能化、交通安全和交通基础设施建设等方面的技术创新取得了一批标志性的重大科技成果，实现重大突破，极大地提升了我国交通运输业的核心竞争力和可持续发展能力，发挥了科技对交通运输的支撑和引领作用。

我国突破了一批交通运输基础设施建设和重点装备的关键技术，攻克了一批交通运输信息化和智能化关键技术，推动了交通系统的发展转型，初步培育并形成了智能交通产业，同时大数据、云计算、物联网、人工智能等技术与交通产业加速融合，有效推动了行业生产组织的变革。自动驾驶、车路协同等新技术、新业态、新产业、新模式不断涌现，初步显示出发展潜能，有望成为中国的一大特色[6]。

🚄 **交通强国**

天堑变通途：贵州建成"桥梁博物馆"

贵州建成2.1万座桥梁，其中世界级桥梁18座，世界高桥前100名中有50座、前10名中有5座在贵州，实现了从"地无三里平"到"桥梁博物馆"的华丽转身[7]。图2.4所示为贵黔高速鸭池河大桥。

（三）交通服务质量不断提高

随着我国综合交通体系建设的不断完善，客货运输服务的质量和效率也有了很大提高，交通运输基本公共服务供给和管理得以加强。集中连片特困地区交通运输基础设施、城乡

图2.4 贵黔高速鸭池河大桥

客运、城市公共交通发展水平提升,西部地区高速铁路加快发展,中西部地区交通条件显著改善。交通运输方式间、方式内的衔接中转配合更加顺畅,助推"门到门"的运输便捷程度提升。

综合运输服务品质稳步提升[1]。旅客联程运输蓬勃发展,涌现出"空铁通""空巴通""海天联运"等多种旅客联程运输产品。电子客票、刷脸进出站、无感支付、无感安检、验检合一和智能引导等便捷畅通服务,客运无障碍出行服务体系日益完善。

物流领域，人、货、车、场等全要素全过程数字化、网联化和高效匹配。在线受理、跟踪查询、电子票据、结算办理、货物交付及客户管理等一站式服务不断推广。

（四）交通治理体系更加完备，治理能力不断提升

交通基础设施投融资和管理运营养护等领域法律法规和标准规范更加完善，综合交通运输一体化融合发展程度不断提高，市场化改革持续深化，多元化投融资体制更加健全，以信用为基础的新型监管机制加快形成。

综合交通运输管理体制机制初步形成，我国完成了交通运输法治政府部门建设顶层设计，行业"放管服"改革成效明显，行业社会共治格局日趋完善。

二、综合运输效率和水平仍有待提高

目前我国交通基础设施基本适应运输发展的需求，但仍存在运输结构不合理、总体利用率不高以及通道中不同方式利用率不均衡、局部能力紧张等问题，部分区域交通基础设施建设过度超前。

首先，综合运输结构不尽合理。受多种因素影响，我国各运输方式尚未充分发挥其比较优势。我国铁路完成货运周转量约占全社会货运周转量20%，远低于公路分担比例。而其他国土面积较大国家，如俄罗斯、美国铁路货运周转量占比均超30%。

其次，交通基础设施能力总体利用率不高。2019年我国陆路交通基础设施能力利用率总体平均为52%。公路基础设施能力利用率平均为54%，高速公路、普通国道、省道的利用率分别为44%、60%和53%；2022年上述数据分别下降为34%、36%、46%和39%；铁路基础设施能力利用率平均为50%，普速铁路能力利用率50%以下的区段里程占全国普速铁路网的61%，74%的高速铁路区段能力利用率不到一半[1]。

最后，综合交通通道包含多种运输方式，是大运量、长距离运输的主要线路，目前还存在交通基础设施利用率不均衡不充分的问题，以综合运输能力研判供需匹配关系，综合运输效率还有挖潜空间。以利用率较高的交通通道为例，京沪通道铁路能力利用率为88%，公路能力利用率为68%，其中高速公路平均能力利用率为58%；京广通道中铁路能力利用率为86%，公路能力利用率为65%，其中高速公路平均能力利用率为54%；长三角—成渝主轴通道中铁路能力利用率为46%，公路能力利用率为61%。部分通道中存在局部能力紧张问题，如京沪通道中南京—上海区段、京广通道中珠三角城市群及沿线大城市周边[4]。

第二节　铁路交通发展

新中国成立后，恢复全国铁路网成了首要工作，新线建设也陆续开展。随着改革开放的不断深入，我国国民经济快速发展，铁路客货运输需求急剧攀升，运输能力全面趋紧。为适应

交通强国

经济和社会发展对运力保障的迫切需求，我国逐步加快铁路发展步伐，随后进入了一个新的发展时期。我国路网规模快速扩大，运输能力大幅提升，运营速度和效率显著提高，2022年全国铁路运营里程15.5万千米，居世界第二位，其中高速铁路运营里程4.2万千米，居世界第一位。

新中国成立以来我国铁路发展主要分为以下三个阶段。

一、创建人民铁路（1949—1978年）

新中国成立后，百废待兴，急需发展。面对旧中国留下的"烂摊子"，面对西方的封锁，我国铁路坚持自力更生，艰苦奋斗，依靠自己的智慧和力量，攻克技术难关，加快建设速度，取得了丰硕成果。

新中国成立初期，我国重点在西南、西北地区建设新的铁路线，如成渝铁路、天兰铁路。之后我国相继修筑了丰沙、宝成、鹰厦、包兰、兰青、兰新等铁路线；为加强"三线"建设开展西南铁路大会战，建设了成昆、川黔、贵昆等铁路线；中东部铺通京承、汉丹、外福等铁路线。不少新建铁路、桥梁和隧道（如武汉长江大桥和南京长江大桥），因其工程艰巨，将中国铁路工程技术提升到了新水平。与此同时，繁忙干线实行电气化、内燃化改造，大幅度提高了铁路运输能力。到1978年全国铁路运营里程达到5.17万千米，并建有大量复线，路网质量大幅提高，路网布局有较大改善，全国各省（自治区、直辖市）除西藏外都有了铁路。

这一时期建成铁路线上"地质博物馆"——成昆铁路（1970年建成），全长1096千米，地处横断山脉，穿越大小凉山，桥隧总延长占线路长度的41.6%，有41个车站建在桥上或隧道内，其沿线地势险峻、地质复杂、工程之艰巨举世罕见。

我国在万里长江上架起的第一座桥梁——武汉长江大桥（图2.5）于1955年开工建设，在苏联专家帮助下，1957年建成通车，全长1670米，将京汉、粤汉两大干线连接起来，合称京广铁路，从此"天堑变通途"。

第一座完全由我国自主设计和建造的横跨长江的铁路、公路两用特大双层钢桁梁桥——南京长江大桥（图2.6）1968年建成通车，公路桥4589米，铁路桥6772米，是当时世界

图2.5 武汉长江大桥

交通强国

图 2.6 南京长江大桥

上最长的双线公路铁路两用特大桥，该桥由我国自行设计建造，在中国建桥史上具有里程碑意义。

二、铁路实现快速发展（1978—2012年）

改革开放使我国经济社会实现了蓬勃发展，但铁路一度成为制约交通运输发展的瓶颈，"买票难""运货难"问题十分突出。在党中央高度重视和支持下，铁路建设迎难而上，组织了系列大会战，路网规模和质量不断提升。21世纪初，我国铁路总里程超过印度，跃居亚洲第一。

21世纪前后的十几年，我国建设了一批具有重大意义的铁路工程。大秦铁路（图2.7）建成，标志着我国铁路重载技术达到世界先进水平。京九铁路（图2.8）开通，连接

图 2.7 大秦铁路

图 2.8 京九铁路开通

北京和香港，大幅提升我国铁路网南北客货运输能力。青藏铁路（图 2.9）建设取得重大成就，结束了西藏不通火车的历史。

图 2.9　青藏铁路

　　从 1997 年开始，我国铁路陆续实施 6 次大提速，累计提速里程为 2.2 万千米，最高时速达 200 千米。2003 年建成开通的秦沈（秦皇岛—沈阳）客运专线（图 2.10）成为我国第一条高速铁路，自主研发的"中华之星"动车组试验时速达到 321.5 千米，创造了当时中国铁路速度新纪录。2004 年，国务院

批准《中长期铁路网规划》，掀起了铁路建设的新高潮。2008年开通的京津（北京—天津）城际铁路（图2.11），成为我国第一条时速350千米的高速铁路。2011年通车的全长1318千米的京沪高铁，是目前世界上运量最大、标准最高的高速铁路线路。

交通强国

图 2.10　秦沈客运专线

图 2.11　京沪高铁

三、铁路实现高质量发展（2012—2023年）

党的十八大以来，中国铁路迈入高质量发展阶段，铁路建设投资规模创历史最高水平。哈大、京广、贵广、南广、合福、兰新、东南沿海、海南环岛、京张、京雄等一批高速铁路建成通车，高速铁路网从"四纵四横"向"八纵八横"加速过渡。我国成功建成了世界上规模最大、现代化水平最高的高速铁路网。

坚定不移走自主创新之路，解决了我国铁路技术受制于人的问题。我国成功研制时速350千米的"复兴号"高速动车组，迈出了从追赶到领跑世界交通的关键一步；建成世界上首次实现列车自动驾驶的高速铁路——京张高铁；启动时速400千米新型动车组的开发。我国深入推进铁路智能化建设，支撑运输组织、安全生产、客货服务、经营管理、建设管理创新。此外，我国已全面掌握了复杂环境下线路建设技术、复杂地质条件下隧道设计技术、深水大跨桥梁设计施工技术，建设了包括寒带、热带等不同气候条件以及沙漠、冻土等不同地质条件下的高速铁路。

凝聚中华民族智慧的"复兴号"开辟了铁路交通新纪元

高速铁路是交通运输现代化的重要标志。2018年5月，习近平总书记在中国科学院第十九次院士大会、中国工程院第十四次院士大会上讲话指出，我国科技事业密集发力、加速跨越，实现了历史

交通强国

性、整体性、格局性重大变化，重大创新成果竞相涌现。

"复兴号"高速列车（图2.12）作为现代高新技术的集成，零部件数量超过10万个，独立的技术系统超过260个，设计生产动车组零部件的核心企业超过100家、紧密层企业500余家，覆盖20多个省市，高铁装备制造业已成为我国具备全产业链国际竞争优势的战略性新兴产业。

2022年4月21日，我国自主研发的世界领先新型"复兴号"高速综合检测列车创造了明线相对交会时速870千米的世界纪录。

图2.12 "复兴号"G123次列车从北京南站驶出

我国实施客运提质、货运增量、"复兴号"品牌战略，努力满足人民群众不断增长的旅行需求，增强铁路市场竞争力。随着我国高铁列车开行数量持续增长，通达范围不断拓展，我国全面推行高铁市场化"一日一图"，优化和增加高铁客运产品

供给。到 2022 年年底，我国铁路覆盖全国 99% 的 20 万人口以上城市，高速铁路覆盖全国 94.9% 的 50 万人口以上城市。

第三节　公路交通发展

新中国成立后，在党和政府的领导下，中国公路迎来"新生"。改革开放以来，中国公路行业率先开放，迎来了发展的春天。20 世纪 90 年代末，中国公路基础设施翻开了加快发展的一页，迅速扭转了对经济发展长期制约的局面。党的十八大以来，中国公路网在平稳高速发展中不断完善，创造了一个又一个奇迹。2022 年全国公路里程为 535.48 万千米，其中高速公路里程达 17.73 万千米；全国公路桥梁共 103.32 万座，其中特大桥 8816 座；全国公路隧道共 24850 处，其中特长隧道 1752 处。路网规模和运量指标均居世界前列，为实现第一个百年奋斗目标、向交通强国迈进打下了坚实的基础。

新中国成立以来，我国公路发展主要分为以下四个阶段。

交通强国

一、中国公路的探索与发展（1949—1978 年）

新中国成立初期，全国公路里程为 8.08 万千米，其中只有 3.2 万千米是有路面的。1953 年，第一个五年计划的实施，标志着中国近现代公路摆脱以战争为主的命运，开始围绕经济建设展开，中国公路开启了一个新的发展阶段。到 1957 年年底，全国公路里程增加到 25.46 万千米，比 5 年前的 12.67 万千米整整翻了一番，有路面的里程达到总里程的 47.56%。

1956 年 7 月 13 日，我国第一辆国产汽车——解放牌汽车开下了总装配线，标志着中国结束了不能制造汽车的历史，标志着中国汽车工业进入了历史新时期[8]。

至 1977 年年底，全国公路里程达到 85.56 万千米，中国公路总里程在这 28 年里，净增 77 万余千米。

二、公路快速发展期（1978—1998 年）

根据"远近结合，平战结合，需要与可能相结合"的原则，1979 年 4 月形成了《一九八一年至一九九〇年十万公里国道网规划（初步方案）》。这一方案是中国公路进入新的发展时期的重要标志。

进入 20 世纪 80 年代后，随着改革开放逐步深入、经济快速发展，中国公路建设迎来了发展的春天。

1988 年，沈大高速公路南北段通车，与沪嘉高速公路一道，实现了大陆高速公路零的突破。1990 年 8 月，全长 375 千米的沈大高速公路全线通车，超越我国台湾省的南北高速，成为中国里程最长的高速公路,并由此被誉为"神州第一路"[7]。

到1997年年底,全国公路总里程达到122.64万千米,比1977年净增37万千米;其中高速公路总里程达到4771千米,已经覆盖我国从东到西、从南到北的23个省级行政区。

三、公路实现跨越式发展（1998—2012年）

1998年我国建成公路规模达45677千米,当年年底我国高速公路总里程达到8733千米,位居世界第四。未通高速公路的省级行政区仅剩内蒙古、西藏、青海和宁夏。

到2012年年底,我国高速公路服务区已超过1400对,总产值超过1000亿元。我国高速公路初步形成了具有中国特色、符合国情的管理、经营和服务的运营管理体系。公路总里程跃升至423万千米,比1997年净增300多万千米;其中高速公路里程达9.62万千米,与高速公路规模世界第一的美国并驾齐驱,正式跻身公路交通大国之列。

贯穿六省（自治区、直辖市）的"连心路"京新高速公路创造了高等级大漠天路奇迹

京新高速（图2.13）是世界上穿越沙漠戈壁最长的高速公路,将乌鲁木齐进京里程缩短了1300多千米,打造了一座天津港通往荷兰鹿特丹港最为快捷的亚欧大陆桥,被誉为"神奇的中国7号天路",沿途可以领略草原、河流、森林、沙漠、戈壁、湖泊、冰川、高山、村庄和城市10种风光,可以看到草原青、戈壁灰、沙

交通强国

图 2.13　京新高速公路

漠黄、湖泊蓝、夕阳红、胡杨金、冰川白、林海绿及幻彩湖粉九种色彩[9]。

四、公路事业迈上交通强国之路（2012—2023年）

中国公路交通持续快速发展。党的十八大以来，公路交通运输在发展平衡性、协调性、可持续性上明显增强，迈上更高质量、更有效率、更加公平、更可持续、更为安全的交通强国建设之路。这一阶段，中国公路的里程数跻身世界前列，技术创新突飞猛进，与世界一流水平差距不断缩小，部分领域已经实现超越，综合交通运输体系建设正在加快步入现代化阶段。

"世界最高桥"北盘江第一桥将黔川滇交界区域融入全国高速公路网

北盘江第一桥（图2.14）的相对高度因刷新世界第一高桥纪录而闻名中外，全长1341.4米，桥面至江面距离565.4米，将云南宣威城区至贵州六盘水的车程从此前的5小时左右，缩短为1个多小时。

图2.14 北盘江第一桥

"川藏第一隧"雅康高速公路新二郎山隧道助力构建川藏"经济走廊"

新二郎山隧道（图2.15）是我国高海拔地区长度最长的高速公路隧道，全长13459米，作为川藏线上承前启后的"咽喉路"，保障雅安至泸定常年通车，并且缩短近2/3行程。

交通强国

图 2.15 雅康高速公路新二郎山隧道

我国从 2013 年出台的《国家公路网规划（2013 年—2030 年）》，再到 2019 年出台的《交通强国建设纲要》和 2021 年出台的《国家综合立体交通网规划纲要》，在具体实施中，中国公路事业一直按照这些层层递进、逐步升级的"顶层设计"，一步一个脚印地向着交通强国稳步迈进。

值得注意的是，近年随着我国城市化区域的扩大以及铁路快速发展，公路营运性客运出现向城市交通尤其是小汽车、高铁出行转移趋势。2019 年小汽车客运量、旅客周转量分别是全社会营运性客运量的 2.3 倍和 1.1 倍。小汽车出行客运量及旅客周转量分别占总量的 70% 和 54%。

我国公路经过多年发展建设，已形成具有布局完善、内通外联的公路网络，建成了一批具有全球影响力的重大工程，如渤海海峡跨海通道、港珠澳大桥等。

"新世界七大奇迹"之一的港珠澳大桥成为粤港澳大湾区的"脊梁"

港珠澳大桥（图2.16）全长55千米，桥、岛、隧组合，海底隧道长5.6千米，使香港至珠海的公路交通用时由3小时缩短至半小时。

港珠澳大桥建设难度极大，新材料、新工艺、新设备、新技术层出不穷，仅专利就达400项之多，在多个领域填补了空白，造出了世界上最难、最长、最深的海底公路沉管隧道。世界最大规模钢

图2.16 港珠澳大桥

> 交通强国

桥段建造、世界最长海底隧道的生产浮运安装、两大人工岛的快速成岛等技术创下多项世界纪录。

第四节　水运交通发展

新中国成立以来，特别是改革开放以来，我国水路交通事业的发展取得了长足进步。21世纪以来，我国全面融入全球化，工业领域多点发力、加快发展，外贸快速提升，我国水路运输需求快速增长，运输规模位居全球前列，水运大国地位基本确立。党的十八大以来，我国水运发展进入新时代，开始启动由大向强的历史性转变。2022年全国内河航道通航里程12.8万千米，等级航道通航里程6.75万千米，占内河航道通航里程的比重为52.7%，全国港口生产用码头泊位21323个，港口万吨级及以上泊位2751个，水上运输船舶12.19万艘，集装箱箱位298.72万标准箱。我国水运总体规模全球第一，我国港口集装箱吞吐量占世界总量的比例超过1/4，占亚洲总量的近1/2，我国海运量占世界海运量的比例超过1/3，为国民经济持续快速发展提供了强有力支撑。

从发展历程看，我国水运主要经历了以下五个阶段[7,9]。

一、"三年大建港"掀起了第一次建港高潮（1949—1978年）

新中国成立初期，我国国民经济处于恢复和调整时期，水运基础设施十分薄弱。运输船舶品种单一、吨位小、技术落后，海轮吨位在世界船队中的占比不足0.3%。20世纪50年代，我国水运以木帆船为主力，60—70年代，以水泥船和利用贷款购买的国外二手船为主。60年代，我国开始着手有计划有步骤地建立自己独立的水路交通运输业。为了迅速改变我国港口的落后面貌，沿海地区和长江干线掀起了第一次建港高潮，港口吞吐量能力有了大幅提高。

1949年5月，天津塘沽新港首次恢复建设计划，成为新中国成立后自主修建的第一个港口。图2.17为塘沽新港邮票。1956年建成的湛江港是新中国第一个自行设计建造的综合性海港。在武汉、南京等港口建设了一批机械化煤炭与矿杂码头，其中1955年开始建设的裕溪口煤码头是新中国成立后的第一个专业性煤炭码头。1978年中国远洋运输总公司购买第一艘半集装箱船"平乡城"轮后，集装箱船舶发展势头强劲。

图2.17 天津塘沽新港邮票

截至1978年年底，全国主要港口泊位数增加到735个，其中，沿海深水泊位增加到133个。新中国成立初期内河航道通航里程为7.4万千米，1960年增加到17.4万千米，到1970年由于严重失养，内河航道通航里程缩短为14.8万千米，1980年进一步缩短到10.9万千米。

当时我国水运发展战略重点是在一穷二白的基础上，大力建设港口，提高硬件基础设施保障能力，为当时的经济和对外贸易快速发展提供运输服务保障。

二、深水港口和内河重点工程建设实施，助推改革开放深入发展（1978—1989年）

党的十一届三中全会以来，我国实行改革开放政策，沿海省市是开放的前沿阵地，经济发展迅速，对外贸易规模急剧扩大，港口码头能力不足的问题日益突出。国家把港口作为重点项目优先建设，采取多渠道筹资建港方针，充分调动各方面积极性，鼓励和吸引各类社会资本包括外资建设、经营港口，同时开始重视发展国际集装箱运输。沿海地区重点围绕14个开放城市及5个经济特区开发建设了一批深水港口。内河水运推行"有水大家行船"政策，放开并活跃了水运市场，以长江干线、京杭运河、西江、湘江、汉江等为重点实施了一批重大工程，大幅提高了内河航道的通过能力。20世纪80年代初蛇口五湾突堤码头建成开港（图2.18），1988年盐田港开工建设。

这段时期，我国水运发展的战略重点是，继续加大水运基础设施供给，不断破解基础设施的瓶颈制约，聚焦到重点区域和关键项目。

三、港口建设重点更加聚焦到枢纽港和专业化泊位，内河水运建设投资大幅增加（1989—2001年）

为了加强交通基础设施规划、突出建设重点，1989年我国交通运输部（原交通部）提出了"三主一支持"交通发展长

图 2.18　20 世纪 80 年代初蛇口五湾突堤码头建成开港

远规划设想("三主"是公路主骨架、水运主通道、港站主枢纽,"一支持"是交通支持保障系统),确定了大型专业化码头的建设布局。

　　沿海一带重点建设了 20 个主枢纽港和一批煤炭、原油、铁矿石、集装箱等专业化泊位,相继实施了长江口、珠江口和一些主要港口深水航道工程,完善沿海南北运输主通道,码头深水化、专业化和航道深水化水平显著提升。

　　内河水运重点建设 23 个内河港口和"两纵三横"水运主通道。我国港口建设与经营市场化程度不断提高,初步形成了港口多种所有制及多种经营管理方式并存的格局。

　　1992—1997 年投资 27 亿元的京杭运河苏南段整治工程,

交通强国

是苏南运河历史上规模最大、标准最高、难度最大、效益最为显著的航道整治工程。此外，1997年年底开始的长江口深水航道治理工程，使制约上海国际航运中心发展的深水航道问题得到缓解[7]。

三峡船闸（图2.19）于1994年4月17日破土开挖，历时9年建成，是双线五级船闸，全长6.4千米，其中船闸主体部分1.6千米，船闸上下落差达113米。自向社会船舶开放通航以来，20年来三峡船闸累计运行19.3万余闸次，通过船舶99.3万余艘次、旅客1223.9万余人次，过闸货运量达19.1

图2.19 三峡船闸

亿吨，助力长江黄金水道进一步发挥"黄金效益"[10]。

这一时期我国水运发展有了系统的建设发展规划。沿海港口和内河基础设施建设取得了显著成效，水运发展瓶颈得到初步缓解，初步形成了以主枢纽港大型专业化泊位和专业化船队为基础的煤炭、石油、铁矿石、粮食和集装箱运输系统，特别是集装箱运输系统发展显著。

四、水运大国地位基本确立（2001—2012年）

随着我国加入世界贸易组织和全面建设小康社会，在更大范围、更广领域、更高层次参与国际经济合作与竞争，国民经济快速发展，能源、原材料及外贸运输需求增长旺盛。国家以市场经济为导向全面开放港口建设和经营市场，启动了新一轮港口管理体制改革，沿海港口大型化、深水化、专业化基础设施建设全面加快，上海、大连、天津等国际航运中心建设取得新进展，现代物流、临港产业等现代港口功能不断拓展，沿海港口开始进入设施建设和服务提升并重的全面发展时期。

在这一时期，我国开始参与海外港口建设。2003年，中远太平洋公司开始与新加坡国际港务集团合作运营集装箱码头。

这一时期，我国水运有了更加系统、更加科学的高层次的发展规划作为指导。《全国沿海港口布局规划》《全国内河航道与港口布局规划》得到国家批复，成为行业发展的重要指导和依据。

交通强国

五、加快结构调整和转型升级，向水运强国迈进（2012—2023年）

党的十八大以来，我国水运业不断拓展港口增值服务功能，加快推进安全、绿色、智慧港口建设，加快转型升级步伐，积极实施走出去战略，我国沿海港口进入了全面转型升级的关键期。随着转型升级步伐的加快，水路交通在我国经济社会发展中的基础性和先导性作用进一步凸显，"先行官"角色进一步突出。

世界有多大的船，中国就有多大的港

大型专业化码头建设，我国始终走在世界前列。从关系国计民生的煤炭、原油、铁矿石、集装箱等货类专业化码头和邮轮码头来看，我国港口始终超前规划，紧跟需求，持续推进大型专业化泊位建设，引领了全球码头泊位的大型化潮流。图2.20及图2.21即为其中典型样例。

图2.20 2015年7月4日，我国第一艘40万吨级矿石船"远卓海"轮首靠青岛港董家口港区40万吨级矿石码头

图2.21 2021年8月3日，世界最大集装箱船"长范"轮顺利靠泊宁波—舟山港梅山港区

洋山深水港：被誉为"集大成之作"

从 2018 年 201 万标准箱到 2019 年 327 万标准箱，到 2020 年 420 万标准箱，再到 2021 年 570 万标准箱，洋山深水港（图 2.22）"无人码头"展现了巨大的科技魔力，是世界上智能化程度较高的自动化集装箱码头之一，也是全球一次性建成投运、单体规模最大的自动化集装箱码头，被誉为"集大成之作"，标志着中国港口行业在运营模式和技术应用上，实现了里程碑式的跨越升级与重大变革。

图 2.22　洋山深水港

我国基本形成了以国家主要港口为主体、其他港口相应发展的布局合理、层次分明、优势互补的港口体系，构建了较为完善的煤炭、铁矿石、原油、集装箱等主要货类运输系统布局，建成了环渤海、长江三角洲、东南沿海、珠江三角洲和西南沿海五大区域港口群，构建了以"两横一纵两网十八线"高等级航道为主体的内河航道体系。图 2.23 所示的宁波—舟山港即为样例。

> 交通强国

图 2.23　宁波—舟山港集装箱码头

　　这一时期的水运发展，战略方向明确，规划布局完善，结构不断优化调整，转型升级步伐加快，水运发展基本适应了经济社会发展需要。我国沿海港口大规模基础设施建设时期基本过去，进入了结构调整、功能拓展、科技创新和软实力强化的重要阶段。内河水运一方面将继续补齐航道等基础设施短板，另一方面也将努力与沿海港口发展同步，加快结构调整和功能转型。

第五节　航空运输发展

　　新中国成立以来，我国民航经历了从无到有、由小到大的发展历程。特别是改革开放 40 多年中，民航经过 4 轮重大改革，极大地解放了生产力，使民航在安全水平、行业规模、服务能力、地位作用等方面实现了历史性跨越，基本适应了经济社会发展对民航的需求。截至 2022 年，民航运输机场 254 家（比 1978 年的 78 家增加了 176 家）；运输航空公司 66 家，定期航班航线 4670 条，国内航线 4334 条；获得通用航空经营许可证的传统通用航空企业 661 家，通用航空在册航空器总数达到 3186 架；在册管理的通用机场数量达到 399 个；获得通用航空经营许可证的无人机通用航空企业 15130 家。

总体来看，我国民航的发展经历了以下四个发展阶段[7, 11]。

一、起步阶段（1949—1979 年）

我国民航事业正式起步于 1950 年，当年飞机数量为 30 架，有 36 个规模小、设备简陋的机场。截至"一五"计划末（1957 年），民航客运量近 7 万人次，航线里程达到 2.6 万千米。20 世纪 60 年代初，已经建成北京、上海、广州、成都、乌鲁木齐五大民航基地。

新中国生产的第一架飞机——"初教-5"初级教练机、第一架喷气歼击机、第一架直升机，分别于 1954 年、1956 年、1958 年试制成功。1959 年，随着中国第一架超声速喷气歼击机"歼-6"试制成功，我国跨入了同时期世界上为数不多的具备批量生产喷气式战斗机能力的国家行列。

1979 年年底，中国民航航线里程达到 16 万千米，飞机数量达到 510 架；同年客运量和货运量分别达到 298 万人次

交通强国

和 5 万吨。这一时期，整个民航事务由国务院直接管理，中国民航局政企合一，行业采取军事化的管理模式。

二、快速发展阶段（1979—2001 年）

我国机场建设的快速发展是在改革开放之后开始的，我国陆续引进了大型、中远程、宽体喷气式飞机，促进了机场在标准、规模、安全保障等方面建设水平的提高。1984 年以后，各省会及大中城市也掀起了民航机场建设的热潮，其数量之多、范围之广，均为民航史上所少见。

1985 年开始运营的上海航空公司（现为上海航空有限公司）成为中国首家地方航空公司，开启了中国航空运输企业化的道路。1980—1986 年，中国民航运输周转量年均增长 24%。

1987 年，航空运输业实行管理体制改革，中国国际航空公司等六大航空公司陆续组建。1994 年，我国开始推动空中交通管理体制改革，组建中国民用航空空中交通管理局，并组建了 7 个地区交通管理局和 33 个空中交通管理中心（站），形成三级管理架构。

2000 年，全国航空运输企业达到 36 家，其中货运航空企业 2 家；运输飞机总量达到 527 架，航线里程达到 150 万千米，其中国际航线里程约 50 万千米；客运量和货运量分别达到 6700 万人次和 150 万吨，运输总周转量居全球第 9 位，其中国际运输总周转量居全球第 10 位。同期，通用航空开始进入快速发展阶段，通航飞机数量达到 455 架，业务量达到

12.5万飞行小时。1987—2001年，中国民航运输总周转量年均增长15%。

三、全面发展阶段（2001—2012年）

2002年，国务院出台《民航体制改革方案》，推进机场属地化改革，截至2004年基本完成机场的属地化管理（除北京首都机场和西藏自治区机场外）。2003年，完成中国民航局行政管理体制改革，由三级管理变为中国民航局—地区管理局两级管理。2004年，《中国民航总局 国家发展和改革委员会关于国内航空运价管理有关问题的通知》发布，推动市场化核心的运价机制的改革。

2010年，中国民航局发布《建设民航强国的战略构想》；2012年，国务院发布《国务院关于促进民航业发展的若干意见》，首次从国家层面明确民航业在经济社会发展中的战略产业地位，并指明民航业的发展方向和目标。

2012年，我国年旅客吞吐量100万人次以上的运输机场达57个，其中北京、上海和广州三大城市机场旅客吞吐量占全部机场旅客吞吐量的30.7%，机场货邮吞吐量占全部机场货邮吞吐量的53.5%。

该时期我国实现定期航班国内通航城市178个（不含港澳台），国际定期航班通航52个国家的121个城市，定期航班通航香港的内地城市40个；与其他国家或地区签订双边航空运输协定114个[11]。

> 交通强国

四、开启民航强国建设（2012—2023年）

为解决民航发展面临的深层次矛盾，突破束缚民航发展的各种瓶颈，不断解放和发展民航生产力，充分释放民航发展的活力，2016年，《国务院办公厅关于促进通用航空业发展的指导意见》发布，该文件明确了民航深化改革的方向和路径，其中，通用航空管理的改革是重要内容。

在多轮改革发展过程中，我国民航业务规模不断壮大、发展实力稳步提升、国际竞争力和影响力逐步增强，治理体系更加现代化，实现规模质量双提升，深化改革卓有成效，服务人民美好生活需要和支撑国家战略的能力显著增强，较好地满足了经济社会发展需要，截至2022年，定期航班国内通航城市（或地区）249个（不含港澳台），国际定期航班通航50个国家（2019年为65个国家）。

在新的发展阶段，北京大兴国际机场的建设运营标志着我国机场建设运营能力已经达到了世界领先的水平。

北京大兴国际机场的建设运营就是
我国一流机场建设的代表

北京大兴国际机场（图2.24）创下许多纪录：世界规模最大的单体机场航站楼，世界最大的减隔震航站楼，全球首座双层出发、双层到达的航站楼，全球首座高速铁路在地下穿行的机场航站楼，世界最大的无结构缝一体化航站楼。

图 2.24　北京大兴国际机场俯瞰图

北京大兴国际机场是一座多方式立体交通枢纽，构建了"五纵两横"的综合交通主干网，可实现飞机、高速铁路、高速公路等多种交通方式立体换乘。

此外，在这一阶段我国实现了大飞机发展质的突破。2023 年 5 月 28 日，C919 顺利完成首次商业飞行。

C919 大型客机圆满完成首次商业飞行

2002 年 4 月，我国大飞机项目启航，ARJ21 支线客机项目正式立项。2007 年，C919 项目正式立项。2009 年，工程样机交付。2015 年 11 月，C919 首架机总装下线。2017 年 5 月，C919 在上海完成首飞（图 2.25）。

> 交通强国

图 2.25　C919 首飞

2023 年 5 月 28 日，由 C919 大型客机执飞的东方航空 MU9191 航班从上海虹桥国际机场起飞到达北京首都国际机场，标志着该机型圆满完成首个商业航班飞行，正式进入民航市场，开启其市场化运营、产业化发展新征程。

第六节　管道运输发展

新中国成立以来，油气管道工业走过了从弱到强、从引进吸收到自主创新、从"局部线条"到"全国一张网"、从立足国内到联通海外的辉煌历程。根据国家石油天然气管网集团有限公司公布的数据，截至 2022 年年底，长输油气管道总里程约 18 万千米，成为我国陆上油气运输的主要方式，我国也成为继美国、俄罗斯之后全球第三管道大国。

新中国成立以来我国管道运输发展主要分为以下三个阶段。

一、初始发展阶段（1949—1980年）

新中国成立初期，百业待兴。1955年，中国发现第一个大油田——克拉玛依油田。1958年，建成新中国第一条原油管道——克拉玛依至独山子原油管道。1963年，建成新中国第一条输气管道——四川巴县至重庆天然气管道。1976年，新中国第一条成品油管道——格尔木至拉萨成品油管道建成。始建于1970年的"八三工程"（图2.26、图2.27），初步建成了管道运输体系，培养了管道设计、施工和运行管理人才队伍，构建了具有中国特色的管道技术及管理标准规范，形成了配套材料装备生产能力，为中国管道事业做出了开创性贡献，填补了中国长距离、大口径管道建设的空白，实现了中国原油由以铁路运输为主到以管道运输为主的历史性转折。新中国成立后，30年的艰辛探索和实践，书写了

图2.26 "八三工程"施工现场

> 交通强国

图2.27 "八三工程"牛车拉管场面

新中国油气管道事业的铿锵序章，截至1980年，我国累计建设原油管道超过6500千米，成品油管道超过1100千米，天然气管道超过2700千米。

二、快速发展阶段（1980—2000年）

20世纪80年代，在中国改革开放总方针的指引下，引进吸收国外先进技术和管理经验，成为推动中国油气管道工业发展的着力点。1986年建成的我国第一条密闭输送和自动化管理原油管道——东营至黄岛复线原油管道，实现了自动化输油和密闭输送。1997年建成的高压力、长距离陕京一线输气管道，成为中国油气管道技术追赶世界先进水平的起点。与此同时，我国管道工业技术和管理标准体系开始与国际接轨。

第二章 路通国兴

三、自主创新加快发展阶段（2000—2023年）

进入21世纪，中国油气管道工业进入自主创新时代，大型管道建设如火如荼，技术升级换代日新月异，联通海外、覆盖全国、横跨东西、纵贯南北、区域管网紧密跟进的油气管网格局初步形成。原油管道基本实现西北与西南相连，东北与华北相连，以及海油登陆后从沿海地区向内地供应，形成"西北东下、东北南下、沿海内送"的格局；成品油管道基本形成"西北—西南、西北—华中、东北—华北—华中"的干线骨架，并以中缅原油管道为依托，形成云南、广西两大成品油管道网络及沿海地区成品油内送通道。图2.28所示为中缅油气管道澜沧江工程。

其中，"西气东输"管道工程（图2.29），是我国横亘东

图2.28 中缅油气管道澜沧江工程

77

交通强国

西的能源大动脉，它出大漠、跨天山、越黄河、穿长江，面对戈壁、荒漠、高原、山区、平原、水网等各种地形地貌及高寒、缺氧等多种气候环境的挑战，工程规模与难度世界罕见。工程的实施推动了我国管道运输行业的发展，使我国具备了建设和管理世界先进水平管道的能力。工程将西部地区资源优势转化为经济优势，对于践行"一带一路"能源合作，调整我国能源结构，带动机械、电力、化工、冶金、建材等相关产业发展，推动产业结构转型升级，发挥了积极作用。

图 2.29 "西气东输"一线和二线管道工程建设施工现场

参考文献

[1] 清华大学交通研究所课题组. 中国工程院课题：综合交通运输发展现状及效率提升需求研究研究报告[R]. 2023.

［2］陆化普，张永波. 可持续发展视角下我国交通强国建设成就、变化与展望［J］. 可持续发展经济导刊，2021（6）：43-46.

［3］交通运输部. 2022年交通运输行业发展统计公报［EB/OL］.（2023-06-21）［2024-05-20］. https://www.gov.cn/lianbo/bumen/202306/content_6887539.htm.

［4］中国民航局. 2022年民航行业发展统计公报［EB/OL］.（2023-05-10）［2024-05-20］. http://www.caac.gov.cn/XXGK/XXGK/TJSJ/202305/t20230510_218565.html.

［5］交通运输部. 2019年交通运输行业发展统计公报［EB/OL］.（2020-05-12）［2024-05-20］. https://www.gov.cn/xinwen/2020-05/12/content_5510817.htm.

［6］傅志寰，孙永福，翁孟勇，等. 交通强国战略研究［M］. 北京：人民交通出版社，2019.

［7］陆化普. 交通天下：中国交通简史［M］. 北京：人民交通出版社，2023.

［8］中国第一汽车集团有限公司. 1956年：国产解放牌汽车诞生［EB/OL］.（2021-07-01）［2024-05-20］. https://www.faw.com.cn/zt_fawcn/dq100zn/zj/5388679/index.html.

［9］交通运输部规划研究院课题组. 交通强国战略研究之水运发展战略研究报告［R］. 2019.

［10］搜狐网. 世界上最牛的船闸工程［EB/OL］.（2022-04-02）［2024-05-20］. https://www.sohu.com/a/533797780_100164422.

［11］中国民航科学技术研究院课题组. 交通强国战略研究之航空发展战略研究报告［R］. 2019.

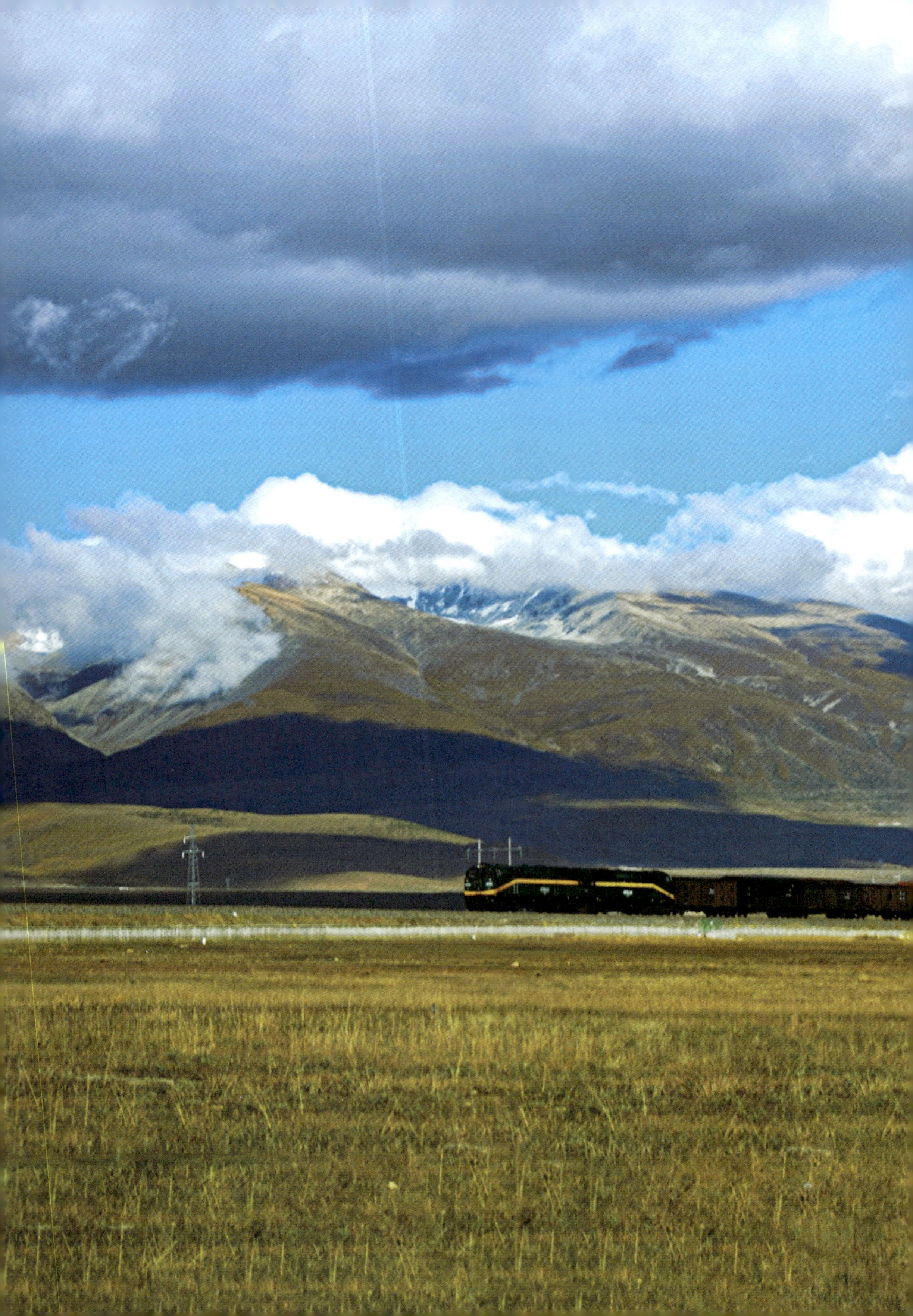

第三章 强国蓝图

交通是基础性、服务性、引领性、战略性产业，是兴国之要、强国之基。建设交通强国是实现中华民族伟大复兴的重要内容，也是把握新一轮技术革命历史机遇、打造世界一流交通系统的必由之路。

　　新中国成立以来，我国交通事业取得历史性大发展。运输能力从改革开放之初的瓶颈制约到20世纪末的初步缓解、再到目前的基本适应的转变，为我国经济社会快速发展提供了有力支撑。我国综合交通网络基本形成，基础设施规模和客货运量位居世界前列；科技创新取得突破，高速铁路、高速公路、

深水港、大型机场建造技术达到世界先进水平，港珠澳大桥等一批工程闻名世界，"复兴号"高速列车、C919大型客机成为我国亮丽名片；运输服务不断改善，交通事故逐年减少；行业治理能力明显增强；国际影响力、国际竞争力显著提高。我国已成为名副其实的交通大国。

建设交通强国，是适应新技术、新业态的不断涌现，迎接世界交通革命的需要；建设交通强国，是服务建设社会主义现代化强国的需要，是实现人民对美好生活的向往的需要。

交通强国

第一节 "发展交通"上升为国家战略

国家要强盛,交通须先行。新中国成立后,特别是改革开放以来,我国交通实现了从对经济发展的瓶颈制约到基本适应的历史性跨越。在党的十八大以后,交通步入发展的新征程。党的十九大提出"建设交通强国"的奋斗目标,将"发展交通"上升为国家战略;党的二十大再次强调要"加快建设交通强国"。"建设交通强国"是以习近平同志为核心的党中央着眼全局、面向未来做出的重大战略决策,是时代赋予我国交通事业的崇高使命。

一、我国是交通大国,不是交通强国

回顾党的十九大召开的2017年,我国交通基础设施在规模上已经位居世界前列。高速铁路、高速公路、城市轨道交通、内河航道的里程,港口泊位数量均居世界第一;铁路、公路的总里程、民航机场数量均居世界第二[1];铁路、公路、水运、民航客货运量也居世界前两位。与此同时,交通技术装备、安全与服务水平不断提高,国际影响力明显增强,我国已经成为名副其实的交通大国。

然而,我国却不是交通强国。尽管当时我国高速铁路快速发展、新能源汽车崭露头角为世界所瞩目,但就交通发展水平而言,与美国、欧盟、日本等相比尚有不小差距,与我国经济社会发展的需求相比,还有很多不足。一是基础设施布局不尽

合理，西部路网尚须补强；综合交通体系尚不完善，运输效率有待提升。二是运输结构有所缺欠，公路货运占比过高，铁路货运未能充分发挥作用；枢纽建设相对滞后，铁路、公路、水运、航空衔接不畅。三是交通运输服务尚须改善，运输质量不能满足社会需求，贫困山区基本公共运输服务薄弱；车船换乘、弱势群体运输服务尚有不足。四是交通绿色化、智能化水平有待提升，交通排放及噪声问题突出。五是交通安全形势不容乐观，道路交通万车死亡人数居高不下。六是部分交通装备对外依存度较高，民用飞机和高档船舶自给能力较弱；对国际重要陆海通道的控制力有限。七是交通管理体制机制尚不完善，有关法律法规难以适应新技术、新业态发展的步伐。

二、建设交通强国是时代的呼唤

全球形势发生深刻变化，美欧保护主义加剧，世界经济重心向亚洲转移，"一带一路"正在成为国际繁荣之路。我国进入高质量发展阶段，经济社会发展、产业结构调整、人民生活改善，对交通运输提出了更高的要求。通俗地说，人们期望不但"走得了""运得了"，更要"走得好""运得好"。

在认清挑战的同时，也要抓住历史机遇。世界科技革命和产业变革浪潮扑面而来，绿色发展、智能发展成为不可阻挡的趋势，对现有生产方式、生活方式将产生极大冲击。大数据、互联网、人工智能技术突飞猛进，高速铁路迅速普及，电动汽车异军突起，交通运输的新模式、新业态不断涌现，为我国交通强国建设提供了难得的机遇。

世界主要发达国家为应对迅速变化的形势，已经先行一步，相继出台了未来交通发展战略。欧盟发表了交通白皮书《欧洲交通一体化路线图：构建具有竞争力和资源节约型交通系统》，美国运输部发布《2045美国交通运输：趋势与展望》，日本国土交通省发布了类似文件。对此，我们不能稍有怠慢，一定要紧紧跟上。

第二节　交通强国建设的目标与内涵

建设交通强国需要顶层设计。2019年9月，中共中央、国务院发布了《交通强国建设纲要》。2021年2月，中共中央、国务院又发布了《国家综合立体交通网规划纲要》。上述两个文件是新中国成立以来中央对交通行业下达的级别最高的文件，体现了党和国家对交通工作的高度重视。

一、《交通强国建设纲要》的核心要点

《交通强国建设纲要》阐释了交通强国建设的目标、内涵与发展阶段，绘制了我国交通发展的宏伟蓝图。

交通强国建设的目标是：构建安全、便捷、高效、绿色、经济的现代化综合交通体系。交通强国建设的内涵是：打造一流设施、一流技术、一流管理、一流服务；建成人民满意、保障有力、世界前列的交通强国。通俗地说，就是要求交通运输"强自身"以"强国家"。

交通强国建设的阶段目标是：2035年基本建成交通强国，21世纪中叶全面建成交通强国。这意味着，到2035年现代化综合交通体系应基本形成，人民满意度明显提高，支撑国家现代化建设能力显著增强。主要内容是：交通基础设施网发达；旅客运输便捷顺畅，货物运输高效经济；智能、平安、绿色、共享交通发展水平明显提高，城市交通拥堵基本缓解；交通科技创新体系基本建成，关键装备先进安全；交通治理体系和治理能力现代化基本实现；交通国际竞争力和影响力显著提升。到21世纪中叶，全面建成交通强国。基础设施规模质量、技术装备、科技创新能力、智能化与绿色化水平位居世界前列，交通安全、治理能力、文明程度、国际影响力达到国际先进水平，全面保障社会主义现代化强国建设，使人民享有美好交通服务。

交通强国建设的具体任务是：构建布局完善的基础设施，构筑多层级、一体化的综合交通枢纽体系；加强新型载运工具

交通强国

研发，实现装备技术升级；推动出行服务快速化、便捷化；打造绿色现代物流系统，优化运输结构，推进大宗货物运输向铁路和水运转移；强化前沿关键科技攻关，促进大数据、互联网、人工智能等新技术与交通行业深度融合；完善交通安全体系，强化交通应急救援能力；发展绿色交通，加强土地、海域、岸线、空域等资源节约集约利用，强化节能减排和污染防治；优化交通能源结构，推进清洁能源应用；构建面向全球的交通网络，推进与周边国家铁路、公路、航道互联互通，提高海运、民航的全球连接度；深化交通国际合作，提升交通国际话语权和影响力；不断深化铁路、公路、航道、空域管理体制改革，建立健全适应综合交通一体化发展的体制机制；构建统一开放的现代交通市场体系。

二、《国家综合立体交通网规划纲要》的主要内容

我国制定《国家综合立体交通网规划纲要》（以下简称《规划纲要》）的初衷在于落实《交通强国建设纲要》，构建我国国家综合立体交通基础设施网，其要点是：立足统筹融合理念，构建以铁路为主干，以公路为基础，水运、民航比较优势充分发挥的交通网。到2035年，国家综合立体交通网实体线网总规模合计约70万千米。到21世纪中叶，全面建成世界一流的交通基础设施体系。

构建交通主骨架。基于区域间、城市群间、省际以及连通国际运输的主动脉是支撑国土空间开发的主轴线理念，依据国

家发展战略,《规划纲要》将我国重点区域按照交通运输需求划分为 3 类。将京津冀、长三角、粤港澳大湾区、成渝地区双城经济圈 4 个地区作为"极",将长江中游、山东半岛、海峡西岸、中原地区、哈长、辽中南、北部湾和关中平原 8 个地区作为"组群",将呼包鄂榆、黔中、滇中、山西中部、天山北坡、兰西、宁夏沿黄、拉萨和喀什 9 个地区作为"组团",按照"极""组群""组团"之间交通联系强度,打造由 6 条主轴、7 条走廊、8 条通道组成的综合交通网主骨架。主骨架实体线网里程 29 万千米左右。

建设多层级交通枢纽。我国要构建面向世界的京津冀、长三角、粤港澳大湾区、成渝地区双城经济圈 4 大国际性综合交

通枢纽集群；建设20个左右国际性综合交通枢纽城市以及80个左右全国性综合交通枢纽城市。据此，推进一批国际性枢纽港站、全国性枢纽港站建设。

完善面向全球的运输网络。我国应围绕陆海内外联动、东西双向互济的开放格局，完善多元化国际运输通道；重点打造新亚欧大陆桥等陆路国际运输走廊，强化国际航运中心辐射能力，保障重点物资国际运输；依托国际航空枢纽，构建四通八达、覆盖全球的空中客货运输网络；建设联通世界的国际干线邮路网。

与此同时，《规划纲要》还要求统筹交通规划建设，促进交通通道由单一向综合、由平面向立体发展；实现陆水空运输方式相互协同、深度融合，推进交通基础设施网与运输服务网、信息网、能源网融合发展。

应该特别强调的是，2023年9月，国家主席习近平在向全球可持续交通高峰论坛致贺信指出，建设安全、便捷、高效、绿色、经济、包容、韧性的可持续交通体系，是支撑经济社会高质量发展、实现"人享其行、物畅其流"美好愿景的重要举措。习近平主席的贺信为我国交通强国建设进一步指明了方向。

第三节　坚定走中国特色交通强国之路

一个国家采用何种交通发展模式，必须立足国情。建设交通强国要准确把握我国资源禀赋、经济发展水平、社会制度，以探索中国特色交通发展模式和路径。我国国情有什么特点？

一、我国是疆域辽阔、人口众多的大国

我国疆域辽阔，海岸线漫长，陆地面积约960万千米^2，排名世界前列。我国山地、高原、丘陵和沙漠占陆地面积的2/3，具有热带、亚热带、温带、寒温带多种气候。我国约有14.1亿人，是世界人口最多的国家之一。然而，我国资源和人口分布却很不均匀。东部多雨，土地肥沃，经济发达。西北地区降水稀少，矿产丰富。自然条件与经济发展水平的差异导致了地区间人口分布不均。如以"胡焕庸线"[2]划分，东南侧占全国43%的国土面积，集聚了全国94%的人口和96%的国内生产总值；西北侧虽然土地面积大，但人口不多，经济总量较小。

不同的资源分布、经济发展水平和人口密度决定了不同区域的交通需求特性，进而决定了不同的交通结构。我国东部地区靠近河海，交通需求大，需要综合发展铁路、公路、水运、航空等运输方式。我国西部地区人口密度小，客运需求强度低，但以煤、石油等矿产为主的货运量却很大。为发展这里的交通主骨架、重要货运通道与国际运输走廊，应该修建大运能的铁路和高速公路，而在发展地方性交通时则应更多发挥普通公路和短途飞机的作用。我国作为一个疆域辽阔、人口众多的大国，交通发展要因地制宜，不能搞"一刀切"。

为了适应千差万别的气候、地形、地质条件，我国建设了

交通强国

寒带、热带、大风等不同气候条件，沙漠、冻土、多地震地区等不同地质条件的铁路、公路等，例如，青藏铁路、塔克拉玛干沙漠公路等，创造了世界奇迹。由此，我国成为世界仅有的能在各种复杂条件下进行交通基础设施建设的"全能国家"。也正是因为如此，我国的建设队伍才有底气承建国际著名的交通工程，如雅万高铁等。

被称为"世界奇迹"的交通工程

青藏铁路（图3.1）格尔木至拉萨段长1142千米，2001年开工建设，2006年通车运营。青藏铁路格拉段位于青藏高原腹地，连接青海和西藏，北起格尔木，翻越昆仑山、唐古拉山直达拉萨。这条

图3.1 青藏铁路

铁路有960千米路段海拔在4000米以上,最高海拔为5072米。穿越多年冻土的路段超过550千米,是世界海拔最高、线路最长的高原铁路。工程建设攻克了多年冻土、高寒缺氧、生态脆弱等重大难题,为世界铁路建设史上所罕见。

塔克拉玛干公路是南北贯穿塔克拉玛干大沙漠的公路,共计4条,全长522千米(其中穿越流动沙漠段长446千米),是目前世界上在流动沙漠中修建的最长公路。塔克拉玛干公路于1993年动工兴建,1995年全部竣工,达到了国际领先水平。为此,建设者们攻克了在流动沙漠中修筑公路的一系列世界级难题。沙漠公路的贯通对加快塔里木盆地油气勘探开发、促进新疆经济发展和社会稳定发挥了重要作用。

交通强国

二、我国经济社会迈入高质量发展阶段

2022年我国国内生产总值达到121万亿元人民币，仅次于美国，位居世界第二位。尽管人均国内生产总值相比发达国家仍有较大的差距，然而我国经济实力、科技实力、综合国力、居民收入都在快速提升，交通运输量也在不断增长。在客运方面，休闲旅游大幅提升，高速铁路、民航、私人小汽车正在成为人们出行方式的主流。在货运方面，随着经济结构的优化，高价值、小批量快件运输占比提高，对物流成本、时间、效率、通达性提出更高的要求。这就意味着，基于人民对美好生活的向往，交通不能再停留于以往解决"买票难、运货难"的水平，而是要适应人们更高的要求，即发展快速、便捷、多样化、个性化的运输。对此，交通系统必须积极进取，开发新技术，发展新模式。

三、我国面临严峻的能源供给和碳排放问题

我国是世界最大的能源消费和碳排放国家。资源禀赋多煤少油，2022年石油对外依存度为71.2%，能源安全问题突出。2020年我国交通运输行业能源消耗总量折算为4.99亿吨标准煤（远洋和国际航空运输的能源消耗量不计入统计），超过我国能源消耗总量的10%[3]。交通领域终端油品消费量占我国油品消费总量的66%，是我国石油消费的主要领域。与此同时，交通是我国碳排放增长最快的行业，2020年二氧化碳排放量约为10.79亿吨，约占我国碳排放总量的10%。对于实

现碳达峰、碳中和目标，交通节能减排任务艰巨。根据上述分析，加之考虑自然生态的脆弱性，我国不能照搬美国"飞机+汽车"的运输模式。必须推动运输结构调整，促进多式联运的发展，加快新能源汽车的推广，支撑"绿色出行"和"绿色物流"，要大力发展公共交通、抑制小汽车的使用需求。

四、我国已开启新时代城镇化进程

改革开放以来，伴随着工业化进程加速，我国城镇化呈现了起点低、速度快的发展过程。1978—2022年，城镇常住人口从1.7亿人增加到9.21亿人，城镇化率从17.9%提升到65.2%[4]。目前我国已经进入以城市群为主体形态的城镇化发展新时代，多中心、多层级的城市群日益成为我国经济发展最具活力的核心地区。为此，要根据新的发展态势不断调整规划，配置交通资源。此外，我国已经成为世界上超大、特大

交通强国

城市最多的国家。2020年人口普查结果表明，全国共有北京、上海、广州等7个城区常住人口超过1000万人的超大城市，武汉、东莞、西安、杭州等14个城区常住人口在500万～1000万的特大城市。这些城市"巨人"既是我国的经济、文化高地，也时时被"大城市病"所困扰，交通拥堵和污染问题亟待解决。我国发展公共交通，绿色交通成为当务之急。

五、我国拥有需求强劲的超大市场

市场是稀缺资源。我国大量人口的流动和经济的快速发展造就了我国旺盛的交通市场需求。有了广阔的运输市场，就容易理解为什么我国的汽车、船舶以及铁路车辆的产销量多年位居世界第一，就会明白为什么C919大飞机能够冲破波音和空中客车公司的垄断脱颖而出。同样，我国需求强劲的运输市场也为交通新模式发展创造了巨大空间。例如，运输网络服务平台发展极为迅速，它们与货主、厂商、承运商建立合作机制，通过整合资源解决"车找货"和"货找车"难题，缩短卡

车等货时间，减少了空驶里程。客运也是如此，很多打车平台并无自有车辆，却调度了大量私人客车，将消费者出行与网约车的供给精准对接，助力运输资源得到有效利用。我国的运输市场不但拉动了国内交通业的发展，也给外国相关企业创造了机会。

与此同时，世界级的运输市场催生了世界级的技术和企业。超大生产能力、高性价比的产品，提高了我国企业的国际竞争力。例如，中国生产的汽车大量进入国际市场，2023年出口量达522万辆，超过日本成为世界第一。

六、我国拥有独有的制度优势

我国社会主义制度优势明显。新中国成立后，交通发展重大战略、规划、政策、标准以及法律法规均由国家统一制定；交通基础设施项目审批、土地划拨、融资贷款、技术攻关，都能得到政府支持。近年来，我国高速铁路、高速公路建设速度令世界赞叹，就是例证。而在许多国家，由于土地私有，征地拆迁十分复杂，大大延迟了工程建设进度，增加了建设成本。对此，我国援外人员体会最深。根据他们的经验，在我国修建一条铁路的周期比在某些国家短一半，成本低一半。除了基础设施建设，我国交通新技术的推广，也得益于"体系化发力"。新能源汽车与交通智能服务的迅速普及，如果没有从上到下坚定的执行力，没有各级政府主导布局近千万个充电桩（图3.2）和300多万个5G基站，是办不到的。反观美国，

交通强国

图 3.2 新能源汽车充电桩

虽有世界著名品牌——特斯拉电动汽车，但是推广速度缓慢，销售增长势头出现反复，究其原因，主要是各级政府在充电桩布局上动作迟缓。

追溯历史，也可证明社会制度对交通发展起到的重要作用。例如，有些国家由于缺乏统一建设标准，导致多种轨距的铁路难以互联互通，大大影响了运输效率。还有，早年美国联邦政府疏于对铁路建设的规划管理，放任无序竞争和重复建设，导致后来的巨量线路被废弃。现代的美国，铁路基础设施老化，事故接连不断，客运严重萎缩。

美国铁路

美国是世界上最早修建铁路的国家之一。在铁路发展初期，美国政府出台许多优惠政策，加之大量私人资本跟进，1916年铁路总里程约达41万千米，达到历史最高峰。由于美国铁路缺乏国家层面的统一规划，重复建设、无序竞争，进而导致经营快速恶化。大量亏损线路被拆除或封闭，路网规模不断缩减，到1937年进入破产管理的线路达11.2万千米。第二次世界大战结束后，由于美国大量发展公路和航空运输，铁路客运每况愈下，近年市场占有率只有1%。美国现有铁路总里程约22.3万千米，相比最高峰减少了46%。经过不断兼并，目前由几家铁路公司从事货物运输。而客运因亏损收归国有，主要用于维持数量不大的城际间客运业务。

关于美国是否有高速铁路，有人认为，长为732千米的东北走廊（波士顿—纽约—华盛顿）就是美国的高速铁路。其实，由于铁路线的设施严重老化，阿西乐特快（Acela）高速列车只是在其中少数区段以最高时速240千米运行，这条铁路全程平均时速约为115千米，仅为最高时速的一半左右。因此不能说它是真正的高速铁路。

第四节　深化改革，当好先行

为了把我国建成人民满意、保障有力、世界前列的交通强国，必须深化改革，进一步发挥好交通对经济社会的支撑和引领作用。

一、交通高质量发展必须实现"三个转变"

《交通强国建设纲要》明确提出，推动交通发展必须实现"三个转变"，即"由追求速度规模向更加注重质量效益转变，由各种交通方式相对独立发展向更加注重一体化融合发展转变,由依靠传统要素驱动向更加注重创新驱动转变"。

对于"由追求速度规模向更加注重质量效益转变""由依靠传统要素驱动向更加注重创新驱动转变",过去我国交通基础设施十分缺乏,突出建设速度和规模是抓住了主要痛点;当时技术水平低,交通建设主要依靠水泥、钢铁、劳动力和资金等要素的支撑,也无可非议。然而目前我国交通发展已经进入新的历史阶段,运力已经基本适应需要,人民群众深感不足的是运输的质量和效益。与此同时,发展现代交通不能再靠消耗传统要素,而应借助于大数据、互联网、人工智能等新技术,借助于客货运输模式的创新。

至于"由各种运输方式相对独立发展向更加注重一体化融合发展转变"这一要求,则完全是针对交通运输而提出的。回顾历史,在新中国成立初期,我国交通运输百孔千疮,铁路、公路、水运、航空都亟待恢复和发展,急于解决的是交通服务和运输能力"有没有""够不够"的问题。我国当时的交通管理体制是:铁路由铁道部管,公路与水运由交通运输部管,民航由民航局管。这种分散型管理体制当时调动了各方的积极性,取得明显成效,几十年间各种运输方式都得到长足发展。进入 21 世纪后,长期制约我国经济社会发展的运输瓶颈逐步化解,经济社会新的需求则不断凸显,人们开始关心的是运输服务"好不好"的问题。交通业的主要矛盾已发生变化,长期被掩盖的问题开始露出水面。一是运输结构不合理。交通基础设施发展不均衡,各种运输方式比较优势未能充分发挥。铁路的市场份额过低，公路承担了大量的中长途运输，增加了成本，消耗了大量化石能源，造成环境污染。二是宝贵资源缺乏综合利用。一些运输走廊中的铁路、公路各自规划，彼此缺乏对接，造成线位资源和土地利用上的浪费。多数跨江跨海桥梁为公路或铁路专用，而不是"公铁两用"。枢纽、站场、物流园区也缺乏统筹安排，铁路、公路、城市交通各自分别建设，各自发展，缺乏综合利用。三是多式联运发展滞后。铁路、公路、水运、民航客货运输衔接不畅。运输市场分割，管理方式分散，导致多式联运发展长期处于停滞状态。大型港口缺乏铁路衔接，疏港交通与城市交通混杂。城市交通普遍存在多次换乘现象，增加了出行的时间，降低了公共交通的吸引力。四是各种运输方式信息化建设自成体系。信息孤岛现象十分普遍，难以为旅客、货主提供完整及时的信息服务，在应急状态下不利于客流和物资的疏解。五是交通法律法规制定修订工作落后于实际需要。由于各种运输方式历史上分别隶属于不同部门，相关法规分散制定，不少内容交叉重叠甚至互相矛盾。交通领域出现的一些新服务、新业态，存在无法可依、无章可循的状况。

上述问题说到底是交通管理体制问题。为此，不能再允许延续铁路、公路、水运、航空独立发展的模式，必须向一体化融合发展转化。

认识问题是解决问题的前提。近年来，针对存在的弊端，国家对交通运输体制进行了改革，使之从政企合一、分

交通强国

散管理，逐步走上政企分开、多种运输方式综合管理的路子。2008 年启动了大部制改革，2013 年撤销铁道部，进一步强化了综合管理体制。随后又按照党的十九大和二十大精神进行了深化改革，取得积极进展。其一是完善了综合交通运输体制。铁路、公路、水运、民航等行业关系进一步理顺，建立综合一体管理机制，将多种交通规划综合"画"在"一张图"上。图 3.3 所示的北京大兴国际机场就是超大型一体化综合交通枢纽的典范之作。运输网络不断优化，信息互联互通取得进展。其二是坚持市场化进程，推进高质量多式联运服务。不同运输方式基础设施正在联通融合，相关作业流程对接工作也有长足进步，集装箱多式联运比重有明显提升。税收优惠、治理汽车运输超载等举措，支持了大宗、长距离货物运输从公路向

图 3.3 北京大兴国际机场内部

铁路、水路转移。其三是加强了交通立法的顶层设计，健全交通运输法律法规体系，以适应形势变化和新技术新业态的涌现。

二、进一步发挥交通的支撑和引领作用

新中国成立初期，面对旧中国留下的烂摊子和西方的封锁，交通人艰苦奋斗，建成了大批应急工程，比如川藏、青藏公路，成渝、天兰铁路等。这些工程对于全国的解放和国民经济的恢复发挥了先导作用。其后几十年里，相继建设的宏大的铁路网、公路网、水运网、航空网，无不对国家的建设、国防的巩固、人民生活的保障和对外交流具有举足轻重的意义。

当前，进入新时代的我国交通人应以前所未有的使命感，承担起支撑与引导经济社会发展的重大责任，发挥好"交通+"的作用。

（一）进一步优化中国经济社会的时空形态

我们要按照《国家综合立体交通网规划纲要》的指引，建设6轴7廊8通道，构筑经济走廊，打造发展脊梁；优化国家经济地理格局，促进新型城镇化战略实施；支持贫困地区开发，巩固边疆国防；推进对外交通骨架建设，促进我国经济文化"走出去"，支撑"一带一路"建设。

就主要干线交通而言，交通运输须加强京津冀、长三角、粤港澳大湾区、成渝地区双城经济圈4"极"之间的联系，彼此之间建设综合性、多通道、立体化、大容量、快速化的6条

呈钻石型的交通主轴，打造我国综合交通发展和国内国际交通衔接的平台，发挥促进全国区域发展南北互动、东西交融的重要作用。构建7条走廊，加强各"极"与"组群"和"组团"之间的联系，完善多中心、网络化的主骨架结构。构建8条通道，强化主轴与走廊之间的衔接协调，加强"组群"与"组团"之间、"组团"与"组团"之间的联系，支持资源产业集聚地、重要口岸的连接，促进内外联通、通边达海，扩大中西部和东北地区交通网络覆盖，为优化我国经济社会发展发挥引导和支撑作用。

就城市交通而言，要发挥TOD（全称为Transit-Oriented Development，即公共交通引导城市发展）模式的优势，引领城市集约发展。将公共交通走廊、交通枢纽及沿线土地实施统一开发，优化城市布局，从源头上减少交通需求总量。

（二）加快经济运行节奏，重塑生产与生活模式

发展以高速、便捷、网络化为特征的现代交通，促进区域一体化，优化资源配置，加快经济社会运行节奏，重塑生产与生活模式。具体而言，就是发展高速公路，高速铁路、民航等快速交通，形成"全国123出行交通圈"，实现都市圈1小时通勤、城市群2小时通达、全国主要城市3小时覆盖；打造"全球123快货物流圈"，做到国内1天送达、周边国家2天送达、全球主要城市3天送达。缩短我国与世界以及国内各地区之间的时空距离，使我国东西间、南北间不再遥远，百姓旅途不再漫长；促进京津冀、长三角、珠三角、成渝等地区的城市形成"同域"效应，助力区域间、城乡间人才、信息等要素的快速流动，带动相关产业由经济发达地区向欠发达地区的转移。图3.4所示的2022年北京冬奥会专列使北京与张家口两座城市交通互联更加便捷。

图3.4 2022年北京冬奥会专列

（三）发挥现代交通的乘数效应，催生新的经济形态

天津空港经济区

空港经济是依托机场优势以及产生的影响，促使资本、技术、人力等生产要素在机场周边集聚的一种新型经济形态。天津空港经济区位于滨海国际机场东北侧，规划面积42千米^2。设有高新产业区（内含航空产业、先进制造业、空港物流3个组团）、研发转化区（内含电信、生物、光电3个组团）、商贸服务区（内含商务、商业和生活配套3个组团）。空港经济区的区位和政策功能优势突出，聚集了欧洲空中客车、美国卡特彼勒、加拿大铝业、法国阿尔斯通、中国直升机、中兴通讯、大唐电信等世界500强和知名公司投资的项目，成为天津市重要的发展引擎。

交通强国

现代交通可催生高铁经济、港口经济、空港经济、枢纽经济、路衍经济、邮轮经济，并使之成为发展的新引擎。众所周知，高速铁路可提高沿线城市的可达性，带动上下游产业链发展，对人口流动具有显著的诱增效应，对沿线经济有巨大拉动作用。港口经济以港口城市为载体、海陆腹地为依托，推动彼此协调，共同发展；通过海上运输，不仅为地区经济发展提供支持，并且还为与世界的交往提供了便利。航空承担高端货物运输，空港经济可促使各种经济要素在机场周边集聚，使之融入国家乃至全球产业分工体系。枢纽经济可借助交通枢纽的集散功能，通过极化效应聚集生产要素，提升该地区的综合实力，并对周边城乡发挥辐射带动作用。路衍经济则依托公路交通点多、线长、面广的自然属性发挥对地方经济的衍生作用，助力土地开发、文化旅游、乡村振兴。邮轮经济以邮轮（图3.5）为载体，为乘客提供融观光、餐饮、住宿、娱乐等为一体的综合服务业，具有巨大的发展潜力。

邮轮经济

邮轮经济对产业链的上下游具有重要的拉动作用。邮轮到访能够带来大量旅游观光者。邮轮建造是造船业的"明珠"，中国首艘国产大型邮轮"爱达·魔都号"（Adora Magic City）全长323.6米，最多可载乘客5246人。已经投入运营，打破了一些国家的垄断。

邮轮经济可提高城市形象和国际知名度。由于邮轮母港所在城市需要具备良好的景观、城市环境和生活配套设施，必然促进加大

图 3.5　邮轮停靠在上海吴淞国际邮轮码头

道路、旅游等设施的投资建设力度，提升整个城市的接待能力，进而全面带动城市发展。邮轮母港所在城市为了吸引更多的邮轮及邮轮旅客到访，会进行城市形象的推广和营销，从而提升城市的国际知名度。

（四）肩负"走出去"使命，助力"一带一路"建设

世界应该互联互通。交通要当好"走出去"的"开路先锋"。这就是说，要通过优化铁路、公路、海运、航空的运输服务，打造中欧班列等系列品牌产品，为构建国内国际双循环的新格局做出新贡献。与此同时，交通工程建设项目也要走向世界，要像雅万高铁、瓜达尔港一样，带动中国技术和标准走出国门，亮出中国名片。要以交通的联通，促进政策沟通、贸易畅通、资金融通、民心相通，不断增强我国的影响力。

交通强国

雅万高铁

雅万高铁是一条连接印度尼西亚雅加达和万隆的高速铁路，长142.3千米，设计速度为350千米/时，是东南亚首条高速铁路、是"一带一路"合作标志性工程，也是中国首次全系统、全要素、全产业链走出去的建设项目。2016年1月开工奠基，2023年10月正式商业化运营。截至2023年12月，雅万高铁累计发送旅客突破100万人次，有力地带动了沿线地区打造"雅万高速铁路经济带"。雅万高铁项目的成功实施，为中国和印度尼西亚的合作，特别是基础设施领域的合作树立了新的标杆。

（五）推进"现代交通+"，实现"人享其行，物畅其流"美好愿景

我们要抓住新技术的涌现、网络的互联、数字的渗透的机遇，助力新模式、新业态的成长，提升交通的效率和质量，进而形成"交通+"的新局面。这意味着，人们出行可依靠移动互联网和便捷支付手段，实现一次呼叫、一张订单、"门到门"的个性化服务。发达的交通可为商务人员节省旅途时间，给旅游者创造"快进漫游"的条件，助力退休人群候鸟式生活的普及；低成本、高效率、便捷的货物运输可支撑现代物流和快递业的蓬勃发展，保障供应链可靠运作。

一言以蔽之，便捷出行、现代物流和伴随式服务，将改变传统的生产和生活模式，满足亿万百姓不断追求速度、舒适、安全的需求。可以期待，在不远的将来，"人享其行，物畅其流"的美好愿景定会在我国实现。

参考文献

[1] 傅志寰，孙永福，翁孟勇，等. 交通强国战略研究[M]. 北京：人民交通出版社，2019.

[2] 胡焕庸. 中国人口之分布[J]. 地理学报，1935（2）：33-74.

[3] "交通运输行业低碳发展的实现路径和重点任务研究"项目组. "交通运输行业低碳发展的实现路径和重点任务"中国工程院重点咨询项目研究报告[R]. 2023.7.

[4] 国家统计局. 中华人民共和国2022年国民经济和社会发展统计公报[N]. 人民日报，2023-03-01（9）.

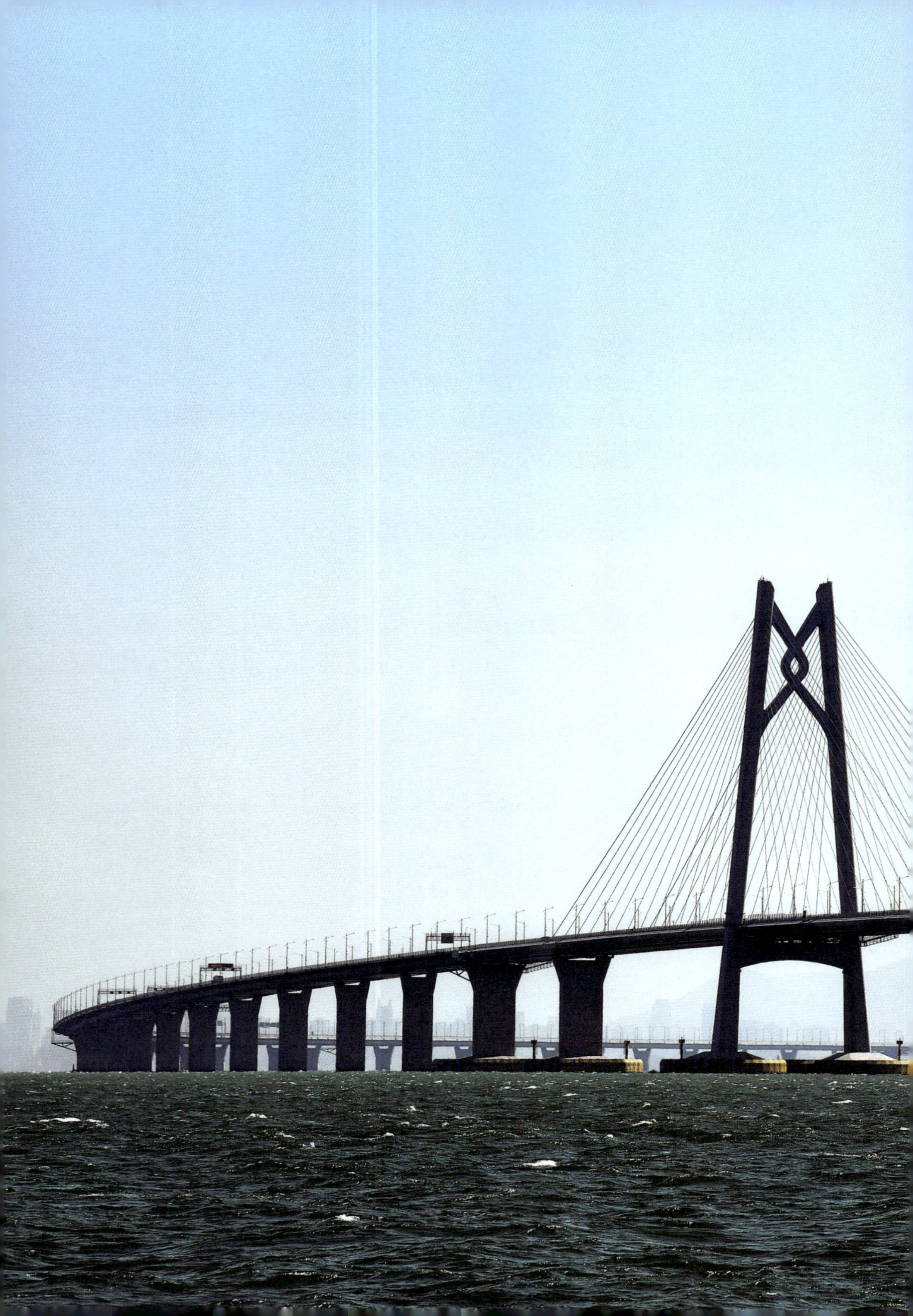

第四章 基础设施

交通运输是我国科技创新的重要领域，对提升我国科技竞争力和综合国力发挥着越来越重要的作用。中国综合交通基础设施总规模位居世界前列，无论是在交通基础设施规模、运输服务质量、技术装备水平等方面，还是在发展理念转变、体制创新、市场化发展等方面，都取得了前所未有的成就，在世界交通运输史上创造了举世瞩目的"中国速度"和"中国模式"。

"6轴7廊8通道"，是交通强国绘制的国家综合立体交通

网主骨架空间格局的发展蓝图，届时将形成全球最大的高速铁路网、高速公路网，机场港口等基础设施建设将取得新的重大成就，航空航海通达全球，邮政快递通村畅乡，我国将成为世界上运输最繁忙的国家之一，网约车、共享单车、网络货运、智慧物流等交通运输新业态蓬勃发展。

从公路到铁路，从机场到港口，从大桥到隧道，中国交通基础设施的发展正在有力地支撑着中国的飞速发展，成为国人的骄傲。

交通强国

第一节　交通基础设施现状、成就与挑战

近年来，中国交通基础设施的发展取得了举世瞩目的成就，形成了庞大的交通网络，有力地支撑着社会经济的快速发展和民生福祉的不断提升。同时，面对新的挑战，中国交通基础设施也在不断探索创新中迎来更高质量的发展。

一、现状与成就

经过多年的建设和发展，我国一系列超大型交通工程（如港珠澳大桥、北京大兴国际机场等）的建成投运，不仅展示了中国交通基础设施建设的强大实力，也为中国在全球交通领域树立了新的标杆。同时，中国交通基础设施的数字化、智能化水平也在不断提升，为交通事业的发展注入了新的动力。

（一）规模世界第一

我国交通基础设施网络密度、覆盖广度、通达深度显著提升，城市群、都市圈连接更加紧密，城市、乡村广泛覆盖，内陆、边境地区高效通达，国际国内互联互通[1]。目前，全国综合交通网总里程超过600万千米，我国建成了世界上最大的高速铁路网、高速公路网、港口群，高速铁路对百万人口以上城市覆盖率超过95%，高速公路对20万人口以上城市覆盖率超过98%，民用运输机场对地级市的覆盖率在92%左右[1]。我国高速公路里程、高速铁路里程、内河航道通航里程、万

吨级及以上生产用码头泊位数量、城市地铁里程等位居世界第一。图 4.1 所示的天津港是中国北方重要的综合性港口。

（二）结构逐步优化

我国交通基础设施初步形成了由快速交通网、普通干线网、基础服务网构成的功能分明、层级清晰的路网结构，基本形成了"通道＋枢纽＋网络"的总体格局。高速公路、高速铁路、高等级航道、现代化港口和机场建设加快推进。2022年，高速铁路里程占铁路总里程比重约为 27.1%，二级及以上等级公路里程占公路总里程比重为 13.9%，三级及以上航道通航里程占总里程比重为 11.6%，万吨级及以上泊位数量在总泊位数量中占比为 12.9%。近年来，铁路、水运在中长距离大宗

图 4.1　天津港现代化集装箱码头

物资运输中的占比逐年增加，综合运输结构不断优化。

（三）功能持续拓展

交通基础设施服务功能不断拓展，服务的便捷性、经济性、安全性不断提升；稳增长服务功能依然突出，对国家重大生产力布局、区域重大发展战略的支撑引领能力显著增强，"轨道上的京津冀"加速完善，长江经济带综合立体交通走廊建设稳步推进，粤港澳大湾区基本实现内地与港澳间1小时通达，长三角地区交通一体化成效显著，黄河流域跨区域大通道基本贯通，成渝地区双城经济圈交通一体化水平明显提升[2]。

（四）多网融合成效初显

我国的铁路、公路、水运、民航交通基础设施统筹融合水平不断提升，综合交通走廊、交通枢纽一体化规划建设有望实现，进港铁路建设加快推进。为集约利用土地，京雄高速公路与京石高铁共用走廊布线，最大限度削减对城市功能和环境的影响。交通基础设施智慧化建设成效初显，人工智能、大数

据、云计算、物联网、区块链等与交通基础设施深度融合，交通新型基础设施建设加快起步发展；交通基础设施数字化水平不断提高。交通基础设施与产业融合发展进展明显，枢纽经济、通道经济、路衍经济、高铁经济、港口经济、临空经济、快递物流等新业态快速发展，"交通+"正成为我国经济社会发展和现代化产业体系构建的新动能。交通与能源、信息、水利等基础设施的融合开始加深，多态清洁能源在交通领域开始推广利用[1]。

二、问题与挑战

尽管我国交通基础设施建设取得显著成就，但与中国式现代化建设总体要求、与人民对美好生活的新期待相比，在结构、功能、融合发展和末端交通系统等方面仍存在不小的差距。一是各交通方式基础设施发展融合深度仍待进一步提升，多式联运、联程联运发展仍明显滞后，除铁路外，交通基础设施网与能源网、信息网等深度融合仍有很长的路要走。二是长期以来，我国将提升交通基础设施规模和空间覆盖水平作为重要发力点，而对交通基础设施功能提升关注不够，部分区段利用率不高，部分领域功能单一、短板明显[1]，多种交通方式之间的无缝衔接、零距离换乘方面差距很大，大型交通枢纽远离大型客流中心的供求不匹配现象十分严重。三是随着资金、用地、用海、环境等外部条件的要求提升，传统发展模式难以为继，对存量设施的运营、管理、养护不到位，"重建轻养""以建代养"等现象依然存在[1]。四是随着交通基础设施投资规模持续增长，行业债务规模持续上升。交通基础设施建设投资应避免部分地区上项目的盲目性，要坚持量力而行，根据实际需要，把握好建设规模和节奏。

第二节 新阶段交通基础设施建设任务

在新的历史阶段，面向未来新形势新要求，我国交通基础设施建设肩负更高的责任和使命、更为艰巨的目标和任务。2021年中共中央、国务院印发了《国家综合立体交通网规划纲要》，明确了未来我国交通建设的主要任务和发展方向。

一、构建完善的国家综合立体交通网

国家综合立体交通网连接全国所有县级及以上行政区、边境口岸、国防设施、主要景区等。我国综合立体交通网建设以统筹融合为导向，着力补短板、重衔接、优网络、提效能，更加注重存量资源优化利用和增量供给质量提升。完善铁路、公路、水运、民航、邮政快递等基础设施网络，构建以铁路为主干，以公路为基础，水运、民航比较优势充分发挥的国家综合立体交通网。到2035年，国家综合立体交通网实体线网总规模合计70万千米左右（不含国际陆路通道境外段、空中及海上航路、邮路里程）。其中铁路20万千米左右，公路46万千米左右，高等级航道2.5万千米左右。沿海主要港口27个，

第四章　基础设施

内河主要港口36个，民用运输机场400个左右，邮政快递枢纽80个左右。

二、加快建设高效率国家综合立体交通网主骨架

国家综合立体交通网主骨架由国家综合立体交通网中最为关键的线网构成，是我国区域间、城市群间、省际以及连通国际运输的主动脉，是支撑国土空间开发保护的主轴线，也是各种运输方式资源配置效率最高、运输强度最大的骨干网络。京津冀、长三角、粤港澳大湾区和成渝地区双城经济圈4个地区作为"极"，长江中游、山东半岛、海峡西岸、中原地区、哈长、辽中南、北部湾和关中平原8个地区作为"组群"，呼包鄂榆、黔中、滇中、山西中部、天山北坡、兰西、宁夏沿黄、拉萨和喀什9个地区作为"组团"。按照"极""组群""组团"之间交通联系强度，打造由主轴、走廊、通道组成的国家综合立体交通网主骨架。国家综合立体交通网主骨架实体线网里程包括：国家

高速铁路 5.6 万千米、普速铁路 7.1 万千米；国家高速公路 6.1 万千米、普通国道 7.2 万千米；国家高等级航道 2.5 万千米。

我国交通运输要重点构建 6 条"主轴"，加强京津冀、长三角、粤港澳大湾区、成渝地区双城经济圈 4 "极"之间联系，建设综合性、多通道、立体化、大容量、快速化的交通主轴。构建 7 条"走廊"，建设京哈、京藏、大陆桥、西部陆海、沪昆、成渝昆、广昆等多方式、多通道、便捷化的交通走廊，优化完善多中心、网络化的主骨架结构。构建 8 条"通道"，建设绥满、京延、沿边、福银、二湛、川藏、湘桂、厦蓉等交通通道，促进内外连通，扩大中西部和东北地区交通网络覆盖。

三、建设多层级一体化国家综合交通枢纽系统

我国要构建综合交通枢纽集群、枢纽城市及枢纽港站"三位一体"的国家综合交通枢纽系统；建设面向世界的京津冀、长三角、粤港澳大湾区、成渝地区双城经济圈四大国际性综合交通枢纽集群；建设 20 个左右国际性综合交通枢纽城市以及 80 个左右全国性综合交通枢纽城市；推进一批国际性枢纽港站、全国性枢纽港站建设。

四、完善面向全球的运输网络

我国围绕陆海内外联动、东西双向互济的开放格局，着力形成功能完备、立体互联、陆海空统筹的运输网络。发展多元化国际运输通道，重点打造新亚欧大陆桥、中蒙俄、中国—中亚—西亚、中国—中南半岛、中巴、中尼印和孟中印缅等 7 条

陆路国际运输通道。发展以中欧班列为重点的国际货运班列，促进国际道路运输便利化。强化国际航运中心辐射能力，完善经日韩跨太平洋至美洲，经东南亚至大洋洲，经东南亚、南亚跨印度洋至欧洲和非洲，跨北冰洋的冰上丝绸之路等4条海上国际运输通道，保障原油、铁矿石、粮食、液化天然气等国家重点物资国际运输，拓展国际海运物流网络，加快发展邮轮经济。我国依托国际航空枢纽，构建四通八达、覆盖全球的空中客货运输网络，建设覆盖五洲、连通全球、互利共赢、协同高效的国际干线邮路网。

第三节　铁路基础设施建设

"青山一线引无穷，旋见烟痕大野中。"这是清末文人赵熙的一首诗中的句子，描述的是飞驰的蒸汽火车穿山越岭，带着冒出的烟痕消失在田野中。而如今，随着现代化的电气化铁路建设，铁路早已没有了诗中描述的蒸汽火车那样的烟痕，现代化火车特别是高铁，行驶速度、乘坐舒适度与以前相比，有了质的提升。这是由于过去多年来，我国铁路基础设施和装备水平的加速发展和迅猛提升。

一、现状与成就

铁路建设历来是国家基础设施建设的重点和优先方向。特别是党的十八大以来，我国铁路基础设施建设快速推进，无论

交通强国

在规模上,还是在运能上,都实现了重大突破。

(一)建设规模不断攀升

2022年,全国铁路运营里程达到15.5万千米,其中高速铁路为4.2万千米。复线率为59.6%,电气化率为73.8%。铁路已经覆盖了全国81%的县,至2022年6月,高速铁路通达93%的50万人口以上城市[3]。我国已形成以"四纵四横"为主骨架并向"八纵八横"加速延伸的发达高速铁路网,成为世界上高铁运营里程最长、商业运营速度最高的国家。

(二)建设难题相继攻克

在铁路建设中,经过几十年的努力,我国积累了寒带、热带、大风、沙漠、冻土等不同气候和地质条件下的铁路建设经验。如在黑龙江建成哈尔滨—牡丹江、牡丹江—佳木斯等严寒地区高速铁路,实现了在-40℃的冻胀、雪害等气候环境下的稳定运行;海南环岛高铁能够应对热带地区的高温、潮湿、台风、雷电、暴雨等恶劣气候影响;云南大理—瑞丽铁路一座位于横断山南段的大柱山隧道,被称为"史上最难掘进隧道",穿越6条断裂带、3条褶皱构造、5处岩溶发育及放射性区域、低高温带等,2022年顺利实现开通;平潭海峡公铁大桥是我国首座公铁两用跨海大桥,所处海域是"世界级风口",每年6级以上大风天气超过300天[4]。

(三)建设技术世界领先

在高速铁路领域,我国攻克了一系列技术难题,形成了高铁技术体系,达到世界先进水平,成为世界上少数能提供高铁全套技术的国家。重载铁路建设方面，我国掌握了新建30吨轴重重载铁路建造关键技术，建成了浩吉铁路（内蒙古浩勒报吉至江西吉安，长1813.5千米）、瓦日铁路（山西吕梁市瓦塘镇至山东日照港，长1260千米）等多条重载铁路，填补了世界重载铁路建设技术的多项空白[4]。桥隧建设方面，我国不断刷新"最高、最长、最大、最难"的世界纪录。高桥隧比在我国铁路建设中已十分常见，如郑渝高铁襄阳东至万州北段全线新建桥梁91座、隧道57座，桥隧比超过98%[4]。

二、展望未来

未来，我国将进一步完善铁路网络布局，优化基础设施功能结构，推动综合交通枢纽建设，完善衔接配套设施建设，加快建成便捷顺畅、经济高效、智能绿色、安全可靠的现代基础设施体系。到2035年，我国将建成20万千米的铁路网，其中"八纵八横"高铁骨架为7万千米。图4.2所示的京张高铁也属于"八纵"中的线路。

《"十四五"现代综合交通运输体系发展规划》要求，铁路建设坚持客货并重、新建改建并举、高速普速协调发展，着力消除干线瓶颈，结合需求有序提升中西部地区铁路网覆盖水平。重点加强资源富集区、人口相对密集脱贫地区的开发性铁路和支线铁路建设。

我国继续推动高质量铁路网络建设，助推京津冀、长三角、粤港澳大湾区、成渝地区双城经济圈建成四大国际性综

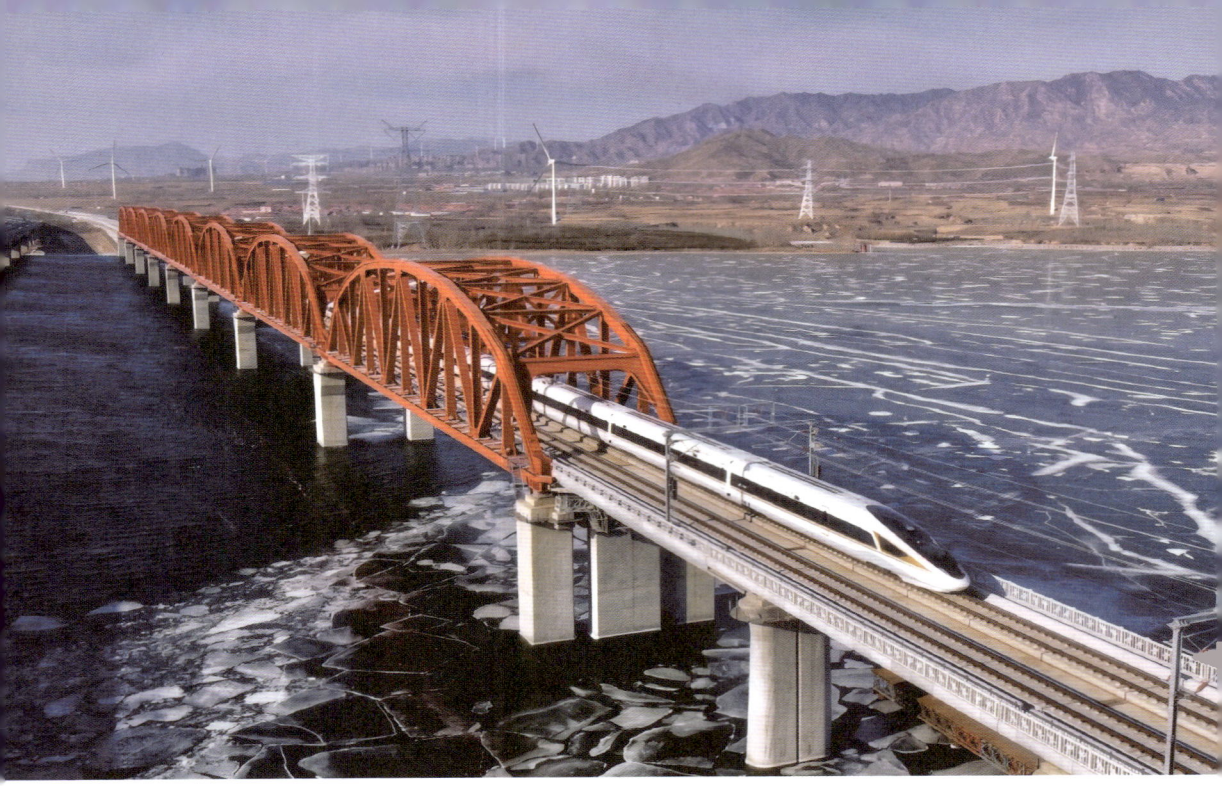

图 4.2 京张高铁首发日智能动车组驶过官厅水库特大桥

合交通枢纽集群；打通区域交通堵点，以一体化铁路网络推动中心城市和城市群的一体化发展；打造轨道上的都市圈，推进干线铁路、城际铁路、市域（郊）铁路、城市轨道交通融合衔接；充分利用既有铁路富余运力开行市域（郊）列车，提高通勤服务质量。与此同时，我国实施铁路建造技术数智升级，从节约能源资源、保护生态环境等方面，推动铁路绿色发展[4]。

第四节　公路基础设施建设

俗话说，修一条路，造一片景，惠一方百姓。近年来，我国公路基础设施建设持续快速推进，公路网络不断完善，设施结构不断优化，服务功能不断增强，公路设施规模世界领先，涌现出了一大批标志性工程和重大科技创新。路通了，不仅方便了群众出行，更为群众打通了致富的道路。

一、现状与成就

公路是覆盖范围最广、服务人口最多的交通基础设施。近10年来，我国公路建设发展成就显著，为加快建设交通强国奠定了重要基础。图4.3所示为港珠澳大桥珠海段，桥面为高速公路。

网络不断完善。截至2022年年底，我国公路总里程达535万千米，其中高速公路通车里程17.7万千米（国家高速公路里程约12万千米，其余为地方修建），稳居世界第一；2012年以来，京沪、京港澳、沈海、沪昆等国家高速公路主线分段实施扩容升级，国家高速公路六车道以上路段增加

图4.3 港珠澳大桥珠海段

交通强国

1.84万千米；普通国道二级及以上占比80%，铺装路面占比99%，分别提高10%和13%，路网结构不断优化[5]。

重大工程瞩目。近年来，公路建设面向国家重大战略需求，实施了一大批标志性重大工程：由粤港澳三地首次合作共建的港珠澳大桥投入运营；南京五桥、芜湖二桥等十余座跨越长江的通道相继建成；中俄合作建设的黑河大桥建成通车；全长超2500千米的京新高速公路全线贯通[5]。我国以超级工程建设，不断刷新世界公路重大工程建设新的标杆[5]。

技术水平提升。公路建设突破一系列工程技术瓶颈。例如，港珠澳大桥、深中通道等项目攻克了大尺寸沉管隧道建造、运输、沉放等关键技术；秦岭天台山隧道、天山胜利隧道等在超长山岭隧道设计、施工等方面保持世界领先。扩大标准化设计、工厂化生产、装配化施工范围，加强公路钢结构桥梁推广应用，显著提升了建设效率和质量水平[5]。

融合发展加快。推进旅游公路建设，推动高速公路与光伏等新能源融合发展。如枣庄—菏泽高速公路是国内首个全路域交通融合示范项目，利用177千米的边坡、收费站等空地建设分布式光伏，同步建设充电桩、智慧路灯、风机、储能系统；项目建成后，每年可减排二氧化碳11.4万吨。又如宜昌G348三峡公路，沿线串联起长江三峡工程、西陵峡、三游洞、三峡人家等"两坝一峡"（"两坝"指葛洲坝和三峡大坝，"一峡"指西陵峡）核心景区，将交通线路与旅游线路、交通设施与旅游设施、交通站点与旅游景点深度融合，精心打造

了一条具有"交通+旅游+地质科普"特色的交旅融合示范线路。

二、展望未来

《国家公路网规划》提出,到2035年,实现国际省际互联互通、城市群间多路连通、城市群城际便捷畅通、地级城市高速畅达、县级节点全面覆盖、沿边沿海公路连续贯通。国家公路网规划总规模约46.1万千米,由国家高速公路网和普通国道网组成,其中国家高速公路约16.2万千米(含远景展望线约0.8万千米),普通国道约29.9万千米。

国家高速公路网。保持国家高速公路网络布局和框架总体稳定,优化部分路线走向,避让生态保护区域和环境敏感区域;补充连接城区人口10万以上市县、重要陆路边境口岸;以国家综合立体交通网"6轴7廊8通道"主骨架为重点,强化城市群及重点城市间的通道能力；补强城市群内部城际通道、临边快速通道，增设都市圈环线，增加提高路网效率和韧性的部分路线。

普通国道网。国道建设以既有普通国道网为主体，优化路线走向，强化顺直连接、改善城市过境线路、避让生态保护区域和环境敏感区域；补充连接县级节点、陆路边境口岸、重要景区和交通枢纽等，补强地市间通道、沿边沿海公路及并行线；增加提高路网效率和韧性的部分路线。

农村公路。我国农村应构建便捷高效的农村公路骨干路网，加强与国省干线公路、城市道路、其他运输方式衔接，促进城乡互联互通；结合乡村产业布局和特色村镇建设，推动串联乡村主要旅游景区景点、主要产业和资源节点、特色村庄的区域公路建设；建设普惠公平的农村公路基础网络，使农村公路建设项目更多向进村入户倾斜，覆盖人口聚居的主要村庄，服务农民群众出行和农村生产生活。

第五节　水运基础设施建设

习近平总书记指出，经济要发展，国家要强大，交通特别是海运首先要强起来。我国水运承担了90％的对外贸易货物运输量，是新时代构建双循环新发展格局的重要战略资源，在保障我国供应链安全稳定、支撑全面开放、保障国家经济安全等方面发挥了不可替代的作用。

一、现状与成就

我国水运资源丰富，拥有大陆海岸线 1.8 万多千米、岛屿海岸线 1.4 万多千米，沿海港口 59 个；流域面积 1000 千米^{2}及以上的河流总长 38.6 万千米，内河航道通航里程 12.7 万千米，内河港口 359 个，主要分布在长江、珠江、京杭运河及淮河、黑龙江及松辽等四大水系。

围绕加快建设交通强国战略目标，我国水运基础设施建设取得了显著成就，形成了布局完善、规模巨大、通江达海、连接全球的水运基础设施网络。

水运基础设施规模世界第一。在全国沿海港口、内河航道与内河港口布局规划指导下，经过多年发展，我国沿海港口基本形成以上海港、大连港、天津港、青岛港、宁波舟山港、深圳港、广州港等主要港口为引领，其他港口共同发展的多层

交通强国

次发展格局。内河水运建设步伐加快,长江、西江干线等河流通航条件明显改善,基本形成了以"两横一纵两网十八线"高等级航道和内河主要港口为重点的水运设施布局。图4.4和图4.5展现了21世纪以来我国沿海及内河主要港口万吨级泊位数变化。

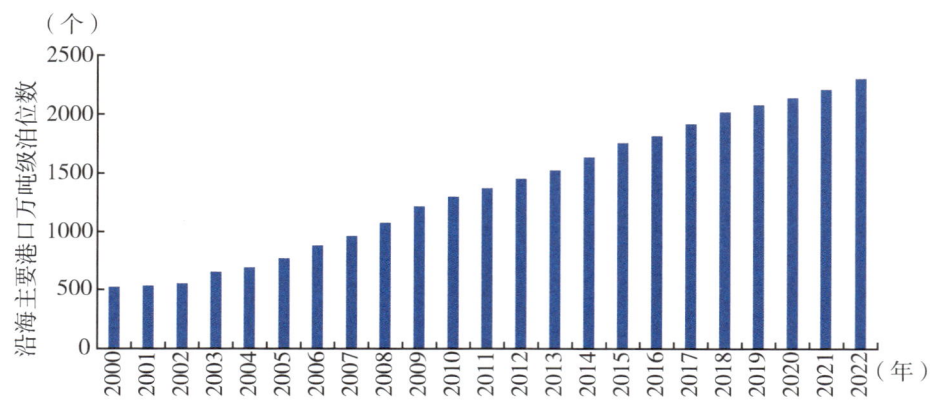

图4.4 我国沿海主要港口万吨级泊位数变化
(数据来源:国家统计局。)

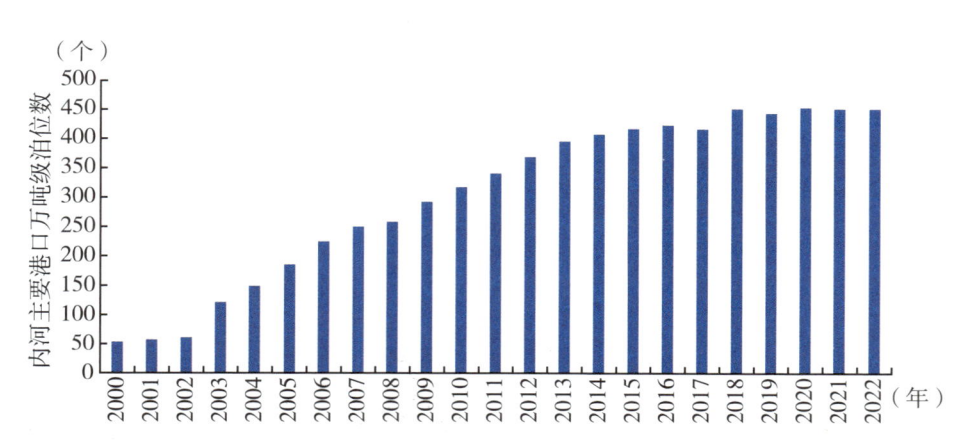

图4.5 我国内河主要港口万吨级泊位数变化
(数据来源:国家统计局。)

截至 2022 年年底，我国港口生产性码头泊位超过 21323 个，内河航道通航里程达到 12.8 万千米，规模位居世界第一；2022 年，我国港口完成货物吞吐量 157 亿吨、集装箱吞吐量 3 亿标箱，均稳居世界首位，全球港口货物和集装箱吞吐量排名前 10 的港口中我国分别占 8 席和 7 席。

水运基础设施地位作用突出[6]。一是水运在我国综合交通运输体系中发挥着十分重要的作用。2020 年全国水路货物周转量在综合交通货物周转量中占比为 52.4%（根据国家统计局数据计算），在长距离大宗物资运输中发挥了主力军作用。二是水运有力地保障了国家重要能源原材料等战略物资进口，为国家经济安全提供了坚实支撑。2020 年，我国港口承担了 14 亿吨进口金属矿石、6.6 亿吨进口石油及制品、2.4 亿吨进口煤炭、1.4 亿吨进口粮食的吞吐，均占我国相应物资外贸进口量的 90% 左右。图 4.6 为世界上最长的人工运河——我国的京杭运河。

图 4.6　京杭运河

二、展望未来

展望未来，新形势新要求，我国水运基础设施建设仍存在差距：水运设施布局需要从全国层面进一步优化完善，水运基础设施统筹融合发展有待加强，水运基础设施智慧、绿色、安全发展方面，仍有很长的路要走。未来，我国水运基础设施要进一步优化布局、结构、功能，构建现代化水运基础设施体系，提升水运服务能级，在支撑中国式现代化建设进程中发挥更大作用。

（一）完善网络

我国水运以新一轮全国港口与航道布局规划编制为统领，系统构建"水运大通道＋港口枢纽集群＋综合集疏运体系"现代化水运网络。加强环渤海地区津冀沿海、山东沿海、辽宁沿海港口群的协同合作，重点推进集装箱干线港码头工程、能源和战略性物资专业化码头工程、航道拓宽浚深建设等，打造优势互补的世界级港口群[7]。依托长江经济带黄金水道，加快长江干线航道扩能升级、支线航道延线联网，建设层次分明、专业化码头合理布局的长江沿线港口体系。

平陆运河

平陆运河是我国在西南地区开辟的由西江干流向南入海的江海联运大通道，是西部陆海新通道的骨干工程和加快建设交通强国的标志性工程。工程始于南宁横州市西津库区平塘江口，经钦州灵山县陆屋镇沿钦江进入北部湾，全长约135千米，全线按内河Ⅰ级航道标准建设，可通航5000吨级船舶，设计年单向通过能力为8900

万吨。项目开发任务以发展航运为主,结合供水、灌溉、防洪、改善水生态环境等,主要建设航道、航运枢纽、沿线跨河设施以及配套工程。工程概算约727亿元,计划2026年主体建成。该运河连通西江航运干线与北部湾国际枢纽海港,将以最短距离打通西江干流入海通道,通过左江、右江、黔江、红水河、柳江、都柳江等多条支流连通贵州、云南,实现西南地区内河航道与海洋运输直接贯通。运河建成通航后,将直接开辟广西内陆及我国西南、西北地区运距最短、最经济、最便捷的出海通道。运河建成后,将从根本上缓解西江下游通航压力,并通过铁水联运,减轻长江通航压力,远期与正在研究论证的湘桂运河衔接,将纵向贯通长江、珠江及北部湾,更好地服务西南、中南地区向南入海直达东盟。该运河是完善国家高等级航道布局、构建国家综合立体交通网的基础工程。

(二)提升功能

我国水运以国际航运中心、国际枢纽港等为重点,结合实际拓展特色航运服务、临港产业、文化旅游等港口现代化功能,同时注重老港区功能调整和升级。高质量建设长三角高等级航道网,优化粤港澳大湾区水运资源配置,加强广西北部湾国际门户港建设,强化海南自由贸易港港口资源整合,助力海南全面深化改革开放。

(三)加快转型

我国推进水运设施智慧化升级,大力推进智慧港口、智慧航道、智能船舶等智慧水运新基建发展;将绿色低碳理念贯穿水运设施规划、建设、运维全过程；统筹发展和安全，打造安全韧性水运设施；统筹水运基础设施建设与国土空间开发、城市群、产业集群等融合互促，集约节约利用土地、岸线等资源；加强水运与其他运输方式一体衔接，强化铁路集疏运和内河疏港航道建设[8]。

第六节　支撑畅行全球的航空运输体系

从全球范围看，民航是战略性行业，是促进国家现代化进程的重要动力引擎，也是衡量一个国家国际竞争力和发展质量的重要因素。机场是民航发展和城市建设的重要基础设施，是国家综合交通运输体系的重要组成部分。

一、现状与成就

经过多年的建设与发展，我国民航服务范围不断扩大，机场布局不断优化，打造了世界上覆盖人口最多、发展速度最快的机场网络和航线网络，为我国经济社会发展赋予了新动能，做出了新贡献。

党的十八大以来我国民航呈快速发展态势。2012—2021年，我国民航累计固定资产投资达9000亿元，2020年和2021年连续超过千亿元[9]，2012—2021年，新建运输机场67个、迁建15个，新增跑道84条、航站楼800万米^2、机位3000个，全国机场总设计容量超过14亿人次[10]。2021

年，航空服务网络覆盖全国92%的地级行政单元、88%的人口、93%的经济总量[11]。截至2022年年末，我国共有颁证民用航空运输机场254个，定期航班通航城市（或地区）249个，旅客吞吐量达到100万人次以上的机场69个（其中达到1000万人次及以上的机场18个），全年货邮吞吐量达到1万吨以上的机场51个。图4.7为21世纪我国民航航线里程变化图。

我国基本建成由北京、上海、广州、成都、西安等10大国际航空枢纽和29个区域枢纽等组成的现代化机场体系[12]。以机场为核心的现代综合交通枢纽已形成，枢纽机场轨道的接入率达到71.4%[10]。北京大兴国际机场、成都天府国际机场等一批重大工程建成投运，民航业与区域经济深度融合。图4.8为三亚凤凰国际机场。

图4.7 我国民航航线里程变化
（数据来源：国家统计局。）

交通强国

图 4.8　三亚凤凰国际机场

虽然我国民航基础设施建设取得了显著成效，但仍存在一些亟待解决的短板：设施保障能力有待增强，机场密度不足；基础设施建设协调性不够，有些地区，因相邻机场或区域的基础设施建设标准不同，导致部分节点或区域存在飞行堵点[13]。

二、展望未来

面向未来，民航发展要以提升航空出行便捷性、航空服务均衡性为目标，充分考虑人口分布、地理环境等因素以及国家战略、国家安全等要求，进一步优化完善机场布局，构建国家综合机场体系。

（一）构建综合机场体系

构建综合机场体系要着力优化布局结构，巩固北京、上海、广州、成都、昆明、深圳、重庆、西安、乌鲁木齐、哈尔滨等国际航空枢纽地位，推进郑州、天津、合肥、鄂州等国际航空货运枢纽建设，加快建设一批区域航空枢纽，建成以世界级机场群、国际航空（货运）枢纽为核心，区域航空枢纽为骨干，非枢纽机场和通用机场为重要补充的国家综合机场体系[14]。我国扩大机场数量规模，到2035年国家民用运输机场数量将达到400个左右，实现市地级行政中心60分钟到机场。

（二）加快航空枢纽建设

加快航空枢纽建设要建设世界级机场群。着力推动京津冀、长三角、粤港澳大湾区、成渝等世界级机场群建设；完善区内各机场功能定位；统筹机场群基础设施布局建设、航线网络规划、地面交通设施衔接，完善机场间快速交通网络，优化航权、时刻等资源供给；推进枢纽机场功能提升，扩大枢纽机场终端容量；加强机场规划设计方法和技术手段创新，充分体现以旅客为中心、效率优先的理念[14]。

（三）打造综合交通枢纽

打造综合交通枢纽应推动机场与其他运输方式的统筹融合，构建一体化的综合交通服务。国际航空枢纽基本实现两条以上轨道交通衔接；区域航空枢纽尽可能联通铁路或轨道交通；国际航空货运枢纽在更大空间范围内统筹集疏运体系规划，建设快速货运通道[14]。

交通强国

国内首个专业货运机场——鄂州花湖机场

  鄂州花湖机场是亚洲第一个、全球第四个专业货运枢纽机场，定位为货运枢纽、客运支线机场，项目总投资308.4亿元，2022年7月投入运营。机场航站楼、转运中心等设施按满足2025年旅客吞吐量100万人次、货邮吞吐量245万吨的目标设计，飞行区跑道滑行道系统按满足2030年旅客吞吐量150万人次、货邮吞吐量330万吨的目标设计。从经济地理角度看，花湖机场地处"中国之心"，东连长三角，西接成渝，南向粤港澳，北望京津冀，1.5小时飞行圈可覆盖全国90%的经济总量、80%的人口，航空物流一日达全国、隔日抵世界。

参考文献

[1] 丁金学. 亟需加快推进现代化交通基础设施建设［J］. 经济，2023（6）：28-31.

[2] 国家发改委. 大湾区基本实现内地与港澳1小时通达［EB/OL］.（2022-09-27）［2023-12-30］. http://www.cnbayarea.org.cn/news/focus/content/post_1022913.html.

[3] 国家铁路局. 铁路已覆盖81%的县 高铁通达93%的50万人口以上城市［EB/OL］.（2022-06-10）［2023-12-30］. https://baijiahao.baidu.com/s?id=1735217722194195380 &wfr=spider&for=pc.

[4] 求是网. 在现代化铁路建设中勇当开路先锋［EB/OL］.（2022-10-18）［2023-12-30］. http://www.qstheory.cn/dukan/ qs/2022-10/17/c_1129068046.htm.

[5] 交通运输部. 交通运输部召开11月份例行新闻发布会［EB/OL］.（2023-11-23）［2023-12-30］. https://mp.weixin.qq.com/s?__biz=MzI3MDQwMDQ5NQ==&mid= 2247591734&idx=1&sn=08c4977cc818c640f05 bbdd47ca6f17d&scene=0.

[6] 傅志寰，等. 交通强国战略研究［M］. 北京：人民交通出版社，2019.

[7] 邢佩旭. 阔步迈向中国式现代化新征程 谱写交通强国水运基础设施现代化建设新篇章［EB/OL］.（2022-12-16）［2023-12-30］. https://www.zgjtb.com/2022-12/16/content_335431.html.

[8] 交通运输部. 加快构建现代化水运发展新格局[EB/OL]. （2021-03-23）[2023-12-30]. https://baijiahao.baidu.com/s?id=1694950746500715153&wfr=spider&for=pc.

[9] 中国交通新闻网. 开路先锋 非凡十年｜强国展翼上云霄：党的十八大以来民航发展成就综述[EB/OL]. （2022-10-12）[2023-12-30]. https://www.zgjtb.com/zhuanti/ 2022-10/12/content_329090.html.

[10] 民航局. 枢纽机场轨道接入率达71.4%建成投产世界领先的"空管三个中心"[EB/OL].（2022-06-10）[2023-12-30]. https://baijiahao.baidu.com/s?id=1735224545520058282&wfr=spider&for=pc.

[11] 央视网. 我国航空服务网络已覆盖全国92%的地级行政单元[EB/OL].（2022-06-10）[2023-12-30]. https://news.cctv.com/2022/06/10/ARTIdSJfnnW1j6kju3sHDJPl220610.shtml.

[12] 新华网. 超600万公里 综合立体交通网加速成型[EB/OL]. （2023-12-21）[2023-12-30]. http://www.news.cn/fortune/2023-12/21/c_1130040139.htm.

[13] 中国民航网. 冯正霖：加快民航基础设施建设 推进民航强国发展战略[EB/OL].（2017-09-08）[2023-12-30]. http://www.caacnews.com.cn/special/4077/3620/201709/t20170918_1229097.html.

[14] 交通运输部. 加快建设现代化民航基础设施体系 [EB/OL]. (2021-03-23) [2023-12-30]. https://mp.weixin.qq.com/s?__biz=MzI3MDQwMDQ5NQ==&mid= 2247537640&idx=1&sn=2e65957ac508d0cff65d5431b69 ed404&scene=0.

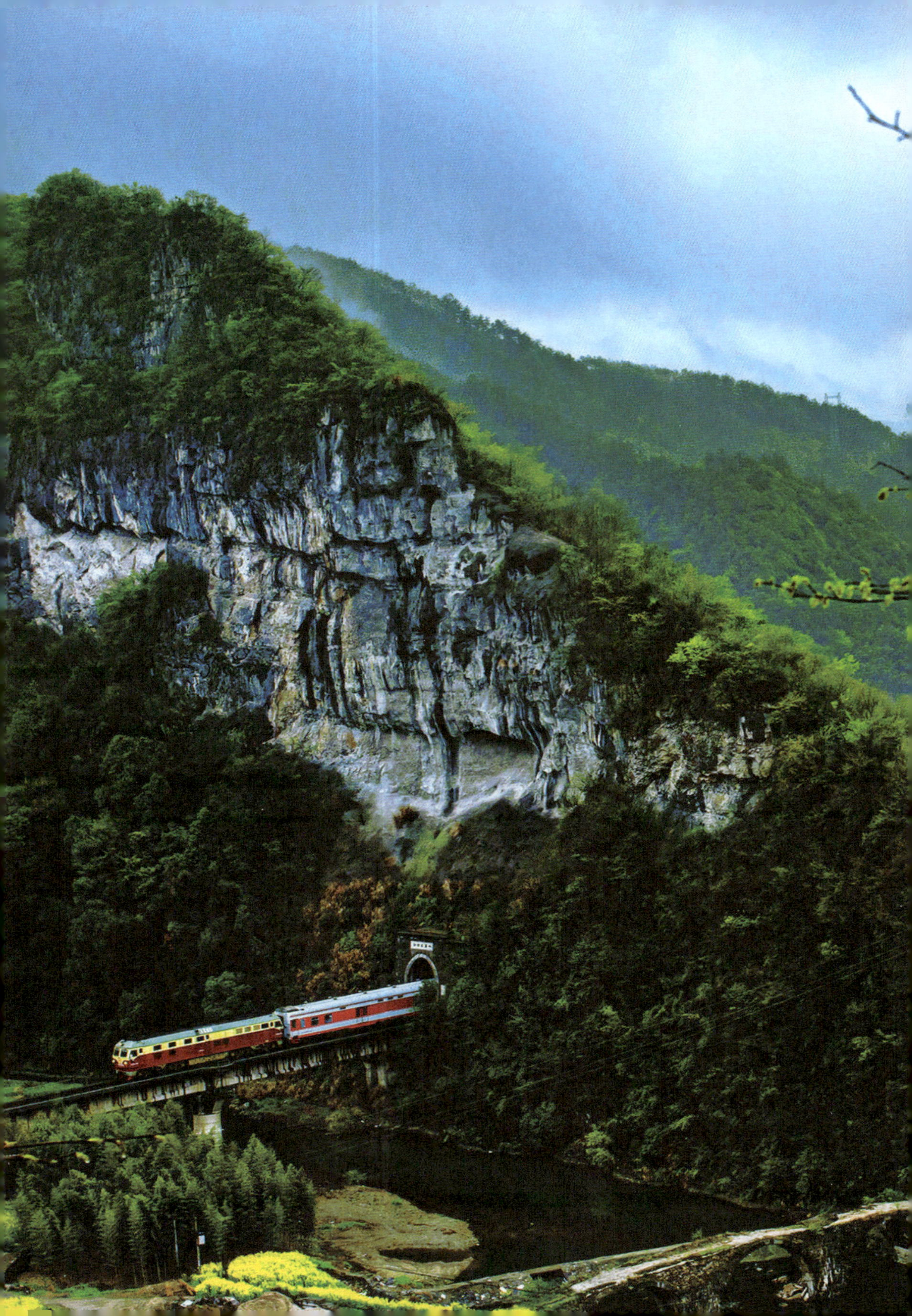

第五章 运输服务

交通，服务百姓，惠及民生，方便人员流动，承载货物周转。交通运输服务是建设现代化交通运输体系的出发点和落脚点，是现代流通体系的重要组成部分。

《交通强国建设纲要》提出，到2035年，我国要基本建成交通强国，旅客联程运输便捷顺畅，货物多式联运高效经济。随着交通建设的加快推进，我国综合交通服务能力大幅提升，人民群众获得感

明显增强。

  当前和今后一个时期，我国出行方式和物流模式将发生深刻变化，从"走得了"向"走得好"，从"运得出"向"运得畅"转变，提升综合运输服务能力和品质，提供高品质的"门到门"出行服务、降低物流成本，是增强人民群众出行服务的获得感和幸福感的最直接要素，也是加快发展现代运输服务业的必然趋势。

交通强国

第一节　综合运输服务发展

中国综合运输服务呈现出蓬勃发展的态势。随着经济的快速发展和全球化的推进，中国的综合运输服务不断创新与升级，形成了多元化的运输方式和完善的运输网络。铁路、公路、水路、航空等运输方式相互补充，形成了覆盖广泛、衔接顺畅的运输体系。同时，信息化和智能化技术的应用，使运输服务更加便捷、高效和安全。但中国综合运输服务在发展中仍面临着一系列问题和挑战，完善运输枢纽体系、优化供给结构、提升服务品质以及加强数字化、智能化和绿色化水平等问题亟待解决。

一、综合运输服务更加高效便捷

为适应我国经济社会的发展和物质生活水平的提高，我国运输服务业贯彻落实新发展理念，坚持以人民为中心的发展理念，在打造"人便其行、物畅其流"的综合运输服务体系上取得重要成就，服务能力和水平不断提高，服务方式呈现多层次、多模式、个性化的特点，多种运输方式、交通与其他行业融合发展，综合运输服务效率和效益提升显著，形成了比较完善的综合运输服务体系，有力地促进了我国经济社会快速发展和人民生活水平提升。

（一）运输服务能力持续增强

我国交通基础设施网络规模持续增长，铁路、公路里程数实现了历史性突破，我国综合交通基础设施覆盖范围快速扩

第五章　运输服务

大，综合运输服务便捷度不断改善，促进了地区之间人流、物流、信息流、能源流等的快速流通，为经济社会发展提供了良好的支撑。

从铁路网络来看，截至2023年年底，我国铁路运营里程达到15.9万千米，其中高速铁路运营里程达到4.5万千米，占世界高速铁路运营总里程的70%以上，是世界上高速铁路运营里程最长、在建规模最大、商业运营速度最高、高铁技术最全面、运营场景最为丰富的国家。图5.1为行驶中的"和谐号"高铁。

图5.1　行驶中的"和谐号"高铁

交通强国

从公路网络来看，2022年全国公路密度55.78千米/百千米^2，是1978年的6倍；全国高速公路密度184.7千米/百千米^2，是1988年的1847倍。截至2023年年底，我国已有21个省份实现"县县通高速"目标（新疆生产建设兵团、香港、澳门、台湾未计入统计）[1]。图5.2展示了全国公路密度及高速公路密度的变化情况。

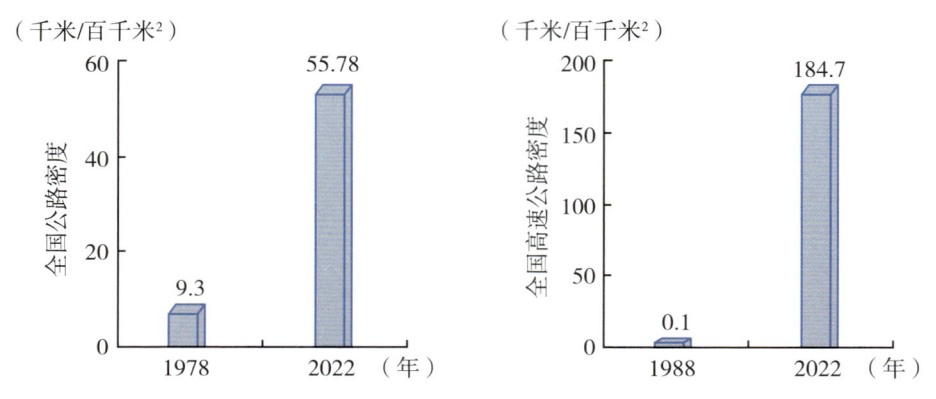

图5.2 全国公路密度及高速公路密度变化情况

公路出行服务更加便捷舒适，全国城乡交通运输一体化发展水平达AAA级及以上的区县比例超过95%，具备条件的乡镇和建制村通客车率达100%[2]，城乡交通运输服务均等化水平进一步提升。

从民航网络来看，2022年颁证民航运输机场达到254个，民用航空航线条数4670条，比2012年增加2213条，航空服务100千米半径覆盖了大约全国92%的地级市、88%的人口和93%的经济总量[3]。

从城市交通网络来看，2022年年末全国城市道路长度达55.2万千米，是1978年的20倍；人均道路面积达19.3米^2，是1978年的6.6倍[4]，城市客货运输条件显著改善，基本适应了快速城镇化和机动化的发展需求。

（二）运输服务品质日趋提升

我国客运出行方式日渐丰富多样，以满足人民群众个性化出行需求。铁路运输积极推行网络售票、电话订票、异地售票等服务方式，不断实化便民服务。民航有效提升了航班正点率，2019—2023年民航航班正常率连续5年超过80%。依托主要高铁、公路客运枢纽并与民航航班密切对接的虚拟航站楼，近年得到快速发展。多地实现了公路客运联网售票，部分城市积极探索推行联程客运服务，更加方便了公众出行。旅客联程运输蓬勃发展，涌现出"空铁通""空巴通"等多种旅客联程运输产品。随着城市公交优先发展战略的加快实施，城市出行模式不断创新。截至2022年年底，全国共有32个城市开通了快速公交系统（Bus Rapid Transit，BRT），线路长度达到7355千米。全国有53个城市开通了城市轨道交通线路，全国开通城市轨道交通运营里程达到9554.6千米，全年累计完成客运量193亿人次。图5.3展示了重庆的轨道交通。多元化、定制化公交服务蓬勃发展，北京、河北、山西等29个省（自治区、直辖市）开通了定制公交服务，其中31个中心城市共开行超过3500条通勤定制公交线路，部分城市还开通了通学定制公交、枢纽集散定制公交和旅游定制公交线路，

交通强国

共享单车、网约车等新业态迅速发展，极大满足了人民群众多样化出行需求。

各种货运领域不断创新服务模式，提高运输效率和效益。铁路结合市场需求陆续推出客车化城际货运班列、高铁快递业务及集装箱海铁、公铁联运业务，多条中欧国际集装箱班列陆续开通并积极拓展业务。多地港口加强与内陆城市合作，深化"无水港"建设，扩大腹地范围，有效提升了港口物流服务能力。交通运输行业开展甩挂运输试点项目，试点线路基本辐射全国主要城市，车辆平均里程利用率提高到80%，基本达到发达国家平均水平。2016—2023年，我国累计创建116个"国家多式联运示范工程"，基本覆盖国家综合交通枢纽城市和国家综合立体交通网主骨架。城市集中配送、统一配送、共同配送等集约化组织模式在部分地区得以起步和发展，农村物流服务中交邮合作等模式得到大力推广。中小货运企业联盟组织、货运枢纽及信息平台整合模式近年呈现快速发展态势，快递、零担"定时达"产品化

图 5.3　重庆轨道交通

服务特色越来越鲜明。

(三) 智慧运输服务不断普及

随着人民群众对高品质、多样化的出行期待的不断提升，我国充分依托数字技术提升出行服务质量，电子客票、刷脸进出站、无感支付、无感安检、验检合一和智能引导等便捷畅通服务，客运无障碍出行服务体系日益完善。全国超 2200 个二级及以上汽车客运站实现电子客票服务，开行定制客运线路 4000 余条。全国高速路全自动电子收费系统（Electronic Toll Collection，ETC）实现全部联网，强化公交智能调度、加大公交电子站牌建设，推广公交手机软件（Application，App）等智能化服务手段，推动城市公交一卡通互联互通、移动支付等技术的全面应用，以信息、数据为关键要素，引领带动城市公交服务创新升级。截至 2023 年，全国 330 个地级以上城市已实现交通一卡通互联互通，交通联合卡发行量超过 2.23 亿张。北京、广州、深圳等城市积极探索发展出行即服务新模式，为市民提供整合多种交通方式的一体化、全流程的智慧出行服务。在线受理、跟踪查询、电子票据、结算办理、货物交付及客户管理等一站式服务不断推广。

(四) 运输服务形式进一步优化

随着我国综合交通基础设施网络的不断完善，交通运输服务供给和保障能力不断增强，运输装备不断提档升级，运输服务模式不断推陈出新，经济社会交流持续加快，全国运输服务规模加快增长。

交通强国

客运方面。私人小汽车保有量持续攀升，人们的出行方式发生了很大的变化，省内游和周边游持续火爆。自驾游客运量井喷式增长，以2024年我国春运为例，春运40天内全社会跨区域人员流动量超84亿人次。其中，铁路、公路、水路、民航营运性客运量为17.02亿人次，约占全社会跨区域人员流动量的20.3%，高速公路及普通国道、省道自驾车出行量完成67.2亿人次，占全社会跨区域人员流动量的79.7%，自驾车春节出行创历史新高。从营业性客运量（铁路、公路、民航、水运4种方式）来看，2022年全社会完成营业性客运量55.87亿人次，而2013年的营业性客运量为212.3亿人次，10年间下降了156.43亿人次，其中公路客运量从2013年的185.35亿人次下降到2022年的35.46亿人次，下降了149.89亿人次，部分原因为铁路和私家车出行的分流影响。图5.4为2017—2022

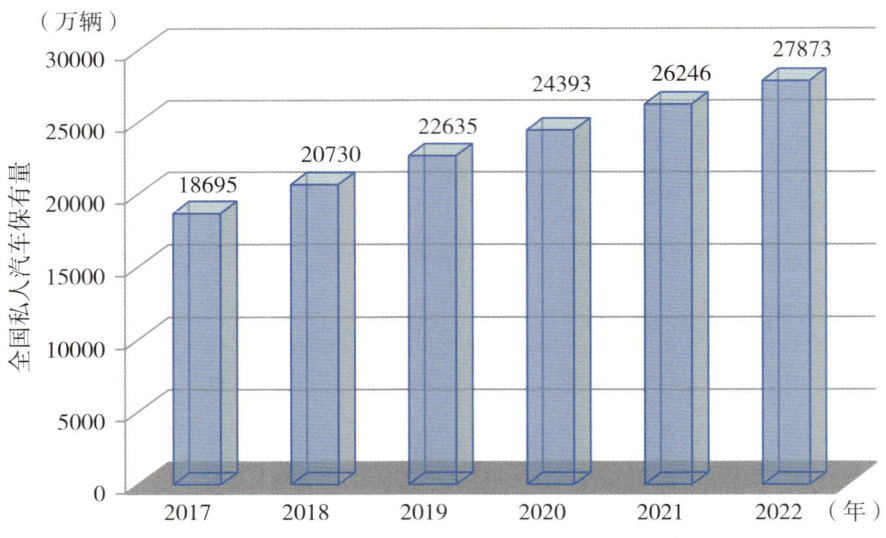

图5.4　2017—2022年全国私人汽车保有量变化情况[5-10]

年全国私人汽车保有量的变化情况，至 2022 年我国私人汽车保有量已经达到 27873 万辆。

货运方面。2017—2022 年，虽然受疫情影响，我国营业性货运量有所波动，但总体上呈现增长趋势，2022 年较 2017 年增长了 34.2 亿吨，其中水路货运量增长最大，2022 年较 2017 年增长了 18.76 亿吨。2023 年我国快递业务量达 1320 亿件，连续 10 年稳居世界第一，从"年均百亿"到"月均百亿"的跨越，展现了我国超大规模市场活力，2023 年我国快递量相当于美国 2022 年快递量的 6 倍、日本 2022 年快递量的 14 倍、英国 2022 年快递量的 25 倍，约占 2022 年全球快递总量的 60% 以上。我国港口货物吞吐量和集装箱吞吐量连续多年位居世界第一，2022 年集装箱吞吐量达 2.96 亿标准箱，较 2017 年增长了 24.37%，其中 2022 年集装箱铁水联运量为 874.7 万标准箱，是 2017 年 2.5 倍。

二、综合运输服务存在的问题与挑战

尽管我国各地在推进综合运输服务方面开展了大量工作，取得了显著成效，但总体看，由于受体制机制、资金投入、区域发展不平衡等多种因素制约，综合运输服务水平仍不高，综合能力不强，距离人民群众对于现代化运输服务的新期待还有一定差距。

第一，综合运输体系布局不尽合理。我国的铁路和内河水运衔接不畅，民航货运发展相对滞后，大宗物资长途运输的公路市场份额过高，各种运输方式的技术经济特点和比较优势尚未得到充分有效发挥。综合运输区域和城乡差异较为突出，沿海发达地区各类交通基础设施的总量虽较充足但结构仍待优化，中西部地区尤其是欠发达地区交通基础设施尚不完善、农村公路管养体系不健全等矛盾依旧突出，部分省份农村公路的通达率不足60%，约只有全国平均水平的2/3，运输服务区域均衡发展还有待强化。

第二，各类设施衔接不够顺畅。客运表现为"最后一百米"衔接瓶颈仍较普遍，近几年高速铁路大规模兴建中，仍有部分高铁客运站因各种原因没有实现与公路客运站的一体化设计与同体建设，国内很多高铁站与配建公路客运站相隔数百米，给旅客快速、安全换乘带来不便。货运则表现为"最后一公里"衔接不畅的矛盾难以破解，以铁水联运为例，大部分集装箱港区未能实现与铁路的紧密衔接，"港站分离"现象比较普遍，不少港口仍需要依靠集卡短途接驳，不仅增加了运输成本，也降低了运输效率。

第三，运输服务一体化水平不高。客运"一票制"和货运"一单制"的联运服务发展缓慢。目前，客运联网售票服务主要仍限于单一运输方式，不同运输方式间的联合服务更多还停留在互设售票点等层面，尚未实现真正的联程联网售票。多式联运总体发展步伐滞后，主要表现在：发展形式比较单一，覆盖面小，货物组织平衡困难，服务能力、水平和运输价格、期望标准存在较大差异。运输服务水平不高是造成物流成本偏高的原因，根据中国物流与采购联合会公布的数据，2023年，我国社会物流总费用与国内生产总值的比率是14.4%，比2022年下降0.3个百分点，但跟美国、日本等国家的8%左右的水平相比，这一比率还是相对较高的。

第四，综合运输服务信息融合滞后。目前，还缺乏综合运输信息服务系统的顶层设计，各种运输方式信息平台之间尚未制定统一标准、规范。客运领域铁路、民航、公路运输联网售票、信息互通等进展不快，在货运领域，铁路、民航与道路货运物流信息交互也较为滞后。综合运输信息服务能力不强，铁路、公路、民航、航运等多种运输方式公共出行服务信息发布缺乏互联互通，公众出行信息资源缺乏有效整合，关键动态信息匮乏，信息服务内容和范围有限等问题较为突出。

第二节　客运服务发展

随着经济的增长和城市化进程的推进，人们对于出行服务的需求持续增长，推动了客运市场规模的扩大。无论是城市内部的通勤出行，还是跨城、跨省的旅游或商务出行，客运服务都扮演着重要角色。同时，互联网技术的发展也为客运服务带来了新的机遇，线上售票、智能调度等创新模式不断涌现，提升了客运服务的效率和便利性。中国客运服务发展取得了显著成就，但仍需不断创新和完善，以适应市场变化和满足人民群众日益增长的出行需求。

🚆 交通强国

一、我国客运服务发展成效

我国运输服务业贯彻落实新发展理念，通过完善客运服务基础设施底座、丰富客运服务模式、提升客运服务品质、创新技术应用，在打造"人便其行"客运服务体系上取得突出进步。

（一）高品质出行体验逐步实现

近些年来，我国客运行业瞄准需求、改革创新、升级服务，不断提升旅客运输专业化、个性化服务品质，打造更多高品质客运产品，铁路和民航等长距离出行发展迈上新台阶，人们对"美好出行"的需求得到更好满足，出行体验更加安全、便捷、舒适。春节、国庆等重要节庆日大规模客流的服务保障能力显著提升，客运出行正在实现从"走得了"向"走到好"的转变。

铁路方面，高铁安全、便捷、绿色、舒适的特性使得高铁逐渐成为人们出行的主要方式，促进了我国铁道运输客运量的不断增长。2023年国家铁路完成旅客发送量36.8亿人次，高峰日发送旅客突破2000万人次，全年和高峰日旅客发送量均创历史新高，高速铁路承担了铁路76%左右的旅客发送量、66%左右的旅客周转量[11]，基本解决了原来客运高峰期运力短缺的问题。

京沪高铁

京沪高铁拥有世界一流的运营速度、世界一流的工程质量、世界一流的技术装备、世界一流的运营效率以及世界一流的运营管理。京沪高铁是全球一次建成最长、标准最高的高速铁路，也是我国投资规模最大的建设项目。京沪高铁列车发车间隔最短 4 分钟，最高运营时速为 350 千米，是全球最快高铁。

民航方面，近些年，我国大力建设"干支通，全网联"航空运输网络体系，不断提升网络衔接能力和中转便利化服务水平，2023 年国内航线网络通达性拓展 23%，全行业千万级以上机场近机位靠桥率为 82.45%。全行业提升航空气象服务准确性、实用性，优化航段时间管理方式，全年航班正常率达 87.8%，较 2019 年提高 6.15 个百分点[12]。

首都机场

首都机场（图 5.5）为 4F 级国际机场，是中国三大门户复合枢纽之一、世界超大型机场，也是世界上最繁忙的机场之一，2018 年的旅客吞吐量均超过 1 亿人次，创历史最高。首都机场驻场航空公司推出多条航空快线产品，包括京沪、京杭、京蓉、京渝、京穗、京深、京琼快线，覆盖全天出行时段。首都机场通过设置专属引导标识、专属值机柜台、优先安检通道、优先停靠廊桥、固定行李转盘、隔离区内柜台等优质地面运行服务内容，提升航班时刻等资源利用效率和服务品质。首都机场关注残疾人、老年人、婴幼儿等人群出行，实现了服务柜台、卫生间、自助商业设施等 27 大项、200 余小项无障碍服务。旅客还可以通过首都机场 App 以及小程序进行登机口导航、出港行李跟踪，实现全流程旅客服务信息查询。

客运枢纽换乘方面更便捷。大部分新建、在建和规划建设的大

> 交通强国

图 5.5 首都机场

型铁路客运枢纽、民航机场均考虑了多种交通方式的换乘衔接问题，尤其是依托高铁客运站基本建成了与城市交通无缝衔接的综合客运枢纽，强调各种交通方式在一个建筑体内立体衔接，实现了城市内外和不同方式之间的便捷、安全、顺畅换乘。

上海虹桥综合交通枢纽

上海虹桥综合交通枢纽总建筑面积达 150 万米^2，集航空、高速铁路、城际铁路、高速公路、磁悬浮、地铁、公交等"轨、路、空"多种交通方式于一体。虽然规模庞大、功能复杂，但上海虹桥综合交通枢纽为乘客提供了舒适、便捷的换乘体验，从各种交通换乘，人流、物流导向方式，各种问询、标识系统，到商业、生活设施安排，都充分考虑到乘客的需求，进行了人性化设计。图 5.6 展示了上海虹桥站的便捷换乘。虹桥为使乘客更方便地换乘，在设计中采

图 5.6 高铁与机场的便捷换乘

用了"到发分层"（多层面、多通道、多出入口、多车道边）的理念来实现，不同交通设施间的到发分层，不仅实现了上下叠合的功能安排，还避免了大流量旅客换乘拥挤。此外，虹桥交通枢纽内部设置了大量自动步道，以缩短旅客在枢纽内部换乘时间。同时，虹桥枢纽用不同颜色区别航空、高铁的区域，增强旅客印象，即使第一次来到虹桥枢纽的乘客，也会很容易找到目的地。

高铁和民航是中长距离出行的首选便捷方式，在下了飞机坐高铁和坐着高铁去乘飞机的发展理念下，上海虹桥国际机场、北京大兴国际机场、银川河东国际机场、兰州中川国际机场、青岛流亭国际机场、贵阳龙洞堡国际机场、成都双流国际机场、武汉天河国际机场、长春龙嘉国际机场、郑州新郑国际机场、吐鲁番交河机场等实现了高铁与机场的零距离换乘，进一步支撑了旅客的精准出行，出行时间得到了很好的掌控。表 5.1 展示了我国机场与高铁（城际铁路）站便捷换乘情况。

交通强国

表 5.1 我国机场与高铁（城际铁路）站便捷换乘情况

机场名称	高铁站（城际铁路）和航站楼步行距离（米）	机场名称	高铁站（城际铁路）和航站楼步行距离（米）
银川河东国际机场	110	青岛胶东国际机场	250
兰州中川国际机场	120	三亚凤凰国际机场	280
贵阳龙洞堡国际机场	120	海口美兰国际机场	300
成都双流国际机场	120	长春龙嘉国际机场	350
武汉天河国际机场	120	吐鲁番交河机场	400
郑州新郑国际机场	120	上海虹桥国际机场	700
北京大兴国际机场	150	西双版纳嘎洒国际机场	1500
南宁吴圩国际机场	200	徐州观音国际机场	1700
重庆江北国际机场 T3	210	阜阳西关机场	1800
揭阳潮汕国际机场	250	石家庄正定国际机场	3500

（注：数据为作者整理。）

（二）客运服务方式多样化发展

全国客运行业坚持"人民交通为人民"的初心，为广大人民群众逐步提供了"走得起""用得好"的出行服务，通过各种途径创新、丰富服务产品，满足了人民群众个性化、多样化的出行需求。同时，传统的客运出行业态和信息技术、现代金融服务等新技术、新产业结合，催生了很多交通运输新业态。网约车、共享单车、定制公交、分时租赁等客运服务如雨后春笋般迅速发展起来。

铁路客运。铁路行业主动对接市场需求，全面优化产品结构，开发优化客运新产品，形成包含高速动车组、直达特快、特快、快速、普快、普客，以及"朝夕"高铁、旅游、高铁动卧、城际、市郊等列车在内的不同速度、不同席别、不同开行频次和不同时段的旅客列车产品系列，适应了不同区域、不同层次旅客出行需要。

网约车。作为交通运输的新业态，网约车改变了传统巡游出租汽车"扫街"接单的传统模式，同时也改变了传统出租汽车行业的管理模式。网约车行业的迅速发展给传统巡游出租汽车行业带来了巨大的竞争压力，促使传统行业开始积极谋求转型升级，从车辆装备、服务质量等方面不断探索优化路径，同时也更加积极应用新技术，运输效率得到了明显提升。

共享单车。共享单车（图 5.7）是移动互联网和租赁自行车融合发展的新型服务模式，有效解决了城市交通出行"最后一公里"问题。共享单车自 2015 年在我国发展以来，在缓解城市交通拥堵、构建绿色出行体系等方面发挥了积极作用。

图 5.7 共享单车

> 交通强国

定制公交。随着移动互联网的广泛普及，为了丰富城市内部公交出行模式，部分城市公交企业通过互联网、手机软件等渠道，动态掌握出行需求，精准匹配运力资源，为乘客提供快速、便捷、舒适的定制化公交出行服务，有力提升了城市公交的吸引力和竞争力。自2013年首条定制公交线路在青岛开通以来，目前全国已有29个省（自治区、直辖市）的50多个城市开通了定制公交服务。由于大型及以上城市人口多、公交出行群体规模大、整体消费能力强、高品质公交出行需求旺盛，定制公交服务主要集中在北京、广州、深圳、南京、杭州和厦门等部分超大、特大和大城市。

南京定制公交

2015年9月南京开通首条定制公交线路，南京定制公交（图5.8）有针对通勤、商务、高校、旅游需求的4种基础模式，其中通勤和

图5.8 南京定制公交

商务目前属于主营业务。南京定制公交特色是通过"社群拼团"的方式，把线路的主导权交给乘客，根据乘客需求建立微信社群，以拼团线路形式预售车票。截至 2023 年 7 月，南京已有 350 条定制公交线路，位居全国首位，日均客流量约 1.2 万人次。

道路定制客运。为了丰富城市之间、城乡之间道路客运模式，"互联网 + 道路客运"应运而生，定制客运是借助互联网技术将用户个性化出行需求与道路客运行业运力资源高效匹配的新业态，主要依托手机软件等实现在线服务。与传统道路客运服务定点、定线、进站上车等特点相比，道路定制客运服务形式也由以线下为主转为以线上为主，车辆日益小型化，运输服务灵活性明显增强，"门到门"的比较优势更为显著，让传统道路客运焕发了新活力，旅客出行体验满意度显著提升，定制客运业态大致可以分为两类。

第一类是"专车"，其主要特点是车主要是乘用车，定点变成"点到点、门到门"，定线变成"随客而行"，定时变成"随客时间"或者多个时间供乘客选择。城际用车、城际约租、定制包车、城际约车等基本属于这种类型。

第二类是"专线"，其主要特点是车主要是客车，也有乘用车；定点但一般一端为校园、景区、火车站、机场等人流密集点；定线、定时。机场巴士、校园巴士、景区巴士等基本属于这种类型。

道路客运是各种客运方式中分布最广、网络最密的运输方

交通强国

式,但随着我国经济社会快速发展,传统道路客运方式已不能满足人民群众日益增长的出行便利化、个性化的需求,"定制客运"的出现,适应了乘客便利化、个性化的出行需求,弥补了道路客运形式单一、"最后一公里"等问题。

环京通勤定制快巴网络

北京推进环京地区通勤定制快巴(图5.9)开通,实现1小时环京通勤的出行目标,前期试点开通北京国贸至廊坊"北三县"、天津武清区的定制快巴。定制快巴采用"预约出行、灵活设站、车随人走、就近上车"的运营模式,按需设置站点,动态调整线路,使用公交专用道提升车辆通行效率。定制快巴试点运营以来,已开通

图5.9 环京通勤定制快巴

5条主线、18条支线，其中北京国贸至"北三县"3条主线自开通以来累计开行超2.3万个班次，日均客运量5100人次，平均实载率达93.1%，日均减少3000余辆通勤进出京小客车出行，降低了乘客出行成本，缓解了进出京交通拥堵压力，为城市群道路客运发展和城际通勤出行提供了发展新路径。

城乡客运一体化。我国将城乡交通运输一体化建设作为一项重要民生措施积极推进，对具备条件的通乡镇、建制村硬化路、旅游路、客运场站、乡镇客运综合服务站等项目给予优先扶持，带动各地提升了城乡交通运输基础设施、客运服务、货运和物流服务均等化水平。尤其是城乡公交一体化建设、农村客运班线公交化等工作的推进，有助于实现城市、农村公交运营模式一体化、车辆装备一体化、票制票价一体化、公交线网一体化，全国乡村公交出行服务质量显著提升，进一步便利了乡村与城市的通行服务。图5.10为电子公交站牌。

图5.10　安徽黄山黟县公交电子站牌

（三）智慧化出行体验日渐普及

随着人民群众对高品质、多样化的出行期待的不断提升，我国充分依托数字技术提升出行服务便捷性，实现全国高速公路 ETC 系统联网、强化公交智能调度、强化公交电子站牌建设智能化服务手段，推动城市公交一卡通互联互通、移动支付等技术的全面应用，以信息、数据为关键要素，引领带动运输服务创新升级。全国 330 个地级以上城市已实现交通一卡通互联互通，覆盖全国 3.6 万余条公交线路、44 个城市的 258 条轨道线路、3.6 万余辆巡游出租汽车等[13]。北京、广州、深圳等城市积极探索发展"出行即服务"（Mobility as a Service，MaaS）新模式，为市民提供整合多种交通方式的一体化、全流程的智慧出行服务。

随着移动互联网、数字化技术的快速发展，其在出行领域的深度应用，为各种出行方式整合及各类出行主体融合提供了可靠的技术保障，特别是以共享单车、网约车等为代表的新型出行方式不断涌现，为城市居民出行提供了极大的便利，新型出行方式与公共交通系统有机整合，私人出行服务和公共交通服务有效融合，能够为居民提供更有效的出行服务。在这样一个发展阶段和机遇的背景下，"出行即服务"应运而生，升级了一体化出行定义。

"出行即服务"的内涵是一方面通过移动支付、移动互联网等技术精准理解公众出行需求，另一方面将各种出行方式整合到统一的服务体系和平台上，充分利用大数据决策，调配最优资源，为用户规划包括多种出行方式实时信息在内的无缝衔接出行方案[14]，从而降低出行成本，提升出行效率和品质，推动绿色出行。

上海"随申行"

"随申行"是由上海市推出的交通行业生活数字化转型"出行即服务"品牌。"随申行"App 集公交、轨道交通、轮渡等公共交通出行方式和一键叫车、智慧停车等出行服务于一体,为市民提供全方位、换乘优惠、多模式出行的交通方式,引导居民低碳出行[15]。图 5.11 为"随申行"App 主页。

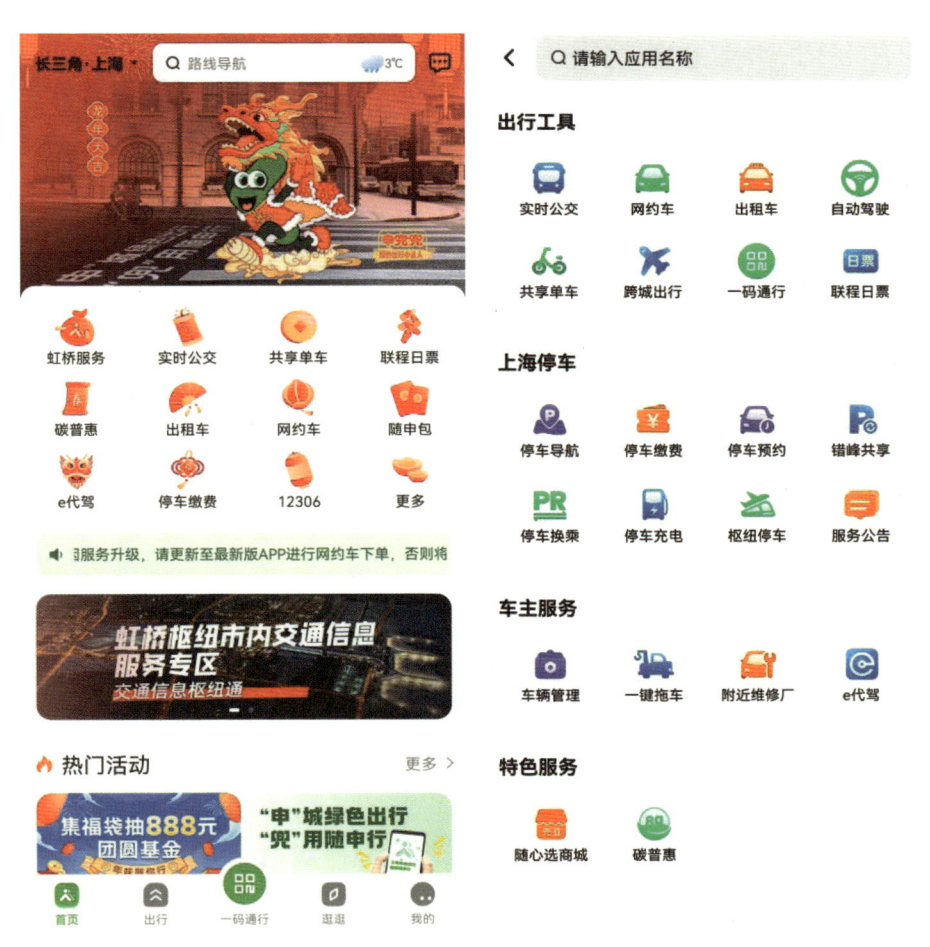

图 5.11 "随申行"App 主页

交通强国

华盛顿特区鼓励绿色出行项目

鼓励绿色出行项目（incenTrip）提出了绿色出行积分的概念，根据不同出行方式的单位里程能耗排放强度确定不同的积分，通过监测出行者的碳足迹，测算其绿色出行积分，并把该积分用于出行激励。使用此积分可免费搭乘公共交通，以及兑换加油卡、快易通（不停车电子收费）、礼品卡或者现金等奖励。图 5.12 为该项目 App 页面。

图 5.12　鼓励绿色出行项目 App 页面

鼓励绿色出行项目是一个多模式出行计划 App，用户免费注册并登录该手机软件后，早晚通勤高峰期的每一次通勤出行都会获得积分奖励。通勤者在完成 10 次出行后可获得高达 10 美元的奖励，或者将积分保存起来，直至获得 50 美元的奖励。每位通勤者每个日历年最多可以赚取 600 美元。选择有助于减少交通拥堵和改善空气质量的出行方式（如合乘、乘公交车、骑行）可以获得更多积分。

二、我国客运服务发展展望

尽管我国在客运服务方面取得了上述显著成就，但总体看，由于受体制机制、阶段特征、资金投入、区域发展不平衡等多种因素制约，客运服务品质距离人民群众对于综合运输服务改革发展的新期待还有一定差距。当前我国已进入高质量发展阶段，人们期望不但"走得了"更要"走得好"。这要求交通服务不能停留在"人便其行"的水平上，而必须把实现"人享其行"作为奋斗目标。

首先，要提升一体化出行品质。按照"零距离换乘"原则，优化综合客运枢纽功能，打造全天候、一体化换乘环境。我们应发展一站式"门到门"出行服务，推动运输方式间票务数据信息互通共享，发展旅客联程运输电子客票，努力实现"一站购票、一票（证）通行"；推进城市轨道交通与干线铁路、城际铁路、市域（郊）铁路等多网融合发展，构建运营管理和服务"一张网"，实现设施互联、票制互通、安检互认、信

交通强国

息共享、支付兼容,最大限度方便群众的一体化出行。图 5.13 展示了北京西站地铁站与火车站之间的便捷换乘。

其次,扩大均等化服务厚度。我们要构筑轨道交通等大容量、高效率的城际快速客运服务,基本实现城市群内部 2 小时到达。完善农村客运基础设施,提升农村客运安全通行条件;鼓励灵活采用城市公交延伸、班线客运公交化改造等模式,提升城乡客运均等化服务水平;深入优化城市公交线网,合理设置发车频率和运营时间,扩大公交服务广度和深度;完善多样化公交服务网络,构建快速公交、微循环公交服务系统,发展定制公交、水上公交巴士等个性化产品;推进城市轨道交通"一码通行"等客运服务。

再者,打造数智化服务体系。推广大数据、云计算、人工智能、区块链、物联网等技术的应用,让数据资源赋能运输服

图 5.13　北京西站地铁站直接通往火车站

务发展，提升定制客运和"互联网＋客运服务"水平。我们应大力发展"出行即服务"，实现路径规划、票务清分、支付以及评价体系的一体化；建设客运数字化基础底座，提升客运系统运行分析和预判能力，构建数据采集体系，推动区域、城市、城乡客运精准治理。

最后，强化绿色化客运发展。我们要推进新能源车辆规模化应用，加快充电换电、加氢等清洁能源设施网络建设；大力培育绿色出行文化，建设生态友好、清洁低碳、集约高效的绿色出行服务体系，增强绿色出行吸引力，推动绿色出行。

第三节　货运服务发展

随着经济的快速增长和全球化趋势的加强，中国货运服务需求持续扩大。为了满足这一需求，中国不断完善货运基础设施，建设铁路、公路、水路和航空等多种运输设施，形成了较为完善的货运网络。与此同时，中国货运服务也在不断创新和优化。随着信息技术的快速发展，数字化、智能化和网络化成为货运服务发展的重要方向。

一、货畅其流的重要作用

在中华民族五千多年的智慧结晶里蕴含着货物运输和物流的思想，荀子在《荀子·王制》谈及"通流财物粟米，无有滞留，使相归移也，四海之内若一家"，意思是希望财物、粮

交通强国

米流通，没有滞留积压，体现了物流推动富国建设的重要作用。汉唐"丝绸之路"、明代"郑和下西洋"极大地推动了我国与世界的交流合作。物流体系不仅可以理解为古代的漕运、盐运、茶道、马帮、镖局、驼队的运输过程，还包括邮政、仓储、配送、快递、包装、流通加工、信息、商业贸易、通关以及为其提供服务的电子商务、检验检测、金融、理货等多行业、多部门、多层次的庞大体系。"货畅其流"一头连着生产，另一头连着生活，承载着人民对美好生活的向往，是国家富强、人民幸福的重要基础。

"货畅其流"在构建以国内大循环为主体、国内国际双循环相互促进的新发展格局中扮演着重要角色，只有当货物能够顺利、畅达地流通起来，才能实现资源的优化配置，促进经济的繁荣。图 5.14 展示了我国的中欧班列，它是我国开展对外贸易的重要载体。实现"货畅其流"，要注重物流效率提升

图 5.14　中欧班列

和物流成本降低两个方面。提升效率方面，尽可能实现"门到门"的货运服务，可以通过详尽的计划、合理的组织和高效的执行，提升物资运输、仓储和配送的效率，商品能够更快速地从生产端到达消费者手中。降低成本方面，可通过优化供应链管理、减少库存积压等措施，降低企业的运营成本。以2022年为例，我国社会物流总费用与国内生产总值的比率为14.7%，较2012年下降3.3个百分点，按照我国经济体量来算，这3.3个百分点相当于近4万亿元的经济价值[16]。

二、我国货运服务发展成效

我国是世界上运输最繁忙的国家之一，面对日益增长的货物运输需求，我国加快铁路运能提升、水运系统升级、公路货运治理和多式联运发展，创新公铁联运、空铁联运、铁水联运、江海联运、水水中转、滚装联运等高效运输组织模式，我国物流业的发展变化有目共睹。

第一，社会物流总额保持稳定增长（参见图5.15）。中国物流采购联合会发布的数据显示，2013—2023年，全国社会物流总额持续增长，2023年达到了352.4万亿元，年均增速达到5.9%。铁路、公路、内河、民航、管道运营里程以及货运量、货物周转量、快递业务量均居世界前列。社会物流成本水平稳步下降，2023年社会物流总费用与国内生产总值的比率降至14.4%，10年累计下降3.6个百分点。世界银行发布的《2023年物流绩效指数报告》中，我国物流绩效综合排

交通强国

名由 2018 年的第 26 位升至第 20 位。其中物流基础设施、国际货运能力两方面排名位于全球前 10%，达到国际先进水平，基础设施排名超越美国、法国等发达经济体，比 2018 年提高 6 位；国际货运能力比 2018 年提高 4 位，我国船队规模达到 2.5 亿吨，同比增长 10% 左右。

图 5.15　2013—2022 年全国社会物流总额变化情况

第二，物流结构调整加快推进。物流区域发展不平衡状况有所改善，中西部地区物流规模增速超过全国平均水平。运输结构持续优化，公转铁、公转水成效明显，铁路货运量占全社会货运量的比重由 2017 年的 7.8% 提高至 2022 年的 9.7%。环渤海、长三角地区等 17 个主要港口煤炭集港全部改为铁路和水运；2022 年港口完成集装箱铁水联运量 875 万标箱，是 2017 年 2.3 倍多。

青岛港铁水联运

青岛港是世界第四大港、中国第二大外贸口岸、沿黄流域最大的出海口，主要从事集装箱、原油、铁矿石等进出口货物综合港口服务。2022年，青岛港完成货物吞吐量6.87亿吨，位居全球第四位；青岛港完成集装箱2682万标准箱，位居全球第五位。青岛港创新了"内陆港＋班列＋政策扶持＋特色服务"的模式，推进海铁联运向内陆延伸，提升在内陆腹地的辐射力和影响力，成功组织了河南郑州、驻马店及安徽淮北等地区重点企业货源，开通郑州—青岛港、驻马店—青岛港、淮北—青岛港等海铁联运班列。其中，以淮北—青岛港班列最为典型，平均每班次发运20～30车，形成常态化运行。

第三，新模式新业态不断涌现。党的十八大以来，"互联网＋物流"模式得以快速发展。伴随着消费者需求的不断增长，京东、当当、淘宝等电商和顺丰、圆通等快递企业大规模兴起，跨区快递、同城快递、冷链配送、平台物流、末端物流等发展迅速，电商、零售与物流跨界合作、深度融合，百姓在手机上下单，实现了不出门就完成购买。无处不在的快递，触手可及的外卖、闪送等，真正打通了中心城市物流的"最后一公里"，消费者体验不断提升。随着我国高速铁路网络越织越密，"当日达""高铁急送"等小件货物运输服务陆续推出，不仅提高了快递的时效性、降低了运输成本、满足了消费者的多样化需求，还为电商行业和物流行业带来了新的发展机遇。

交通强国

高铁快运

2020年11月1日5点30分，DJ5918次"复兴号"高铁动车组，全列8节车厢共装运40吨电商快件产品从汉口火车站开出，以最高300千米的时速"一站直达"驶往北京，全程只需5小时10分钟。与此同时，另外一趟高铁货运专列从北京西站始发，抵达汉口火车站。这是湖北利用高铁货运专列服务电商运输、发挥高铁成网运行和安全快捷等优势，不断满足人民群众日益增长的物流服务需求，优化运力供给，加强电商、快递企业合作，服务电商黄金周推出的创新举措。

第四，物流更加智慧更加绿色。物联网、云计算、大数据、人工智能、区块链等新一代信息技术与传统物流融合，网络货运、数字仓库、无接触配送等智能物流平台和智慧供应链大放异彩。自动分拣系统、无人仓、无人码头、无人配送车、物流机器人、智能快件箱等技术装备加快应用，自动化、智能化进入更多应用场景。现代物流借助数字化技术，人、机、车以及全部物流设备逐步实现互联互通，逐步实现自动化、智能化和全环节的实时监控，机器人拣选系统、网络配送、智能配送、大型货运无人机、无人驾驶卡车等起步发展，快递电子运单、铁路货运票据电子化、航运与道路货运电子订单得到普及。绿色装备规模加快扩大，2022年我国新能源货车产销量分别达23.91万辆和23.48万辆，同比增长123.75%和122.24%，全国新能源城市配送车约80万辆。

"跨越速运"的智慧物流

顺应物流行业向智能化、数字化转型的大趋势，"跨越速运"实现供应链全程管理的数字化，打造物流"智慧大脑"，运用大数据、物联网、人工智能等技术，践行数据技术与相关物流业务场景的结合，推动数字技术与物流产业融合发展。"跨越速运"打造了全网场货监控系统，部署10万个以上的摄像头，对货物运输过程中的每个环节、相关经手人的每个动作进行严密追踪和管控，从而实现全局调度和过程干预。搭建了千人千面的档案系统，采集挖掘历史客户和现有客户的标签数据，用于解决客户个性化物流需求；同时，通过技术创新优化交通运输网络，不断精益一票货流程，持续开源节流，降本增效。图5.16为跨越速运物流仓库一角。

图5.16　跨越速运物流仓库一角

交通强国

第五，海运成绩优异。随着全球化进程的加速和贸易规模的不断扩大，全球港口的竞争格局正在加速演变，我国已经成为世界上海运需求最大的国家和世界海运发展的主要推动力量，以贸易吨计，我国海运进出口贸易量占全球海运贸易总量的比重，已超过30%[17]。我国已与100多个国家和地区建立了航线联系，航线覆盖"一带一路"沿线所有沿海国家和地区，服务网络不断完善，海运连接度全球领先。我国海运在保障进口粮食、能源资源等重点物资运输和国际国内物流供应链安全稳定畅通中发挥了重要作用。2023年8月，我国船东拥有的船队规模达到2.49亿总吨，从总吨位上已超越希腊成为世界最大船东国。我国港口货物吞吐量和集装箱吞吐量连续多年位居世界第一，世界港口货物吞吐量、集装箱吞吐量排名前10位的港口中，中国分别占8席和7席。2022年全国港口货物吞吐量156.85亿吨，集装箱吞吐量2.96亿标箱，充分彰显服务经济社会发展"硬核"力量。

第六，实践多式联运"一单制"。近些年来，我国开展了两种及以上的交通工具相互衔接、转运而共同完成运输服务的多式联运，尤其是多式联运"一单制"实践，即：凭一份多式联运（电子）运单或提单，实现托运人一次委托、费用一次结算、货物一次保险、多式联运经营人全程负责的一体化运输服务模式。"一单制"为解决国内多种运输方式之间高效衔接的"一单通办"问题应运而生。近年来，我国积极实践多式联运"一单制"，政府部门主要通过政策引导、标准发布、试点示范等方式，为多式联运"一单制"发展提供良好的创新环境，提倡建立全程一次委托、运单一单到底、结算一次收取的服务方式[18]。自 2016 年以来，我国已累计创建 116 个"国家多式联运示范工程"推进多式联运"一单制"业务实践，取得了一定的成效。

重庆"一单制"提单实现常态化签发

重庆依托西部陆海新通道、中欧班列等出海出境大通道，探索试点多式联运"一单制"，签发铁海联运"一单制"提单，实现"一次委托、一单到底、一次保险、一箱到底、一次结算"。2018 年以来，重庆在西部陆海新通道上率先推广铁海联运"一单制"，探索全程便捷服务模式，健全铁海联运单证体系。"一单制"提单已在重庆、甘肃、宁夏、湖南等地实现常态化签发。截至 2023 年 7 月，重庆累计签发铁海联运提单、国际铁路联运提单超 9700 票，货值约 44.6 亿元。

成都国际铁路港：一单流转、一单到底、一单融资

2017 年 4 月以来，成都国际铁路港（图 5.17）创新推出以物流、贸易、金融等全产业链融合发展为导向的多式联运"一单制"改革，实现"一次委托、一口报价、一单到底、一票结算"，促进国际贸易发展。通过多维度对标《国际铁路货物联运协定》《联合国国际货物多式联运公约》等国际规则和惯例，成都国际铁路港设计了一体化的多式联运提单样式，构建起多式联运提单及配套规则体系，实

交通强国

图 5.17 成都国际铁路港

现货物一单流转。为完善境内外控货体系，成都国际铁路港在境外端设立海外仓，境内端重构进口货物交付流程，明确多式联运提单唯一取货凭证功能，并建设"智慧陆港"，实现货物运输轨迹可追踪，强化"一单到底"全程物流监管。

三、我国货运行业发展展望

物流业在促进国民经济快速发展、改善人民生活品质中发挥了积极作用，但是我们也清晰地看到，在推动交通运输高质量发展中仍然存在一些问题和挑战。一是区域物流发展不平衡，东中西部差异较大，不包邮的现象仍然存在；中小城市和广大农村物流相对薄弱，效率相对不高等。二是我国物流成本总体偏高，虽然近些年来社会物流总费用占国内生产总值比重持续下降，但与发达国家相比，我国物流"成本高、效率低"问题仍较为突出，不能有效满足经济高质量发展和现代化经济体系建设的总体要求。

随着数字化、智能化技术的飞速发展，我国物流行业正处于全面升级和创新的重要阶段，要以满足人民日益增长的美好生活需要为出发点，创新利用先进的信息技术和管理方法，大力推进运输、仓储、装卸、包装、配送等环节一体化、智能化管理，实现物品高效流动和存储，有效降低全社会物流成本，保障产业链、供应链稳定，促进消费扩容提质，推动"物畅其流"的美好愿景加快成为美好现实。

首先，推进综合运输通道建设和利用。我们应进一步畅通国内国际之间、东中西部地区之间的综合运输通道；优化运输组织模式、打通瓶颈，优化物流网络的建设和使用，特别是紧密围绕共建"一带一路"、长江经济带高质量发展、京津冀协同发展、西部陆海新通道建设等重大战略需求，更好统筹供需，要加速通道和枢纽设施建设，提高对外运输能力，适应我国外贸格局的变化。

其次，完善物流微循环网络建设和使用。我们应优化各类物流枢纽、物流园区、配送中心、货运场站等节点设施布局；增大农村物流网点覆盖度，完善商贸流通体系；优化高铁物流、货运机场及全货机、多式联运转运设施，以及构建联通高效、无缝对接的城市综合交通网络。

再次，持续优化运输结构降本增效。我们应持续推动大宗货物运输"公转铁、公转水"、综合交通运输枢纽体系建设，创新运输组织模式，充分发挥铁路在多式联运中的骨干和先导作用。我们还应发展陆空、海铁、公铁、水水中转等多式联运，解决各种运输方式融合不足、衔接不畅等制约我国物流效率提高的问题。随着生产要素成本的上涨，土地、资源环境、

交通强国

安全约束的加强，我国对提升流通效率、发展精益物流、绿色智慧物流的需求越来越迫切，亟待通过新技术、新模式、新业态的应用，以更低的资源投入、更低的环境资源要素占用，发展智慧物流、智慧枢纽、智慧仓储、智慧应急等，支撑现代物流业的智慧化、网络化发展。我们应加强绿色物流新技术和设备研发应用，推广使用循环包装，减少过度包装和二次包装，促进包装减量化、再利用；加快标准化物流周转箱推广应用，推动托盘循环共用系统建设。在运输、仓储、配送等环节我们应积极扩大氢能、天然气、先进生物液体燃料等新能源、清洁能源的应用。

最后，强化现代物流发展支撑体系。我们要注重营造市场化营商环境，消除制度性短板、区域性壁垒，建设全国统一大市场，提升一体化供应链综合服务能力；引导中小微物流

企业发掘细分市场需求，做精做专、创新服务，增强专业化市场竞争力；降低市场准入门槛、简化审批程序，营造良好的市场环境，鼓励新技术新业态新模式的发展；完善现代流通保障体系，构建产品全链条追溯体系，强化支付结算等金融配套设施，完善物流统计监测体系、标准体系、信用体系等建设，强化基础制度和政策支撑。

参考文献

［1］中国公路网. 大盘点！21个省份已实现"县县通高速"目标！［EB/OL］.（2020-05-12）［2024-05-20］. https://www.chinahighway.com/article/65403551.html.

［2］交通运输部."十四五"现代综合运输服务发展规划［N］. 人民日报，2022-01-19（1）.

［3］央视网. 我国航空服务网络已覆盖全国92%的地级行政单元［EB/OL］.（2023-06-10）［2024-05-20］. https://www.gov.cn/lianbo/bumen/202305/content_6880203.htm.

［4］国家统计局. 2022中国城市建设统计年鉴［EB/OL］.（2023-10-13）［2024-05-20］. https://www.mohurd.gov.cn/gongkai/fdzdgknr/sjfb/tjxx/index.html.

［5］国家统计局. 2017年国民经济和社会发展统计公报［EB/OL］.（2018-02-08）［2024-05-20］. https://www.stats.gov.cn/sj/zxfb/202302/t20230203_1899855.html.

［6］国家统计局. 2018年国民经济和社会发展统计公报［EB/OL］.（2019-02-08）［2024-05-20］. https://www.stats.gov.cn/sj/

zxfb/202302/t20230203_1900241.html.

[7] 国家统计局. 2019年国民经济和社会发展统计公报［EB/OL］.（2020-02-08）［2024-05-20］. https://www.stats.gov.cn/sj/zxfb/202302/t20230203_1900640.html.

[8] 国家统计局. 2020年国民经济和社会发展统计公报［EB/OL］.（2021-02-08）［2024-05-20］. https://www.stats.gov.cn/sj/zxfb/202302/t20230203_1901004.html.

[9] 国家统计局. 2021年国民经济和社会发展统计公报［EB/OL］.（2022-02-08）［2024-05-20］. https://www.stats.gov.cn/sj/zxfb/202302/t20230203_1901393.html.

[10] 国家统计局. 2022年国民经济和社会发展统计公报［EB/OL］.（2023-02-08）［2024-05-20］. https://www.stats.gov.cn/xxgk/sjfb/tjgb2020/202302/t20230228_1919001.html.

[11] 人民网. 春运70年，铁路速度见证时代之变［EB/OL］.（2024-02-22）［2024-05-20］. http://jx.people.com.cn/n2/2024/0222/c186330-40752373.html.

[12] 中国民航局. 2023年我国民航完成客运量6.2亿人次［N］. 光明日报，2024-01-09（1）.

[13] 光明网. 交通运输部：全国已实现330个地级以上城市的交通一卡通互联互通［EB/OL］.（2023-11-30）［2024-05-20］. https://m.gmw.cn/2023-11/30/content_1303586913.htm.

[14] 刘向龙，刘好德，李香静. 出行即服务（MaaS）研究与探索［M］. 北京：人民交通出版社股份有限公司，2020.

[15] 光明网. 上海MaaS系统上线 多地探索一体化出行服务［EB/OL］.（2022-10-11）［2024-05-20］. https://m.gmw.cn/baijia/2022-10/11/36078607.html.

[16] 央视网. 焦点访谈：现代物流 提质增效降本［EB/OL］.（2023-09-14）［2024-05-20］. https://tv.cctv.cn/2023/09/14/VIDELAjNtkk4hC2fDzoqUxPJ230914.shtml.

[17] 国家发展改革委. 发改委解读：降成本工作方案出台企业物流成本有望继续降低［EB/OL］.（2016-08-26）［2024-05-20］. https://www.gov.cn/xinwen/2016-08/26/content_5102543.htm.

[18] 克拉克森研究. 中国海运进出口量占全球贸易比重，突破30%［EB/OL］（2024-02-29）［2024-05-20］. http://www.csoa.cn/doc/27379.jsp.

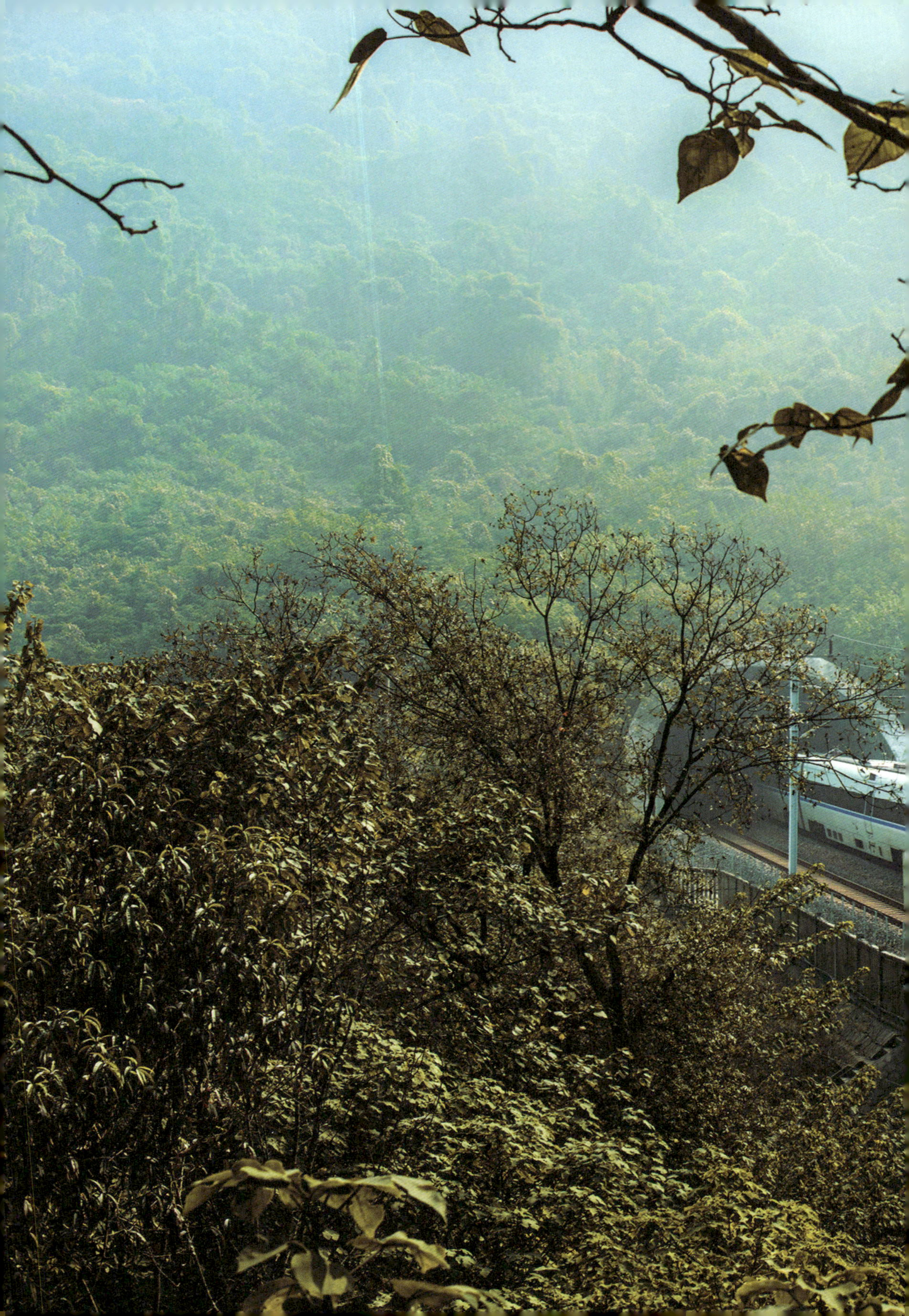

第六章　安全交通

交通安全问题是检验交通强国建设成功与否的关键之一,是交通以人为本水平的重要度量。交通安全,包括铁路、道路、水运、民航的安全。由于道路问题更为突出,因此成为本章介绍的重点。

过去20年,我国在城镇化和机动化同步快速增长、道路交通量急剧增加的巨大压力下,道路交通管理工作不断提高科学化、现代化、智能化水平,赢得了交通安全状况持续趋好、万车死亡人数不断下降的良好局面。然而,现阶段道路交通事故总量

仍然很大，事故伤亡人数、损失仍然很高，整体交通安全水平与我国经济、社会、文化的发展水平不匹配、不协调的矛盾依然突出；和世界先进水平相比，我们的差距依然显著，是实现交通强国建设目标面临的严峻挑战之一。因此，在全面总结交通安全发展经验和不足的基础上，深入、系统分析制约交通安全提升的深层次、内在性问题和原因，提出更加系统、科学、精准、先进的事故预防措施方法，是交通强国建设的当务之急。

交通强国

第一节　我国道路安全形势分析

改革开放以来，我国国民经济腾飞，道路交通飞速发展，到 2022 年为止，我国机动车数量、驾驶人数量、公路通车里程分别增长了约 261 倍、260 倍和 5 倍，高速公路更是实现了从 0 千米到 17.73 万千米的飞跃，我国经历着人类历史上最快速的机动化进程。图 6.1 展现了改革开放以来我国道路交通基础设施和机动车保有量的飞速发展。

	1978年	2022年
机动车数量	159万辆	4.17亿辆
驾驶人数量	192万人	5.02亿人
公路通车里程	89万千米	535.48万千米
高速公路里程	0千米	17.73万千米

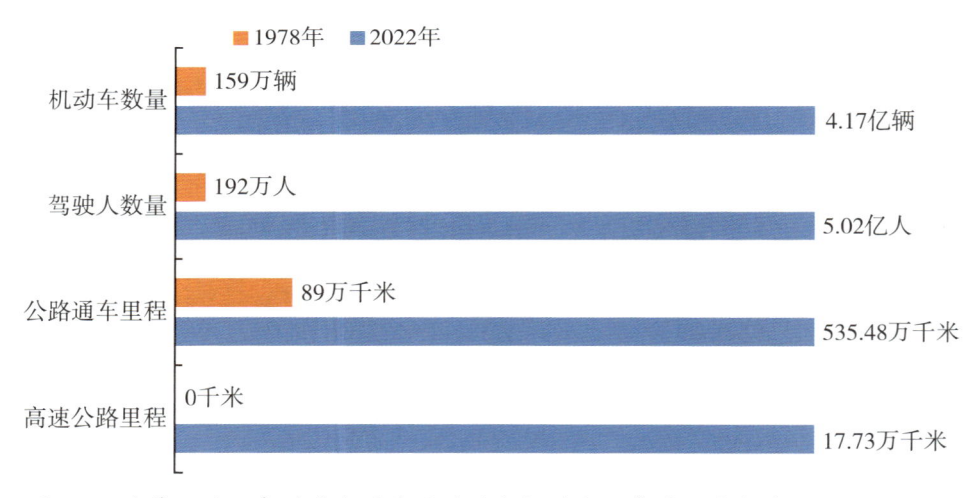

图 6.1　改革开放以来道路交通基础设施和机动车保有量飞速发展

我国民用汽车拥有量增长尤为迅猛，交通安全问题面临前所未有的挑战。根据国家统计局发布的数据，改革开放之初的 1978 年，我国民用汽车拥有量仅为 135.84 万辆，此后的 20 多年间持续快速增加，步入 21 世纪后的 20 余年间，民用汽车保有量从 2000 年的 1608.91 万辆攀升至 2022 年的 31184.44 万辆，增加了 18 倍还要多，这在世界机动化进程中是绝无仅有的。图 6.2 是我国改革开放以来民用汽车保有量的增长趋势图。

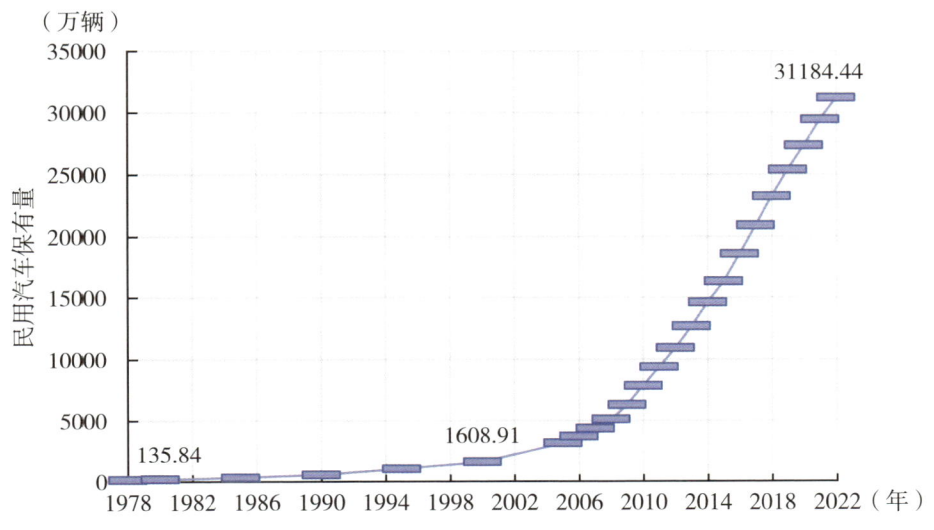

图 6.2 改革开放以来民用汽车保有量增长趋势

不仅如此，我国仍处于快速机动化进程当中，美国、日本、俄罗斯等国家近 10 年来的民用汽车保有量已趋于稳定，而我国民用汽车保有量却依然在快速增长，道路交通安全面临着巨大的压力和挑战。

一、我国道路交通安全现状与问题

（一）道路交通安全总体状况

党中央、国务院一直高度重视安全生产工作，先后做出一系列重大决策部署，健全完善安全生产责任制体系，全面推进

交通强国

道路交通安全管理工作。在相关部门的共同努力下，我国的道路交通安全总体态势持续变好。

据 2020 年相关统计数据，我国全年交通运输事故死亡总人数为 62586 人，其中，道路交通死亡人数为 61703 人，占比 98.59%；铁路运输死亡人数为 674 人[1, 2]，占比 1.08%；航空运输死亡人数为 13 人[3]，占比 0.02%；水运死亡人数为 196 人[3]，占比 0.31%。因此本章重点分析道路安全问题。"十二五"期间我国道路交通事故数量和死亡人数稳步下降，分别由 2011 年的 21.1 万起、6.2 万人下降至 2015 年的 18.8 万起、5.8 万人。但是"十三五"前期事故数量和死亡人数均有波动反弹，2017 年道路交通事故死亡人数达到顶峰，20.3 万起交通事故造成了 6.4 万人死亡，之后事故数量趋于稳定，死亡人数稳步下降。图 6.3 是我国 2011—2020 年道路交通事故起数和死亡人数。从万车死亡人数来看，2011—2022 年我国道路交通安全水平稳步趋好，由 2011 年的 2.78 人下降至 2022 年的 1.46 人，降幅达 47.5%，详见图 6.4。

图 6.3　2011—2020 年道路交通事故起数和死亡人数

图 6.4　2011—2022 年我国万车死亡人数走势

（二）道路交通安全水平与发达国家的差距

近 20 年来，我国道路交通安全水平总体好转，交通事故万车死亡人数下降达 89%，十万人口死亡人数下降达 40%，但是与发达国家相比，我国交通安全水平仍存在较大差距。将我国 2019 年事故数据与英国、西班牙、日本、德国、荷兰、意大利、法国、美国、韩国等国家进行对比（见图 6.5），我国万车死亡人数为 1.8 人，约是英国的 4 倍；受到我国庞大人

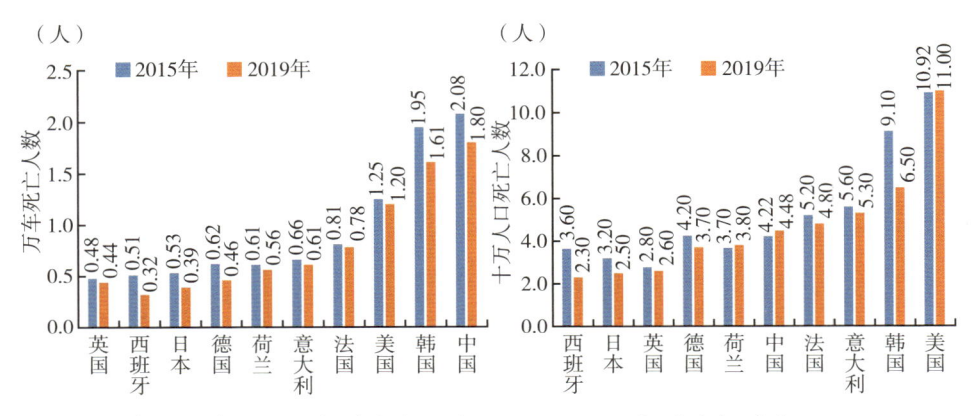

图 6.5　各国万车死亡人数（左）及十万人口死亡人数（右）对比

口基数的影响，十万人口死亡人数在选取的比较国家中处于中间位置，但与十万人口死亡人数最低的西班牙相比高出近1倍。尽管我国道路交通安全呈现持续稳定向好形势，但需要清醒认识到，我国道路交通安全依然面临严峻挑战。

二、我国道路交通安全发展趋势与挑战

（一）道路交通安全发展趋势

我国"十四五"时期处于"两个一百年"奋斗目标的历史交汇点，迈入高质量发展新阶段，人、车、路等道路交通要素仍将持续快速增长。预计到2025年，机动车保有量、驾驶人数量、公路通车里程将分别超过4.6亿辆、5.5亿人和550万千米。同时，交通要素增长重心由大城市向中小城市、城镇转移，乡村振兴、城乡一体化带来的农村交通出行变化，老龄化社会引发的老年人安全出行问题，车路协同、自动驾驶、共享出行等新技术新业态的快速发展，人民群众对美好交通出行的向往和追求等，都对道路交通安全工作带来新的挑战。

（二）道路交通安全面临的挑战

未来一段时间，我国驾驶人数量、机动车保有量、道路里程仍将持续增长，激发巨大的道路交通出行需求。中国已进入机动化社会，成为事实上的交通大国，但是在道路交通安全管理方面仍存在诸多风险与挑战。

第一，车辆构成更为复杂。随着人员、物资等的运输流动需求增加，自动驾驶、不同动力等客运、货运车辆类别将更为

多样，同时车辆自身性能也将有显而易见的提升。不同类别、不同性能车辆同时参与交通出行，增加了出行环境的复杂性，给交通安全管理带来新的挑战。

第二，车路关系更为复杂。不同技术等级的道路条件、不同气象条件下的天气环境等都会对驾驶人的行车安全适应性提出更高的要求，而随着自动驾驶等新技术在交通领域的应用，交通安全出行风险的影响因素越来越多，各类因素都会为交通安全带来全新的挑战。

第三，出行方式更为复杂。乡村振兴、城乡一体化带来的农村交通出行变化，车路协同、自动驾驶、共享出行等交通方式更加多元，不同的规则遵守模式加剧了交通态势的复杂性，传统问题与新型矛盾交织叠加，都对道路交通管理工作提出更高要求。

第二节　交通事故是如何发生的

我国道路安全状况不容乐观。那么要问，交通事故究竟是怎样发生的呢？

一、交通事故的偶发性与必然性

交通事故常常给人一种偶然事件的假象，驾驶人瞬间疏忽、车辆突然失控、道路线形突变、突发天气变化等引发事故的偶发因素，往往给人以事故发生纯属巧合的误导。通过分析大量事故发生的直接原因和深层次原因发现，看似偶然事件的背后往往潜藏着必然规律，若根源性问题长期得不到有效治理，如交通违法行为高发、交通安全设施缺失、营运企业疏于管理等，在特定条件下被诱发，必然会导致事故的发生。下面通过两起典型事故来看交通事故的偶然性与必然性。

（一）兰海高速"11.3"事故

2018年11月3日19时21分，李某驾驶一辆拉运塔吊的辽宁籍半挂车途经G75兰海高速七道梁长下坡路段时，因制动失灵造成车辆失控，行至兰海高速兰州南收费广场附近时，与一辆重型仓栅式货车发生碰撞后，连续与13辆小型客车直接碰撞，所载货物甩出砸中车辆，并导致周围18辆小型客车相互碰撞，共造成15人死亡、45人受伤、33辆机动车受损。

该起事故的主要原因是肇事车辆带病上路且违法超载，肇事人在车辆失去制动情况下未采取紧急避险措施。车辆制动失效、违法超载等看似是偶发因素，但其背后潜藏的深层次原因是相关货物运输企业没有履行企业安全生产主体责任，对挂靠车辆长期挂而不管，安全教育培训管理缺失，导致制动系统不符合技术标准的车辆上路、驾驶人安全意识淡薄，这是事故发生的必然因素。

（二）江西南昌"1.8"事故

2023年1月8日0时50分许，程某驾驶装运砂石的重型半挂牵引货车行驶至S517省道与X027县道连接线（Y807360121乡道）南昌县幽兰镇桃岭村路段，由东往西通过路口绿灯后，超速驶入同向路面正在占道开展丧事活动的人群，造成 17 人当场死亡、3 人经抢救无效死亡、19 人受伤的惨重后果。

该起事故的主要原因是货运驾驶人驾驶严重超限超载的重型半挂牵引货车超速行驶，路遇正在占道开展丧事活动的人群，未采取有效安全避让措施，同时因丧事活动烧纸钱、燃放爆竹形成烟雾，影响行车视线，导致车辆碰撞人群。该起事故看似巧合，但绝不是简单的偶然事件。运输企业疏于对车辆和驾驶人的日常安全管理和教育，导致驾驶人遇到突发事件时不能采取有效的避让措施；货物源头企业受利益驱使，默认或放任超限超载行为，导致肇事司机驾驶严重超限超载车辆上路，致使制动性能下降、制动距离延长，连续碰撞送葬人员。图 6.6 为该事故车辆。

图 6.6　江西南昌"1.8"事故车辆

二、交通参与者对保障安全最为重要

人是交通参与的中心,正是人的行为的不确定性导致了交通系统的不完全可控性。安全管理领域通常存在"事后诸葛亮"现象,仅从事故发生后的角度来分析事故原因,将大部分事故归咎于操作员的错误,这种分析思路过于简化了事故因果关系,从而忽略了事故背后的深层次原因。因此,须正确看待交通参与者在交通活动中的角色,分析交通参与者的行为特征和行为塑造机理,将关注重点由"做错了什么"转移到"为什么做错"。

(一)交通参与者的行为对交通安全的影响

车辆驾驶人是最主要的道路交通参与者,也是引发交通事故的最主要群体。通过对驾驶人肇事事故分析发现,约86%重特大交通事故与驾驶人的不良驾驶行为有关。不良驾驶行为从行为表现形式和动机归因角度可分为三类:故意违法类、过失行为类和陋习行为类。故意违法类多为严重违法行为,归因度最高,占53.25%,通常表现为超速、不按规定让行、不按交通信号通行、违法倒车、违法停车、占用应急车道、逆行等;过失行为类归因度占40.06%,通常表现为加速踏板与制动踏板误用、转向不当、不看后视镜、骑线行驶、注意力分散、车道偏离、跟车过近等;陋习行为类多为轻微违法行为,归因度较低,占6.69%,通常表现为开车时打电话、随意变道、随意停车、滥用远光灯、不打转向灯等[4]。

行人是道路交通活动的主要参与者。统计表明,"十三五"

期间亡人交通事故中行人占比达28.3%，其中，涉及横穿道路、在机动车道内行走、在路上游戏、在路上停留、翻越隔离设施等不遵守交通规则的占路行为交通事故占比达38.1%，可见行人的交通安全意识和规则意识的培育与快速机动化发展的形势尚不匹配，仍存在较大交通安全风险。

乘车人的不当安全防护易加重事故后果。以汽车安全带为例，据统计，前排乘车人未系安全带的事故死亡率约为系安全带的10.6倍，后排乘车人未系安全带的事故死亡率约为系安全带的3.1倍，系好安全带可使正面碰撞事故死亡率降低57%，侧面碰撞事故死亡率降低44%，翻车事故死亡率降低80%。

（二）不良心理支配着交通参与者的不安全行为

交通参与者的安全意识支配着安全行为，是实现交通安全的重要因素。在正常情况下，具备安全意识和规则意识的交通参与者可以进行正确操作，但是在一些不良心理的支配下，特别是遇到特定的外部环境、突发事件、异常情绪等干扰，车辆驾驶人、行人、乘车人等交通参与者往往会做出违背交通规则甚至危害交通安全的行为。

1. 人的主要问题及直接原因

分析近20年来我国道路交通事故的肇事原因，人的因素直接导致交通事故的占比高达97%以上，反映出我国道路交通事故中人因问题非常严重。人因肇事事故中，未按规定让行、超速行驶、未与前车保持安全距离、违反交通信号等不遵守交通规则的违法行为占比突出，说明我国道路交通参与者严

交通强国

格守规守法的交通安全意识和行为较差，是我国交通安全存在的突出问题。

在人的问题方面，现阶段各地暴露出两个具共性的突出问题：一是电动自行车事故高发。据统计，电动自行车骑行人肇事事故起数占比从2011年的3.3%上升至2019年的8.8%，电动自行车骑行人死亡人数也大幅上升。经深入分析，导致电动自行车肇事事故大幅攀升的直接原因是骑行人的安全意识差，特别是受到新业态经济迅猛发展的影响，外卖员、快递员等成为电动自行车的主要骑行人群，闯红灯、超速行驶和逆向行驶等违规违法行为大量存在；二是老年人交通安全问题越发严重。2019年老年人占全部交通事故死亡人数的36.3%，比2015年的老年人死亡占比上升10.5个百分点。图6.7为我国2011—2019年电动自行车事故情况，驾驶人死亡人数逐年增长。

图6.7 2011—2019年电动自行车事故情况

2. 人的交通行为心理特征

交通行为不是机械性的操作，而是交通参与者心理的直观反映。不良的心理状态会直接影响人的判断力和反应速度，可能导致误判、冒险行为甚至违规行为的出现，这些都极大增加了交通事故的风险。因此，从心理学角度去理解交通行为，对于预防和减少交通事故具有重要意义。常见的影响交通安全的不良心理主要有如下类型。

从众心理。从众心理是个体在群体中普遍存在的一种心理状态，特别是在"法不责众"的心理驱使下，即便个体意识到群体行为是错误的，也会违背自己的观点效仿群体行为，典型的"中国式过马路"便是从众心理驱使下的不良交通行为。

盲目自信。盲目自信是车辆驾驶人肇事的普遍心理特征，在经验丰富的驾驶人行为中多表现为高估自己的经验和对交通环境的熟悉程度，认为可以凭借自身实力规避风险，进而易做出频繁超车、急变道、急转弯等危险驾驶行为。

侥幸心理。在侥幸心理的作用下，交通参与者易养成忽视交通规则的行为习惯，过分依赖且相信自己的经验和运气，易诱发交通事故。

逞强心理。逞强心理在年轻驾驶人行为中表现得较为明显，行车时争道抢行、横冲直撞，常做出冒险的驾驶行为，唯恐自己落于他人后面，如强行超车、超速行驶等。驾驶人因骄傲自大逞强冒行，对危险情况满不在乎，易无法察觉危险情况，严重影响交通安全。

交通强国

图 6.8 行人跨越隔离护栏

便利心理。便利心理导致的行为如驾驶人为了节省时间闯红灯，为了节省体力横穿马路、跨越隔离护栏（图 6.8）等。驾驶人在便利心理的驱使下，也会做出在环岛、单行线等路段逆向行驶的违法行为。

3. 人因问题的深层次原因分析

要解决道路交通安全问题，不能"头痛医头、脚痛医脚"，需要深入分析导致上述人因问题的深层次原因。总结下来，交通事故中人因占比居高不下的内在原因主要有如下三方面：一是对交通规则的培训、考试、宣传仍不够准确、到位；二是对不遵守交通规则行为的路面执法、管理能力不够强；三是以路权规则为基础的法律法规和技术标准不够完善。

任何交通安全防护措施都不如交通参与者自我防御，遵守交通规则意识的培育是从根本上提升交通安全水平的保证。按照公安部交通事故预防"减量控大"工作总要求，要想把交通事故数量和死亡人数有效压降下来，首先要减少交通违法行为，因此就要将杜绝这些违法行为的遵守交通规则意识培育到位。

第六章　安全交通

（三）车辆因素及其事故致因分析

1. 车辆主要问题及直接原因

过去10年间我国大事故压降成效显著，但是群死群伤事故隐患依然存在，仍须引起高度重视。深入分析一次死亡5人和10人以上交通事故致因，发现此类事故具有共性特征，即涉及客货营运车辆的死亡事故在大事故中占比明显居高，客货营运车辆事故死亡人数在一次死亡5人、10人以上交通事故中占比分别为65.9%和80.5%。交通事故的发生固然涉及人的因素、道路的因素等，但是营运车辆在大事故中占比如此之高，足以说明车辆本身存在一定的问题，经分析认为，客货营运车辆主被动安全性较差是很多群死群伤交通事故发生的主要原因。

除车辆本身安全性能问题外，客货营运车辆肇事是否存在其他主要原因呢？笔者对2011—2020年客货营运车辆肇事的群死群伤交通事故的直接原因进行归类分析，发现客运车辆超员、货车超载、疲劳驾驶等原因占比尤为突出，此类直接原因在一次死亡5人以上交通事故中占比为17.2%，在一次死亡10人以上交通事故中占比达46.3%。例如，2020年吉林松原514国道的"10.4"重大道路交通事故（图6.9），

图6.9　吉林松原"10.4"事故现场

货车驾驶人冯某因疲劳驾驶且阴天光线较暗，追尾碰撞同方向四轮拖拉机后驶入对向车道，与相对方向的货车发生碰撞，造成18人死亡、1人受伤的惨痛后果。该起事故的直接致因是货车驾驶人疲劳驾驶，但无论是营运车辆超员、超载，还是驾驶人疲劳驾驶，从根源上看都是由营运企业安全管理不到位所导致的。

2. 车辆问题的深层次原因

为有效遏制客货营运车辆肇事的群死群伤事故，须分析导致营运车辆主被动安全性较差和安全管理不到位的深层次原因。主要存在如下三方面原因：一是客货营运车辆安全标准滞后，车辆质量不高；二是客货营运车辆在高级安全辅助驾驶（ADAS）、车身稳定控制系统（ESC）、自动紧急制动系统（AEBS）等新技术的研发、安装、使用方面尚不到位；三是客货营运企业的安全生产主体责任落实不到位。

（四）道路因素及其事故致因分析

1. 道路主要问题及直接原因

我国城市道路、普通国省道、农村道路和高速公路的交通安全特征各有不同，应分析各类型道路存在的主要问题，以便有针对性地制定安全性提升策略。

（1）农村道路主要问题

随着城乡一体化进程加速、乡村振兴战略全面铺开，过去10年间农村道路建设速度加快，但是农村道路的交通安全设施建设却跟不上，导致农村公路本质安全性差，临水临崖（图6.10）、急弯、陡坡等险要路段缺乏必要安全防护现象仍普遍存在，这也是一直以来道路安全管理的短板。

图 6.10　农村临崖隐患路段

（2）城市道路主要问题

城市道路具备较好的道路基础设施和运行环境，然而城市道路的交通安全形势却不容乐观，其主要原因包括人的安全意识较差、存在一定道路安全隐患等。事故研判显示，很多城市道路交通事故与交叉口、路段掉头以及开口交汇处视线不良，缺乏精细化的安全设计和安全设施相关。图 6.11 所示为城市道路的隐患路段。

图 6.11　城市道路隐患路段

交通强国

（3）普通国省道主要问题

普通国省道交通事故死亡人数占比最高，占全部道路交通事故死亡人数的约40%，其中安全问题尤为突出的是二级、三级公路。据统计，二级、三级公路的交通事故数量占比高出其里程占比约30%。

二、三级公路事故如此之高的主要原因在哪里呢？通过事故数据分析发现，其弯坡路段的事故占比高并呈现上升趋势，而这类交通事故则以迎面相撞和对向刮擦事故为主，造成了此类路段事故死亡人数中44%的人员死亡，其根本原因是在这些弯坡路段的视线不良（图6.12）、视距不足。由此可见，预防二级、三级公路弯坡路段的迎面相撞和对向刮擦事故是我国现阶段国省道事故预防"减量控大"工作的重中之重，具体措施为在其弯坡路段改善视距、减少正向碰撞风险。

图6.12 视线不良弯坡路段

（4）高速公路主要问题

我国高速公路存在的突出问题是交通事故致死率高。数据分析显示，高速公路以4%的交通事故数量造成了约9%的人员死亡，大量群死群伤事故案例分析表明，高速公路如此高的事故致死率反映出的主要问题是高速公路护栏、隧道设施等的安全设施防护能力不足。以高速公路中央分隔带护栏为例，过去10年间，发生在高速公路的一次死亡10人以上交通事故中，涉及车辆穿越中央分隔带护栏的事故死亡人数占比高达42.1%。典型事故如2019年长深高速宜兴段"9.28"事故（图6.13），一辆大客车行冲破中央分隔带护栏驶入对向车道与一辆半挂货车相撞，造成36人死亡、36人受伤；又如2021年沈海高速盐城段"4.4"事故（图6.14），一辆重型集装箱半挂车冲破中央分隔带护栏与对向一辆大客车相撞，大客车随后与另外两辆重型半挂牵引车相撞，造成11人死亡、19人受伤。

图6.13　2019年长深高速宜兴段"9.28"事故

图6.14　2021年沈海高速盐城段"4.4"事故

2. 道路问题的深层次原因

通过分析我国农村公路、城市道路、普通国省道、高速公路存在的主要问题和直接原因，进一步挖掘其背后的致因，可以发现：一是道路基础设施整体的本质安全仍然不够，体现在

207

农村公路缺失安全设施、缺乏交通控制设施，城市道路开口处缺乏系统的安全设计，国省道弯坡路段、平交路口安全设计不足，高速公路护栏、隧道设施等防护能力不足等方面；二是道路基础设施的宽容性较差，一旦发生事故，安全设施、管理设施减少因交通事故造成的伤亡后果的容错性较差。

（五）应急救援主要问题及直接原因分析

应急救援是减少交通事故伤亡后果的最后一道防线，然而我国道路交通事故死伤比（交通事故死亡人数与受伤人数的比值）较高，约为美国的1.5倍，反映出应急救援工作仍存在很大差距。

众所周知，事故发生后1~24小时是应急救援救治的最关键时间段，而我国却有大量事故人员因得不到及时救援救治在这个时间段内死亡。统计表明，我国交通事故发生后1~24小时内的死亡比例高出美国12个百分点。救治不及时涉及救援机制、到达事故现场时间、救援救治的能力等多方面因素。美国应急医疗队伍在事故发生后30分钟以内到达事故现场的比例高达88%，在我国即使是处理交通事故的交警能在30分钟内赶到事故现场的比例也仅有46%，而医疗队伍到达又往往晚于交警。由此，救援救治队伍到达事故现场较慢是导致我国交通事故救治成功率低于美国的主要原因。

我国道路交通事故死伤比高、救援救治成功率低背后的深层次原因主要有三方面：一是我国应急救援救治管理机制和体系不健全；二是应急救援装备不足；三是应急救援队伍专业性不够强。

第三节　国内外提升道路交通安全水平的经验借鉴

为提升道路交通安全水平，各国纷纷制订交通安全战略和行动计划，如瑞典"零愿景"、美国"国家道路交通安全战略"、澳大利亚"国家道路安全行动计划"、世界卫生组织"2021—2030全球道路安全行动十年计划"等。我国发布了《"十四五"全国道路交通安全规划》，并结合自身交通发展特点开展了大量交通安全改善实践，为我国进一步提升道路交通安全水平提供了有益经验。

一、加强工程措施

（一）国外典型经验

澳大利亚为减少传统交叉口中最危险的碰撞冲突，大量采用环岛设计，无论丁字路口、十字路口还是多路交叉口，都根据实际情况采用大小不一的导流环岛设置和标志、标线、信号灯配合设置[5]。据统计，澳大利亚从传统的十字交叉口过渡到环形交叉口（图6.15）后，死亡人数减少了70%，交通事故总数减少了50%。此外，澳大利亚的道路限速规定非常严格，《澳大利亚道路设计指南》建议城市街道设计速度10千米/时。此外，在道路设计上使用了更多的限速措施，如当接近一个有大量行人活动的区域或人行横道时，特别是当视线距离可能被道路上的弯道、波峰或凹陷所限制时，澳大利亚使用锯齿状条纹

> 交通强国

标线（图 6.16）提示司机减速。

图 6.15　澳大利亚某环形交叉口　　图 6.16　澳大利亚道路限速标线

德国在部分高速公路使用"速度和谐"管控措施，根据路面交通流量、道路状况和天气情况等信息，整体优化路段内多个断面的最高限速，通过可变限速牌和其他渠道发布，缩小车道间和车道内的速度差，从而提升通行效率和安全水平。据统计，德国北威州高速公路采用"速度和谐"措施后，提升了约3%的通行能力，降低了约30%的事故量[6]。

瑞典在事故高发路段引入"2+1"道路体系：一个方向为双车道，另一个方向为单车道，隔几千米单、双车道交互出现，双向车道之间用有弹性的缆索隔离。这种设计有助于车辆降低车速，并可有效防止正面碰撞，引入"2+1"车道（图 6.17）后，瑞典的道路交通事故死亡率显著下降。

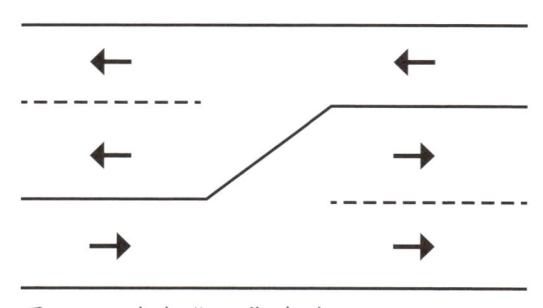

图 6.17　瑞典"2+1"车道

（二）国内典型经验

2014年11月，国务院办公厅部署在全国实施"公路安全生命防护工程"。为实现公路安全防护水平显著提高的目标，全面开展道路安全隐患排查治理，不断升级技术标准，以人的出行安全为本，从人、车、路、环境的协调性、宽容性出发，提升道路设施的主动安全性，具体措施如弯坡路段增设有效隔离设施、护栏端头解体消能改造、道路开口系统安全设计等。图6.18展示了典型道路问题及工程措施。

（a）弯坡路段缺乏中央隔离设施 　　　　（b）弯坡路段柔性隔离柱

（c）小汽车被护栏"穿透" 　　　　（d）碰撞后可解体的消能式端部

图6.18　典型道路问题及工程措施

> 交通强国

加强交通工程措施的重要性

2007年7月2日，一辆大型普通客车载乘47人（核载51人）由苏州驶往重庆垫江途中，行驶至长阳境内318国道龙潭桥时，因路面湿滑操作不当，车辆撞击桥面西侧防撞墙后冲到桥面东侧6米以外。幸运的是龙潭桥护栏外侧设有防撞墙，挂住了车辆底盘及后轮，客车前部腾空悬在桥上（图6.19），未坠到35米高桥下，车上47人无一人受伤，成功避免了一起后果不堪设想的交通事故。

图 6.19 龙潭桥交通事故现场

二、强化依法管理

（一）国外典型经验

英国的道路交通安全法律制度十分严格，具体表现在：驾驶证考试制度严格，一次通过率较低，2008年全英驾驶证考试理论合格率为70%，路考合格率仅为43%；惩罚制度严格，英国驾驶证的记分周期为4年，一个周期内如果被扣12分或者首次领取驾驶证1年内被扣6分，都将被取消驾驶资格，超速、闯红灯等行为可被判危险驾驶罪，监禁3~10年。同时，驾驶违法记录还与社会信用度挂钩，多次违法的驾驶人将会受到重点监管[7-9]。

美国主要的道路交通安全法规包括《道路交通法》《交通法庭组织法》《机动车辆注册法》《交通资料记录法》《饮酒与交通安全关系法》《行人安全教育规定》《汽车驾驶执照规定》《摩托车安全行驶规定》《交通事故调查与报告规定》《交通警察服务守则》《学生安全驾驶规章》《紧急医疗服务制度》等，健全且覆盖面广泛的法律法规保障了道路交通安全有法可依。

（二）国内典型经验

在立法方面，我国政府高度重视道路交通安全立法、部际联席会议、交通安全规划等，做好国家交通安全立法顶层设计。在执法方面，通过闯红灯自动记录设备、测速抓拍设备、警务通等广泛、全面的使用，以及基于大数据、人工智能技术的公路稽查布控系统、公安交通集成指挥平台，对违法车辆精准查缉、有效执法。

三、深化安全教育

（一）国外典型经验

德国利用互联网技术探索交通安全教育的新模式。德国交通安全委员会于2017年开发了一款道路交通安全教育App，该App可以为出行者提供交通规则的动画讲解，并且支持多国语言[9]。

日本文部省根据实际情况，制定了中小学生的交通安全指导守则，并且通过寓教于乐的角色扮演方式向少年儿童讲解交通安全相关知识[10]。

交通强国

英国政府于2019年提出"一生道路安全"（A Lifetime of Road Safety）理念，强调社会全体人员都是道路交通安全的参与者，无论是儿童、年轻人、中年人还是老年人，因此针对不同年龄段人群采取相应的安全教育措施。例如，针对儿童安全座椅使用知识缺乏问题，英国政府资助安全座椅零售商开发儿童安全座椅培训项目，用以协助家长正确安装儿童安全座椅，并提高家长对儿童安全座椅安全性的认知。

（二）国内典型经验

2012年，国务院批准将12月2日设立为"全国交通安全日"，自2012年起每年开展"12·2"全国性社会化交通安全主题活动，在全国范围内建设交通安全主题公园以及中小学生交通安全教育基地。此外，通过互联网"双微一端"（微信、微博、手机客户端应用软件）等新媒体，将交通安全宣传触达亿万公众。图6.20和图6.21即为不同城市的典型经验。

图6.20 深圳福田区街心公园内的交通安全主题公园

图6.21 苏州太仓实验小学交通安全教育基地

四、增强应急救援

（一）国外典型经验

欧盟规定2018年4月以后销售的所有汽车都必须安装紧急呼叫（eCall）车载系统，车载系统中的碰撞检测装置检测到事故后会立即发起呼叫，并发送动力电池数据，包含位置信息、时间、乘客数量、车牌号以及其他紧急救援所需要的信息，它会在eCall连接之后就开始传输，早于语音电话，大幅提高救援速度。据统计，eCall应用后，城市救援时间缩短了40%，乡村救援时间缩短了50%。图6.22所示为欧盟eCall车载系统示意图。

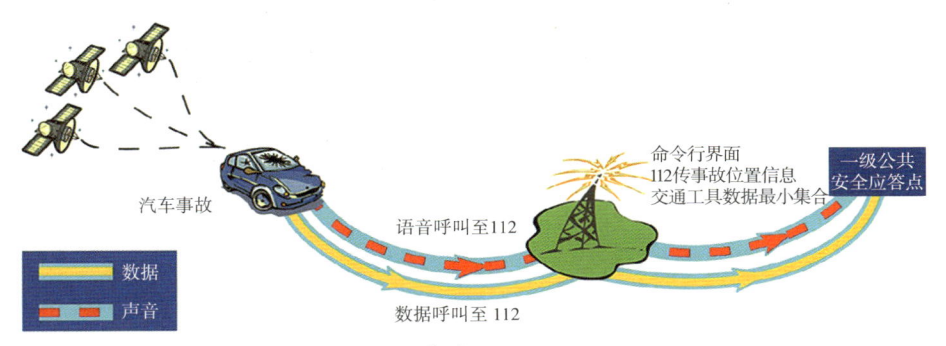

图6.22 欧盟eCall车载系统示意图[11]

（二）国内典型经验

2022年起，为最大限度降低恶劣天气对道路交通安全的影响，公安部、交通运输部、中国气象局共同挂牌督办恶劣天气高影响路段，依托道路交通态势监测服务平台采集警情事件，共享气象、交通、地质等行业管理部门及第三方地图等

交通强国

影响交通安全的预警信息（图6.23），接收社会企业应急运输保障需求等信息，实现道路交通安全事件的采集监测、预警联动、签收管控、发布处置、反馈评估全流程"一张图"闭环管理，并通过导航地图、微博、路侧可变信息板等多渠道向社会发布信息。据统计，2023年部级督办的110条路段因恶劣天气导致的交通事故起数同比下降54%，万车死亡人数同比下降18%，交通拥堵警情数量同比减少77%，道路封闭次数同比减少61%，交通延误时间同比缩短60%。

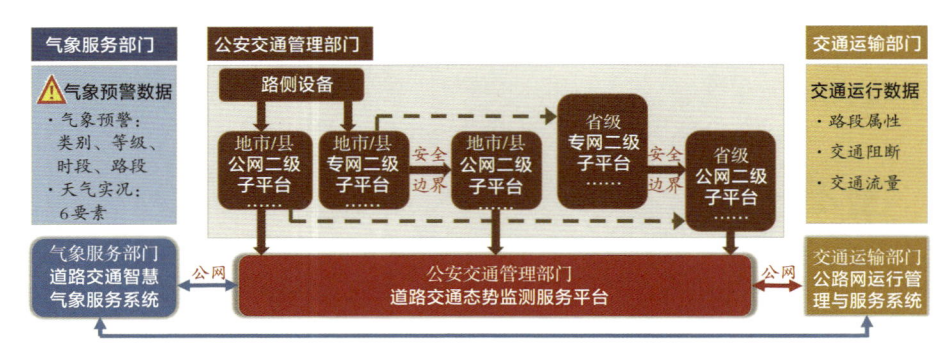

图6.23　公安交通管理部门恶劣天气交通数据共享路径

第四节　交通安全提升对策体系

要进一步显著改善我国道路交通安全状况，需要在全面分析交通安全现状和问题、深入剖析交通安全机理的基础上，构建系统、科学的交通安全提升策略体系作为顶层指导，细致、系统地挖掘事故预防工作中潜在、隐藏的薄弱环节，进而提出有针对性的事故预防思路和方法。

一、总体思路

道路交通是由人、车、路、环境等要素构成的复杂系统，各类要素之间相互关联、依赖、作用，当要素之间发生冲突的时候则会出现交通安全问题，进而引发交通事故。国际经验表明，良好的交通秩序、安全的交通环境需要通过工程技术（Engineering）、宣传教育（Education）、执法管理（Enforcement）的系统实施、协同作用才可逐步形成。其中，宣传教育和执法管理主要作用于交通参与者，宣传教育的目的是提升人的交通安全意识、遵守规则意识，使交通参与者懂得应该怎么做，通过塑造人的文明出行理念实现自觉遵守交通规则；执法管理通过有效执法和管理实现外界约束，使交通参与者明白必须这么做；工程技术涉及的面相对广泛，不仅包括通过工程技术手段提升道路、车辆、环境的安全性能，也包括通过技术手段提升宣传教育、执法管理的精准度和效率。上述三个基本的治理措施被全球交通安全工作者概括为"3E"原则，除此之外，研究与实践发现：事故发生之后的应急救援（Emergency）对于减少人员伤害和事故损失也是至关重要的，由此逐渐产生了交通安全管理"4E"原则。对于正处于快速机动化进程的我国来说，在交通安全相关的法律法规、技术标准还不是十分完善的情况下，需要在国际公认的"4E"原则基础上特别强调道路交通安全相关的法律法规（标准）（Enactment），以及工程技术、宣传教育、执法管理、应急救援等方面的责任考评（Evaluation）（图6.24），科学、合

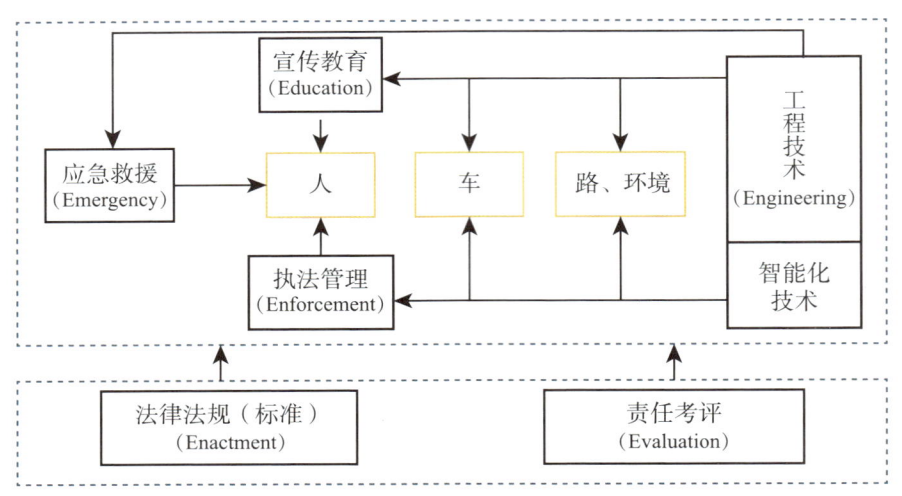

图 6.24　道路交通安全提升对策体系"6E"

理、适用的评估可以有效推动其他措施和行动的有效落实，反之亦然。

综合国内外经验可知，提升交通安全水平需要加强以下六个方面的工作。

（一）法律法规（标准）

交通安全提升须全面贯彻依法治理要求，加快修订《道路交通安全法》《道路交通安全法实施条例》等法规，研究制定、修订配套规范和技术标准；研究制定机动车辆生产法律法规，强化车辆安全源头监管；推进客货运车辆辅助安全、主被动安全标准升级；完善道路交通安全设施标准和制度，制定、修订道路安全设施设计、施工、安全性评价等技术标准。

（二）责任考评

交通安全提升须健全道路交通安全责任体系，落实党政领导干部道路交通安全责任制，推行道路交通死亡事故党政领导到场制度；建立量级匹配的考核制度，加大道路交通安全在"平安中国"、安全生产、乡村振兴、文明城市等考核中的权重；建立健全道路交通安全信用体系，强化对失信交通运输企业及其法人的教育、检查和惩戒力度；严格道路机动车辆生产企业和产品准入管理，完善违规车辆生产企业和产品退出机制。

（三）工程技术

在道路工程方面，应综合运用交通工程、交通大数据、智能化技术等手段，构建科学、系统的道路交通安全评估体系，从道路网与功能、道路线形、交通安全设施、交叉口渠化与信号配时、交通环境等方面对道路安全水平进行全方位、精细化、周期性评估，及时发现并消除道路安全隐患。此外，应重点推进农村公路临水临崖、急弯陡坡路段路侧安全防护设施设置，优化提升高速公路互通立交及出入口等交通组织复杂路段的指路标志信息指引、标线渠化诱导，加强城市慢行交通系统安全管理。

在车辆工程方面，应推广客运车辆安装乘员不系安全带报警装置，重型货车严格按照相关标准装备车道偏离预警系统和车辆前向碰撞预警系统，在用重型货车安装右侧盲区消除预警装置等安全装置。

借助大数据的智能化技术赋能工程技术，系统构建智能化交通安全主动防控技术体系，是破解交通安全问题的重要对策。应以交通运行基本规律为基础，以多源大数据融合应用为主线，以交通事故主动防控为目标，深化以需求为导向的交通大数据采集与融合技术，探索交通工程与智能技术相结合的交通要素检测监测与安全隐患主动发现技术,突破基于动静态数据融合挖掘的交通安全风险精准识别与预警技术,建立"情指勤"一体化的可视化指挥调度及精准勤务,创新以人为本的交通信息智能服务与实时有效诱导技术。

(四)执法管理

建设交通安全要健全完善执法能力提升体系,加强法制人才培养,深化执法教育训练,强化领导干部、实战单位常态化学法用法;推进执法公开,主动接受群众监督,提升执法公信力;坚持和优化"治超"联合执法常态化工作机制,推动公安交管和交通运输部门"治超"信息共享和业务协同;完善危险货物道路运输安全防控体系建设,加强部门协同配合和信息共享,形成全链条监管执法合力。

(五)宣传教育

建设交通安全要全面强化规则意识培育和法治教育,常态化开展交通安全宣传主题活动,建设交通安全融媒体创新示范中心;健全完善驾驶培训教学体系,推动理论培训方式创新应用,强化驾驶人安全知识、遵守规则意识、风险辨识能力培养;做强农村交通安全宣传阵地,重视农村"一老一小"交通安全宣传教育,深化警保合作"两站两员"建设;系统性开展全民交通安全宣传教育,创新应用情境体验、媒体融合等新技术引导公众树立遵守交通规则意识;培育和践行符合社会主义核心价值观的交通安全文化,将交通安全文化融入社区文化、村镇文化、企业文化、校园文化。

(六)应急救援

建设交通安全要健全道路交通突发警情信息报送处置体系,加强事故、灾害等突发警情信息监测分析;健全完善道路交通应急救援机制,明确公安交管、交通运输、卫生健康、应急管理、消防救援、气象等部门职责任务,完善交通应急救援指挥联动机制;扩大救助基金垫付范围,全面落实应缴尽缴、应助尽助、应付尽付;建立并完善"警—路—医—消"联动交通事故应急响应模式,提升院前医疗急救能力和"黄金一小时"的救治力度,积极推行事故危重伤员"就近结合就优"送治原则,建立完善危重伤员救治网络。

二、提升道路交通安全的主要对策

(一)人因问题的基本解决对策

不同类型交通参与者在特定场景下所产生的心理表征和行为方式,其本质上是由个人心智模式所决定的,通过分析个体心智模式作用机理(图6.25),可从根本上塑造交通参与者的行为模式,减少人的不确定性对交通安全的影响。

美国学者考夫曼将个体学习过程描述为"见—解—思—行"循环过程,简称为OADI循环。

(1)见(Observe):指从特定经历中获取素材,不仅指观察,还包括从各种渠道获得的知觉、感觉等。

(2)解(Assess):指对获取的素材进行解释、评估并加以理解。

（3）思（Design）：指对获取的素材进行评估、解释后加以总结，形成抽象的概念、理论或模式。

（4）行（Implement）：指把理论付诸实践，以检验概念或理论的真伪。

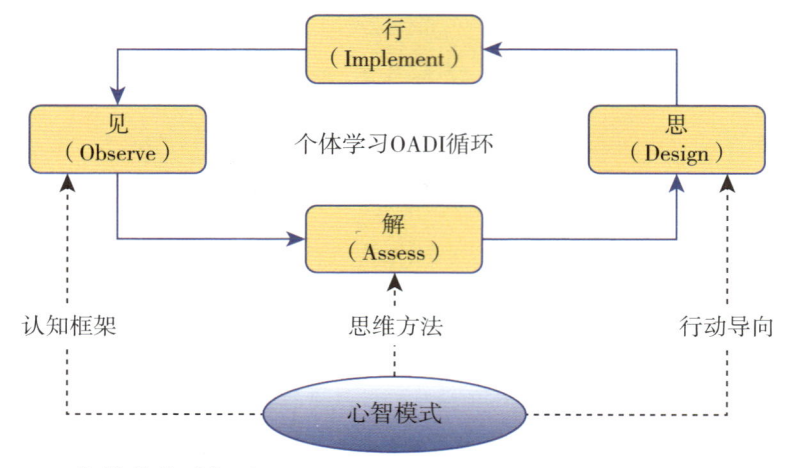

图 6.25 心智模式作用机理

在个体学习的 OADI 循环过程中，心智模式起到内在支撑作用，从三个途径决定着个体的所见、所思、所行，具体包括：

（1）认知框架：心智模式为个体提供了认识外在事物的认知框架，如同滤镜一样影响个体所接收的信息，具有不同心智模式的个体在面对相同事物时，往往会接收到不同的信息、得到不同的结论。例如，遇到前方车辆急变道时，具有理性型心智模式的驾驶人迅速接收到前方不良驾驶行为的潜在危险，进而与前方保持安全距离，而具有情绪化心智模式的驾驶人则将此视为对自己的挑衅，进而易做出报复性行为。

（2）思维方法：每个人从外部获取信息后，对其进行解读、按照特定逻辑进行推论。例如，具备固定型心智模式的交通参与者通常会认为交通事故的发生完全是运气不好的偶然事件，自己的行为并不会影响事故发生概率，在此心智模式作用下易产生侥幸心理，进而做出危险的交通行为，而具备成长型心智模式的人则倾向于清晰认识交通事故的客观规律和机理，其交通行为的安全性和可靠性更强。

（3）行为导向：个体在塑造心智模式过程中，会逐渐总结规律、发现模式，形成对世界的概括性认知，进而决定个体的判断和行为。例如，部分电动自行车骑行人缺乏对电动自行车事故规律和头盔防护效果的充分了解，加之在未佩戴头盔也能得以安全出行的经验反馈作用下，会逐渐形成"头盔无用"的认知，此类骑行人在无交警执法情况下就难以主动佩戴头盔。

综上可知，心智模式潜移默化地根植于人们心灵深处，决定着人们看待、理解世界的模式和行为方式。因此，改进交通参与者固有的心智模式，可从根本上减少人的不安全行为，对于提升道路交通本质安全水平具有重要意义。根据心智模式改善步骤，交通管理部门通过恰当采取诸如执法管理、宣传教育、工程技术等对策，可有助于交通参与者心智模式的改善和重塑。

解决人因问题的关键目标是要实现交通文明，交通文明实现的途径是，首先需要交通参与者对路权有很好的理解和认识，进而形成良好的遵守交通规则意识。基于道路交通安全提升对策体系"6E"，改善人因问题的基本对策主要包括系统性的驾驶人培训考试、全教育体系下的有效交通安全教育、严格的路面交通执法、有效的道路交通工程技术约束与引导，以及更深层次的法律法规、标准规范、责任考评体系的健全和完善等。

（二）车的问题的基本解决对策

针对前述分析发现的问题，从车的方面进行交通事故预防的主要目标是要提高车辆生产质量，同时加强营运企业的运行安全管理。根据道路交通安全提升对策体系"6E"，车辆问题的基本解决对策包括（图 6.26）：通过先进的工程技术运用提升车辆本质安全；通过法律法规、技术标准的制定和完善，以及责任落实、考评体系的构建等系统化手段来提升企业生产一致性保障能力，保证车辆，特别是营运车辆的质量、性能、安全等方面的生产一致性，进而提升车辆主被动安全性。

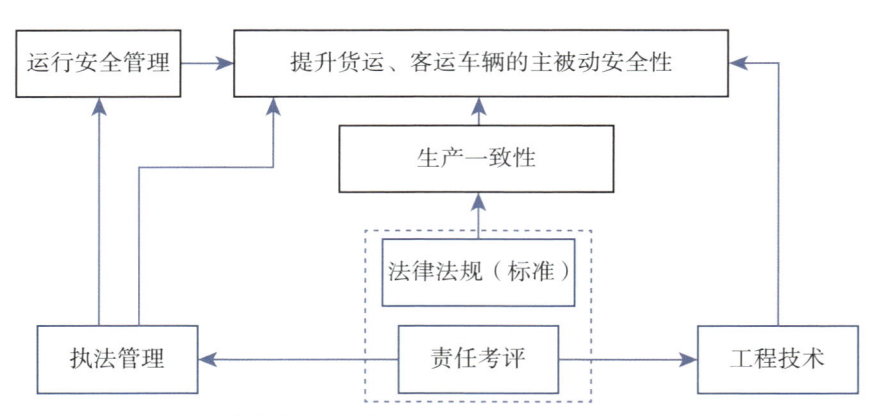

图 6.26 车辆问题的基本解决对策

（三）提升道路基础设施安全水平对策

针对前述问题，从道路方面进行事故预防的目标是提升道路本质安全水平和道路设施宽容性，采取的基本对策包括通过工程技术提高道路基础设施本质安全水平，也包括相关法律法规、技术标准的制定，以及相关部门的责任落实和考评体系构建等（图 6.27）。

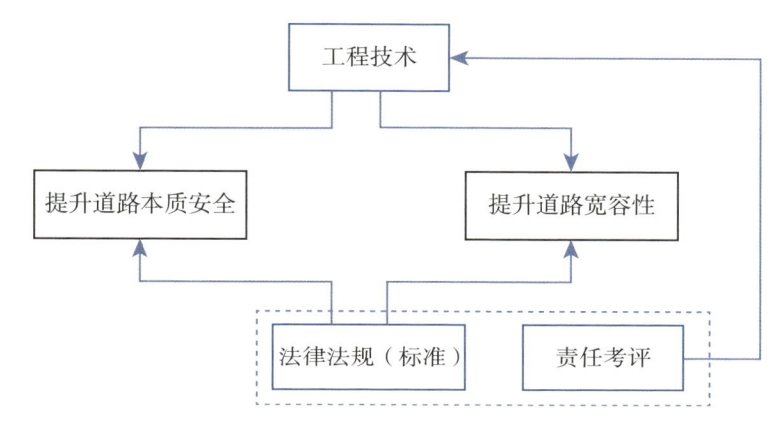

图 6.27　道路问题的基本解决对策

（四）应急救援问题的基本解决对策

为根本性解决应急救援问题，需要提升应急救援能力、缩短应急救援时间，采取的基本对策主要包括（图 6.28）：通过

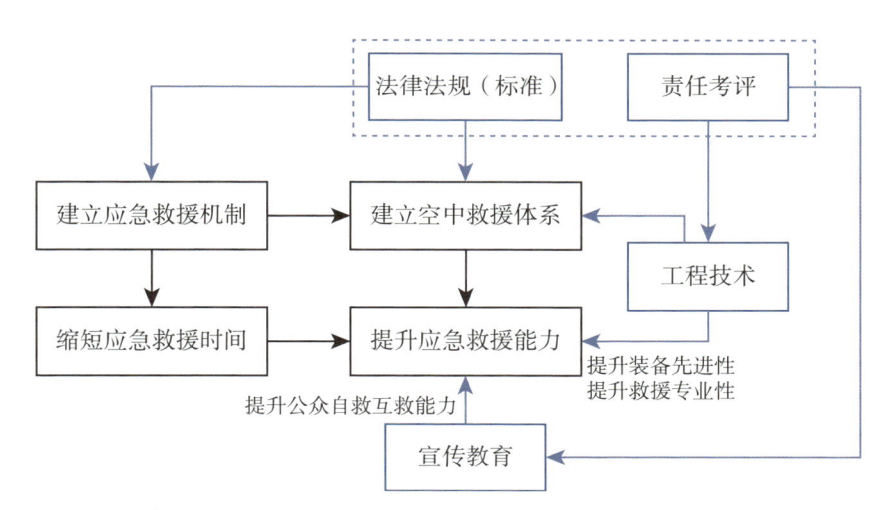

图 6.28　应急救援问题的基本解决对策

工程技术提升应急救援装备的先进性和救援队伍的专业性，通过面向社会的宣传教育培训提升公众自救互救能力，更深层次建立健全法律法规、技术标准制定和相关职能部门的考评制度，综合施策以全面提升应急救援水平。

第五节　借助于智能化显著提升交通安全水平

随着我国机动化进程的持续深入，车路协同、自动驾驶、共享出行等新技术新业态的快速涌现带来的交通流量、出行方式变化，传统问题和新型矛盾交织叠加，道路交通安全面临着诸多新问题、新挑战。发达国家交通安全发展经验表明，先进技术是提升交通安全的重要手段。交通管理的智能化能够使得上述交通安全水平"6E"对策取得事半功倍的效果，是提高交通安全水平的利器。在一定程度上，借助于交通大数据，系统构建智能化交通安全主动防控技术体系，是破解我国当前交通安全问题、助力交通强国建设的重要对策。智能化交通安全主动防控技术体系主要包括如下内容。

一、交通大数据智能感知

我们应深化以需求为导向的交通大数据感知、获取、深度融合技术，构建多元大数据的数据采集标准，实现交通事件、事故信息、气象信息等的标准化、精准化、实时性采集，基于机理、原理分析开展多维度、多层次的交叉分析挖掘。

二、安全风险精准预测与预警

我们应以交通检测数据、视频监控数据、气象监测数据、手机信令数据等为基础，运用智能化技术实现交通态势动态监控、安全风险精准预测、影响范围智能分析，并及时进行多途径、多层次精准预警。

三、交通组织方案智能生成

我们应通过智能技术与围绕人、车、路、环境的交通安全系统对策的深度融合，实现交通组织与控制方案的智能生成，包括跨区域跨路网交通组织方案智能生成、区域协调控制、效果评估与动态调整等。

四、一体化智能信息服务

我们可以基于大数据、"互联网+"的实时交通信息服务与精准诱导技术，为交通出行者提供多途径一体化的智能信息服务，包括实时信息动态推送、行程方案精准引导、危险信息逐级提醒、定制化增值服务等。

五、"情指勤"一体化智能调度

我们可以采用智能化技术，构建基于交通情报分析研判的交通指挥与交通勤务一体化的可视化指挥调度平台及精准勤务系统，构建跨区域跨路网的综合交通应急事件的应急预案及处置体系，完善智能量化的科学决策支撑体系，实现应急预案的智能生成与决策，加强多部门的协同作战能力，着力提升交通事故紧急救援智能调度一体化水平。图 6.29 为智能化交通安全主动防控实现流程。

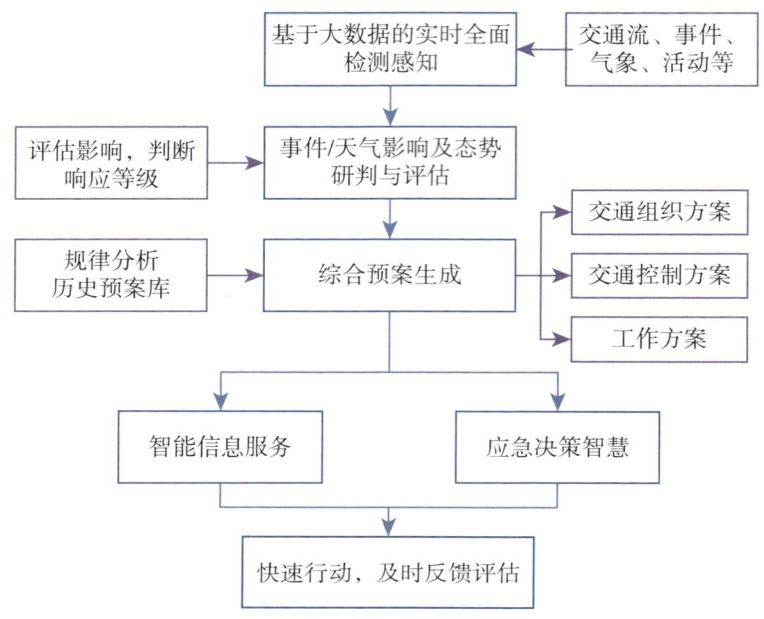

图 6.29　智能化交通安全主动防控实现流程

参考文献

［1］国家铁路局. 2019 年铁路安全情况公告［EB/OL］.（2020-03-29）［2024-05-20］. https://www.gov.cn/xinwen/ 2020-03/29/content_5496731.htm.

［2］国家铁路局. 2020 年铁道统计公报［EB/OL］.（2021-04-19）［2024-05-20］. https://www.gov.cn/xinwen/2021-04/19/content_5600508.htm.

［3］交通运输部. 2020年交通运输行业发展统计公报［EB/OL］.（2022-05-25）［2024-05-20］. https://www.gov.cn/xinwen/2022-05/25/content_5692174.htm.

［4］王长君，李江平，金会庆，等. 我国重特大道路交通事故防控体系构建［J］. 人类工效学，2019，25（5）：1-6.

［5］全维华. 科学、高效、以人为本：澳大利亚道路交通安全管理及其启示［J］. 安全生产与监督，2005（1）：26-28.

［6］彭飞，杜猛. 智慧高速交通流管控关键策略［J］. 中国交通信息化，2023（S1）：40-44.

［7］邵杰，程雨铭. 英国道路交通管理考察报告（续完）［J］. 道路交通与安全，2009，9（2）：59-64.

［8］王和，杜心全. 英国、瑞士道路交通管理给我们的启示［J］. 公安学刊（浙江警察学院学报），2009（1）：102-105.

［9］陆化普."交通零死亡"的全球新技能［J］. 中国公路，2018（7）：50-51.

［10］蒋丰. 日本交通安全教育从娃娃抓起［EB/OL］.（2015-02-26）［2015-02-26］. http://news.banbijiang.com/guancha/baogao/2015/0226/181050.html.

［11］ETSI TS 126 267. Digital cellular telecommunications system (Phase 2+)(GSM); Universal Mobile Telecommunications System (UMTS); eCall data transfer; In-band modem solution; General description.［S/OL］. https://cdn.standards.iteh.ai/samples/65689/9e5c54912526478e8a6b92bddcb6928c/ETSI-TS-126-267-V17-0-0-2022-05-.pdf.

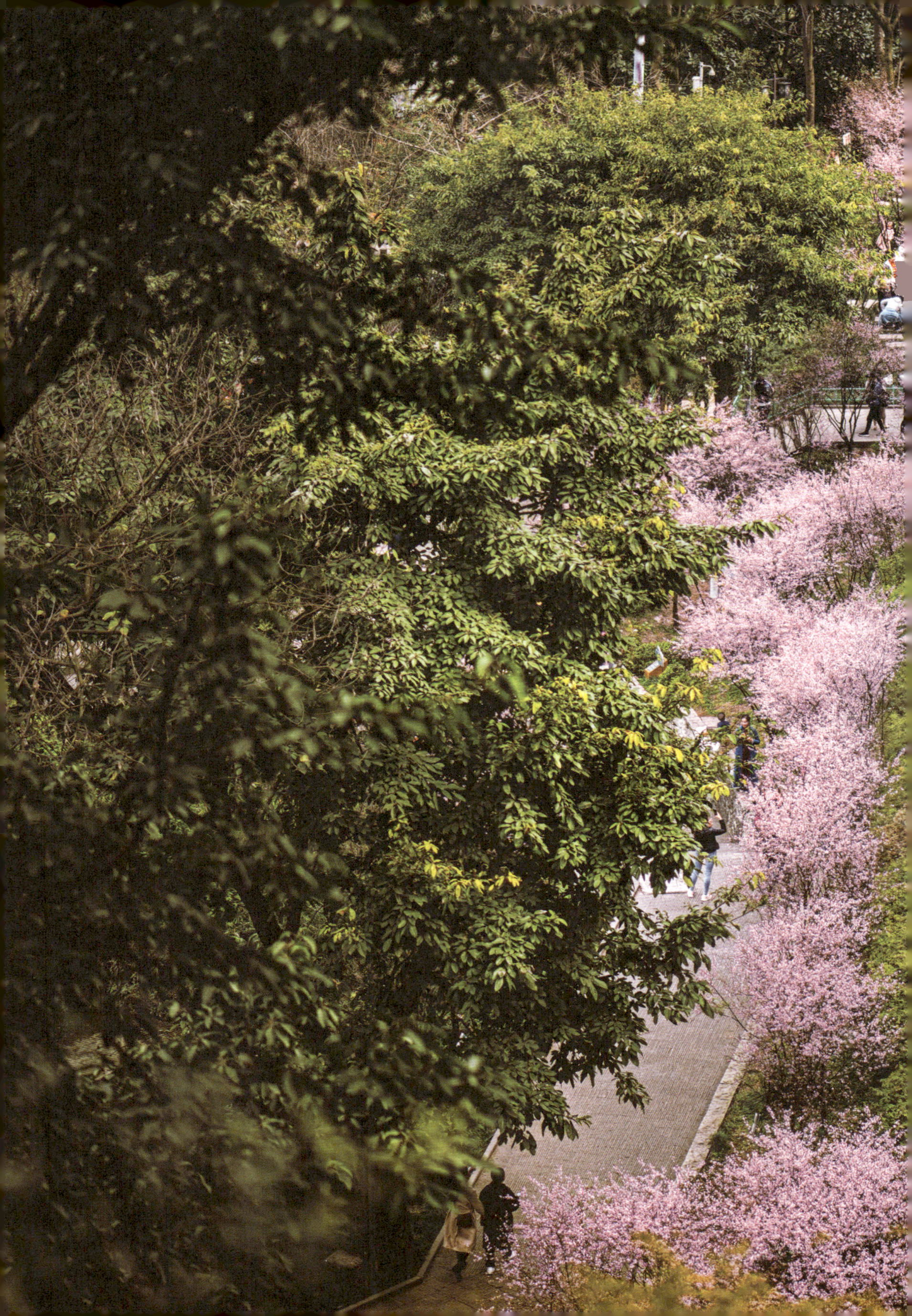

第七章 绿色交通

习近平总书记多次强调走绿色低碳发展道路。党的二十大报告指出："推动能源清洁低碳高效利用，推进工业、建筑、交通等领域清洁低碳转型。"建设绿色交通主导的综合交通运输体系是走中国特色交通强国之路的基本要求和显著特点。

发展绿色交通，应坚持"慢行优先、公交优先、绿色优先"，大力发展公共交通，推动以轨道交通为骨干、多种交通方式一体化融合发展，加速构建绿色出行"一张网"。完善交通基础设施、运输装备功

能配置和运输服务标准规范体系，满足不同群体多样化出行需求，持续增强公共交通吸引力和竞争力，提升市民绿色出行意愿。推动交通行业能源消费变革，加强可再生能源、新能源、清洁能源装备设施更新利用等，推动绿色低碳技术在交通行业广泛应用。建设交通强国应坚持"绿水青山就是金山银山"的理念，交出一份交通运输领域高质量发展的绿色答卷。

交通强国

第一节　绿色交通的中国内涵

中国绿色交通，是在可持续发展理念的指导下，以低碳环保为核心，推动交通方式的绿色转型和升级，旨在构建高效、便捷、安全、环保的交通运输体系，促进经济社会的可持续发展。大力发展绿色交通不仅体现了中国对环境保护的重视，也展示了中国在全球交通绿色转型中的积极贡献。它既是国家发展的重要战略，也是人民对美好生活的追求，对于推动社会进步、实现人与自然和谐共生具有重要意义。

一、交通的绿色发展是国家战略

改革开放以来，我国城镇化和机动化同步快速发展，私家车保有量迅猛增加，尽管道路基础设施建设得到了长足发展，但仍无法满足超量的个体交通工具需求。这种长时间、大规模的普遍的城市交通拥堵，造成了城市居民的时间浪费和出行困难，降低了城市居民的生活质量和城市竞争力，是交通强国建设必须应对的挑战。因此，我国的绿色交通发展肩负着实现节能减排和破解交通拥堵的双重使命。

（一）资源短缺和环境问题日益突出

与此同时，资源短缺和环境污染问题也逐渐成为亟待解决的重要问题。伴随我国经济的快速增长，目前我国已成为全世界最大的能源消耗国。2022年石油对外依存度为71.2%，能源安全问题突出。交通运输、仓储和邮政业石油消费约占我国石油消费总量的45％。高昂的油价以及石油的不可再生性决定了以石油为主要动力来源的小汽车发展模式不符合我国国情和可持续发展的要求。为满足汽车出行需求，扩建城市道路、修建为汽车服务的措施，占用了大量城市有限的土地资源，特别是中国大部分经济快速发展的城市，多位于我国可耕地集中地区，城市盲目扩大以改善城市交通状况的做法将减少我国有限的、宝贵的耕地面积，造成严重的、不可逆的后果。因此，我国城市交通发展战略及相应的政策，应鼓励发展绿色、低碳、集约化的出行模式，以避免过多地占用有限的可耕地面积。

（二）交通强国建设和发展应具有较强的可持续性

建设绿色交通，需要考虑中国不同地区自然生态环境的脆弱性。众所周知，不同的交通方式有不同的技术经济特性。比如，投放同样的空间资源，小汽车每小时的运输能力是3000人，换成公交汽车，每小时的运输能力是6000~10000人。如果采用轻轨交通，则每小时可运输1万~3万人，如果采用地铁，则每小时的运输能力是3万~6万人。由此可见，集约化的交通方式可以大大节约土地资源和空间资源，具有个体交通方式所无法比拟的运输能力优势。此外，从人均的意义上，地铁和常规公交等集约化交通方式，相比个体交通工具也具有节能减排的明显优势。我国能源多煤少油，环境脆弱，不能走发达国家以汽车为主的老路，要在环境能够承受的范围内，大力发展公共交通（如图7.1所示山东枣庄快速公交系统）、绿色交通，大力发展综合立体交通，从而抑制小汽车等个体

交通强国

图7.1 山东枣庄快速公交系统

机动化交通使用需求，减少大气环境和交通噪声等污染。

在加快生态文明建设背景下，加速推进"绿色交通建设"，减少交通对环境的影响和资源与能源消耗，强化交通系统绿色发展和交通污染综合防治，既是必然要求，也是严峻挑战。

二、中国特色绿色交通解读

从人类发展的历史进程看，人们对生态文明的追求，是人类认识不断深化的结果。我们的祖先自古以来就深度思考了人与自然的关系，例如《易经》中所提出的"天人合一"等思想充分强调了人与自然和谐相处的极端重要性，主张人类要掌握自然规律、遵循自然规律发展的观点。我国古代先民在数千年前就已经形成了清晰、科学的宇宙观和自然哲学思想。

（一）正确处理交通与自然的关系

绿色交通是交通与自然界和谐共处、良性互动、持续发展的一种文明形态，它的核心问题是正确处理交通与自然的关系，要求尊重自然、顺应自然和保护自然，与自然界和谐相处。发展绿色交通必须充分考虑社会、经济、能源及环境的可行性。社会方面，需要交通发展实现"以人为本"的顺畅运行，以社会资源公平利用为目的，尽可能满足全社会的需求；经济方面，要最大限度降低成本、同时提高交通运输的效率；资源能源方面，体现在集约利用资源、新能源以及清洁能源的使用上，应满足资源能源可持续发展的要求，实现以最小的资源能源代价满足和维持交通需求；环境方面，要求鼓励居民少用私人汽车而转向公共交通，从而有效减少机动车噪声和废气的污染，在交通领域实施节能减排，达到降低碳排放、改善城市环境的目的[1]。可以说，绿色交通是工业文明发展到一定阶段的产物，是人们对传统交通发展方式带来的生态环境危机深刻反思的结果。所以，绿色交通是改善城市生态环境、减少

资源能源消耗和环境污染、实现城市交通系统可持续发展的必由之路。因此，中国的绿色交通发展同时面临多重任务：节约土地资源、实现节能减排、破解交通拥堵和交通环境问题、提升绿色交通服务水平等。

（二）广义的绿色交通

交通强国建设中的"绿色交通"是广义的概念，指我们要以最小的资源能源投入、最小的环境代价，最大限度地满足社会经济发展和美好生活追求所产生的必要交通需求。因此，和传统的交通运输系统相比，绿色交通系统建设是有约束条件的最优化问题，即在节约资源能源、保护环境的约束条件下最大限度满足交通需求的优化目标。这里就涉及我们在建设综合交通运输系统以及提供交通服务时如何尽可能地节约空间和岸线资源，在建设和使用过程中如何减少对生态环境的破坏，在使用过程中如何尽可能地降低交通运输系统对资源能源的消耗和对环境的破坏等。

推动绿色交通发展的过程，就是在规划、建设、运营、管理和政策保证等全环节、全寿命周期贯彻上述理念、落实上述发展思路的过程。因此，中国工程院在《交通强国战略研究》中提出了绿色规划引领、绿色设施支撑、绿色方式主导、绿色工具主体、绿色管理保障的"五绿"交通发展战略。

三、实现绿色交通的若干关键

第一，通过绿色规划引领，实现全环节、全生命周期的综合交通绿色发展。规划是龙头，通过规划实现对资源能源的集约利用，最大限度地合理保护环境、减少浪费和排放，实现交通绿色发展。

做好各种运输方式的一体化规划，合理配置交通资源，集约使用土地、岸线和水域等资源，形成节约集约利用资源的绿色交通发展模式，实现交通建设用料循环利用，减少生态冲击，降低环境影响。

第二，抓住调整交通结构关键，提高绿色交通分担率。优化运输结构，提高绿色交通分担率，构建以绿色交通方式为主导的综合交通体系，是绿色交通发展的核心任务。根据需求特性、各方式技术经济特性，因地制宜，充分发挥各种运输方式的比较优势，形成各种运输方式合理分工、优势互补、协调发展的综合运输体系。

干线交通、大宗货物运输优先发挥铁路、水运作用，因地制宜发挥各种运输方式的比较优势，推动公路运量向铁路转移。充分利用运输能力大的铁路货运核心网络，提高运达速度和服务质量，增加集装箱运输比例；加快内河高等级航道建设，实现大中型海港与铁路网和内河水运系统无缝衔接；实现客运高速铁路与航空深度融合，减少不合理短途飞行。

我国已经进入以城市群为主体形态的新型城镇化发展阶段，建立城市群绿色交通系统是实现节能减排目标、破解"现代城市病"的关键，为此，应加强顶层设计，做到科学规划、有序发展。城市群、大城市应借鉴京津冀的交通发展经验，建设"轨道上的城市群"，即构建以轨道交通为骨干，以公共汽

🚆 **交通强国**

电车交通、步行和自行车交通为主体,以私人小汽车为补充的综合交通系统,城市内实现短距离出行依靠步行和骑车、长距离出行利用公共交通的出行模式,力争2035年实现绿色交通分担率超过85%的发展目标。

第三,扎实推进基础设施的绿色建设、绿色运维和使用。绿色交通基础设施网络体系建设要全面贯彻集约高效、节能减排、生态保护、自然和谐的绿色发展理念。重点体现在两方面:一是在交通基础设施规划设计方面,要实现各种交通方式的无缝衔接、零距离换乘换装;二是在交通基础设施的建设、管理养护方面,要实现绿色建设、绿色使用和绿色养护等目标。图7.2为湖北宜昌公交专用道。

图7.2 湖北宜昌公交专用道引导绿色出行

第四，全面推进绿色交通装备研发与应用，实现以绿色交通工具为主体的目标。绿色交通发展需要推动各方式领域运输装备节能减排等相关技术的研发及应用，加速更新老旧和高能耗、高排放交通工具；制定各方式领域节能减排标准，完善各领域运输装备的市场准入和退出机制；支持和鼓励清洁能源交通装备技术研究、推广使用，优化交通能源结构，如鼓励电动车、氢能源卡车等的发展；鼓励绿色交通工具应用，为广泛应用提供基础条件和环境政策，如制定经济补偿、规范使用、加强监管执法等措施，促进以新能源为代表的运输工具绿色化。

第五，绿色管理保障。科学合理组织管理绿色交通，一方面要推动有限的通行空间资源向绿色交通方式倾斜，在资源投入、路权分配、政策倾斜、资金优先等方面优先保障绿色交通发展；另一方面，要提高运输组织精细化程度和信息化水平，提高交通基础设施的使用效率，推广包括多式联运、城市共同配送等高效、便捷、先进的运输组织模式，提高交通运输效率、节约资源能源、降低运输成本。

第二节　我国绿色交通发展现状与问题

我国绿色交通发展，正日益成为推动经济社会可持续发展的重要引擎。近年来，我国在绿色交通领域取得了显著成就。新能源汽车推广、智能交通系统应用、公共交通优化等举措，不仅降低了交通污染，提升了交通效率，也极大优化了人民群众的出行体验。同时，我们也清醒地认识到，绿色交通发展仍面临诸多挑战。交通结构须进一步优化，科技创新和基础设施建设亟待提高，绿色出行理念宣传引导仍须加强。绿色交通建设任重而道远。

一、绿色交通发展总体现状

近年来，我国交通运输行业坚持走文明发展之路，积极推进交通运输绿色低碳转型相关工作，持续做好污染防治工作，绿色交通发展取得了新进展。

（一）绿色低碳交通基础设施建设加快推进

我国积极推进绿色公路、绿色铁路、绿色航道、绿色港口、绿色空港等绿色交通基础设施建设，推动铁路、公路、水路、空域等通道资源集约利用，引导采用低路基、以桥代路等，加强公路沿线土地资源保护和综合利用，推动废旧路面、废旧轮胎、建筑废料等资源化利用。

2022年，我国高速公路、普通国省道废旧路面材料循环利用率分别达到96%和90%，公路建设施工期集中供电技术应用率超过90%。铁路电气化率达73.8%，铁路线路绿化率达87.32%。民航领域，我国机场电气化率（机场的电力消耗量占机场能源消耗总量的比例）接近60%，2022年全国年旅客吞吐量500万人次以上机场飞机辅助动力装置（APU）替代设备实现"应装尽装、应用尽用"[2]。水运领域积极推进船舶靠港使用岸电，全国港口岸电设施覆盖泊位约7500个，其中，主要港口集装箱、客滚、邮轮、3000吨级以上客运和5万吨级以上干散货等五类专业化泊位覆盖率达75%。新能源车辆充电基础设施方面，我国建成世界上数量最多、分布最广的充电基础设施网络，公共充电基础设施累计数量达到180万台左右，私人充电基础设施累计数量超过340万台。截至2023年6月底，全国已建充电桩（图7.3）的高速公路服务区5931个，占比达89.48%，累计建成充电桩1.859万个[3]，北京、河北、辽宁等18个省（自治区、直辖市）的高速公路充电基础设施的覆盖率超过90%。

图7.3 新能源汽车及其充电桩

（二）绿色低碳交通设置装备快速发展

2022年，全国铁路机车拥有量为2.21万台，其中电力机车1.42万台，约占铁路机车总拥有量的64.3%（图7.4）。全国新能源汽车保有量达1310万辆，占汽车总量的4.1%，其中非营运汽车规模约为1146万辆，营运汽车规模为164万辆。新能源营运车辆中，新能源公共汽电车为54.3万辆，占全国公共汽电车总量比例为77.2%，较上年末提高5.5%；新能源巡游车30万辆，占全国巡游出租汽车总量的比例为22%（图7.5），较上年末提高7.1%。2023年，我国新能源汽车

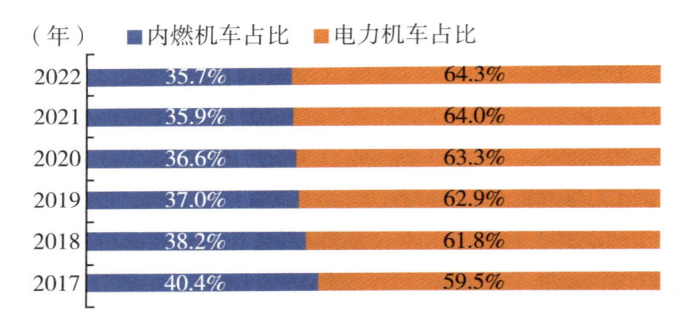

图7.4　2017—2022年铁路机车构成变化情况[2]

图7.5　2017—2022年新能源城市交通装备占比变化情况[2]

产销分别完成了958.7万辆和949.5万辆，同比分别增长35.8%和37.9%，新能源汽车渗透率达到31.6%。

（三）运输结构调整成效显著

在国家"公转铁""公转水"政策推动下，大宗货物及中长距离货物运输向铁路和水运有序转移，多式联运驶入发展快车道。2022年，全国完成营业性货运量506.63亿吨，完成货物周转量226160.96亿吨千米。如图7.6所示，其中，铁路全年完成货运总发送量及完成货运总周转量占比分别为9.8%和15.9%；公路全年完成营业性货运量及完成货物周转量占比分别为73.3%和30.5%；水路全年完成营业性货运量及完成货物周转量占比分别为16.9%和53.5%；民航全年完成货邮运输量及完成货邮周转量占比分别为0.01%和0.1%。多式联运方面，2022年全国沿海主要港口及长江干线主要港口铁路进港率均超过80%；港口集装箱铁水联运量完成875万标箱，同比增长16%；环渤海、长三角地区等17个主要港口煤炭集港全部改为铁路和水路。

2022年全国完成营业性客运量55.87亿人，完成旅客周转量12921.54亿人千米。其中，铁路全年完成旅客发送量16.73亿人，完成旅客周转量6577.53亿人千米；公路全年完成营业性客运量35.46亿人，完成旅客周转量2407.54亿人千米；水运全年完成营业性客运量1.16亿人，完成旅客周转量22.60亿人千米；民航全年完成客运量2.52亿人，完成旅客周转量3913.87亿人千米。图7.7展示了我国2022年营业性旅客运输量的构成情况。

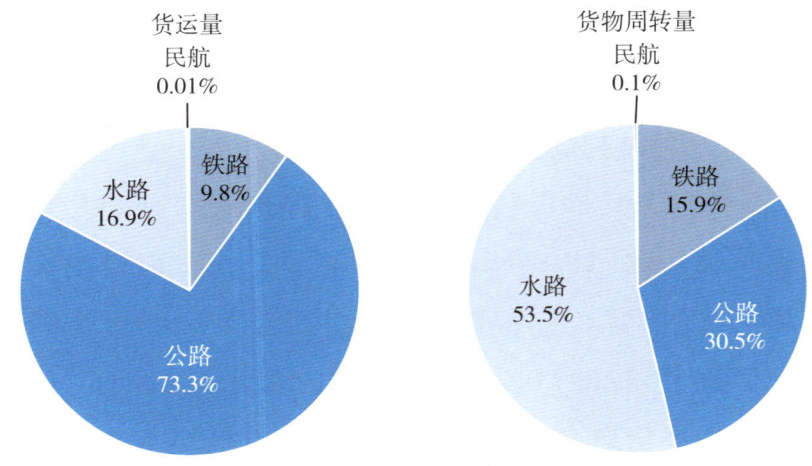

图 7.6　2022 年我国营业性货物运输量构成[4]

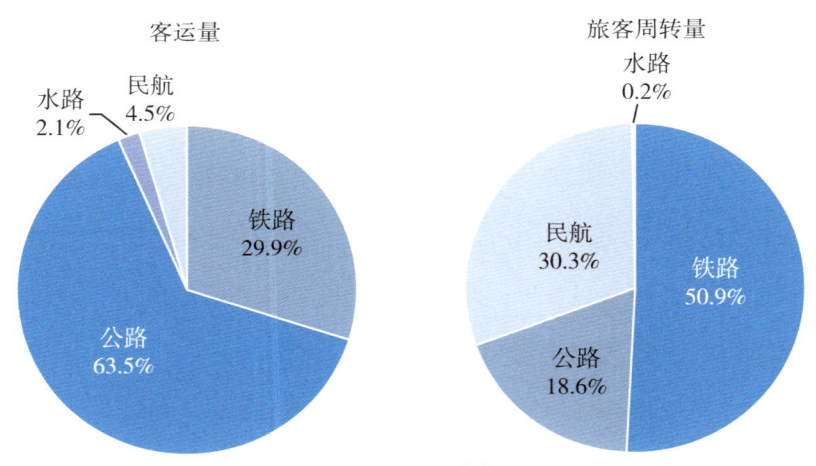

图 7.7　2022 年我国营业性旅客运输量构成[4]

（四）绿色示范项目助力高质量发展

截至 2023 年年底，我国已经创建了辽宁等 4 个绿色交通省、北京等 27 个绿色交通城市，实施了江苏宁宣高速等 20 个绿色公路和天津港等 11 个绿色港口区域性主题性交通运输节能减排示范项目，推广温拌沥青和沥青路面冷再生技术、车辆和船舶天然气动力技术、船舶岸电技术、机动车驾驶培训模拟装置、集装箱码头橡胶轮胎门式起重机"油改电"技术、港口机械节能技术、营运车辆和港口智能化系统等40多项节能减排技术在交通运输行业广泛应用，电能驱动港口橡胶轮胎门式起重机应用比例由2010年的30%提升至全覆盖，累计节约超过170万吨标准煤，替代燃料量超过600万吨标准油，减少二氧化碳排放960万吨。

二、绿色交通发展存在的问题

（一）空间布局有待优化，基础设施绿色化建设水平仍须提升

当前，绿色公路、港口、航道等建设有待强化，部分交通基础设施无法与原生植被保护、近自然生态恢复、动物通道建设、湿地水系连通，对重要生态系统和保护物种存在影响。除此之外，交通资源循环利用水平也有待提升，旧材料、设施设备、施工材料综合利用较差，废旧轮胎、工业固废、建筑废弃物在交通建设领域的规模化程度较低。

（二）交通运输结构须持续调整，综合运输能效须不断提升

我国港口集疏运铁路、物流园区及大型工矿企业铁路专用线建设有待加强，江海直达和江海联运发展模式还未完全构建起来，干散货、集装箱江海直达运输还未健全，水水中转货运量还有较大提升空间。综合货运枢纽建设水平有待进一步提

升，具有全球影响力的多式联运龙头企业在我国较少，网络平台道路货物运输发展不规范，车辆空驶率较高。

（三）低碳交通运输体系尚未完全形成

我国是全球最大的新能源乘用车市场、最大的海运贸易区，拥有全球最长的高速铁路运营里程和巨大的航空增长潜力，交通创新蓬勃开展，各种新技术、新产品层出不穷。从交通减碳形势看，我国交通行业消耗的一次能源占比不高，但增长迅速；从单位换算周转量能源消耗看，我国交通行业与发达国家相比仍有巨大差距，可谓机遇与挑战并存。

（四）绿色交通科技创新水平有待提升

交通污染综合防治等关键技术研究有待突破，船舶大气污染和碳排放协同治理、港口与船舶水污染深度治理、交通能耗与污染排放监测监管等新技术、新工艺和新装备研发等领域的研究有待加强。绿色交通标准体系、新技术、新设备、新材料、新工艺等方面的制度标准供给不足。

（五）绿色交通监管体系尚未完全建立

绿色发展推进机制不健全。服务碳达峰碳中和工作的部门协同联动能力还不高，交通运输领域碳减排和碳达峰路径、重大政策与关键技术研究有待深化，碳积分、合同能源管理、碳排放核查等市场机制在行业的应用有待探索。绿色交通评估和监管水平有待加强。绿色交通统计体系还不完善，既有监测能力还未得到高效统筹利用，在线监测系统及大数据技术等覆盖程度有待拓宽，评估考核方案及管理制度亟待完善。

第三节　交通绿色发展的国内外经验

在科学技术、物质文明高速发展的现代社会，建设什么样的交通系统，营造怎样的生存环境，直接关系到能否实现人类的可持续发展。如何营造既高效便捷、充满活力，又安全健康、生态环境良好的城市？如何实现绿色交通系统的发展目标？这是城市交通领域长期面对、迫切需要回答和解决的问题。世界上诸多城市的不断探索和实践，为我们提供了交通绿色发展的宝贵经验。

一、以公共交通为导向拓展城市空间

城市交通需求特性主要取决于土地使用形态、城市功能的空间布局、土地开发强度和生活模式规律，其中土地使用模式决定了城市居民的出行距离特性、交通需求的空间分布特性和交通方式选择特性，这些特性决定了居民的交通方式选择、城市交通效率和城市居民的幸福指数，同时影响土地集约化利用程度、能源消耗与废气排放以及城市的竞争力[5]。

当前，我国许多城市都在探索和推广 TOD 模式，成都、深圳、杭州、贵阳、北京、天津、重庆等城市是其中的代表。成都基于 TOD 理念，对整个城市的发展模式进行了优化调整，系统开展了轨道交通站点的 TOD 设计。深圳经过轨道交通三期的探索，形成了"轨道+物业"的综合开发模式。杭州采用 TOD 模式对郊区新城开发格局进行整体优化，形成了

"TOD+科创+生态文明"的郊区新城开发模式。贵阳提出了"45678"TOD发展战略方案（4个目标、5方面机遇与挑战、6项任务、7类实施建议、8条战略策略），旨在立足于高起点开展TOD模式应用。天津在制订TOD发展规划的基础上，积极推动基于TOD理念的轨道站点规划设计方案，支持产业结构转型升级和城市人居环境改善。重庆开展的TOD模式应用以沙坪坝综合交通枢纽TOD项目为代表，集中体现了我国城市建设领域TOD模式的成功经验。

二、推进职住均衡，调整交通需求

20世纪60年代以来，由于巴黎中心城区社会基础配套设施完备，大量人口向中心区聚集，城市建设集中在巴黎周边地区展开，但由于未进行先导规划，巴黎的城市扩展显得无序且力不从心，造成交通严重拥堵。为解决这一问题，巴黎统筹规划大力推进职住均衡，提出将新城作为平衡巴黎中心区人口和就业的主要方式，从源头上调整交通需求。

巴黎新城集中在巴黎周边40~50千米范围内，在新城建设中尤其注意就业岗位的提供，避免"卧城"的出现。在巴黎105千米^{2}范围内，79%的出行距离在3千米范围内，92%的出行距离在5千米范围内。

三、加强交通基础设施建设，实施交通需求管理

（一）伦敦公交优先战略

为实现公交优先，伦敦市对小汽车行驶的时间、路段、速

度进行严格的限制,并在地铁车站、铁路车站和巴士总站的周边设置足够的停车位,为泊车换乘公交(Park and Ride)的出行提供方便,并减少路边停车现象。同时,伦敦制定了形式丰富的汽车减排政策,对排放较高的车辆和驶入市中心的车辆都要收费。住宅区的道路布局被重新设计,通过采用单行道系统和护柱、障碍物和花箱减少交通流量,也就是创建"低交通流量社区"(Low-traffic Neighborhoods,LTNs)。此外,伦敦还推出了吸引更多人骑行和使用公共交通的计划。

(二)卢布尔雅那"无车出行"

"2016欧洲绿色之都"被授予斯洛文尼亚首都卢布尔雅那,主要原因之一是其对交通的成功整治。10年前,该市原本拥堵不堪的中心区域目前基本实现了无车出行,在这个欧洲面积最大的无车区中,只允许行人、自行车和低排放巴士通行。如果要驾车去市中心,必须把车停在无车区外的地下停车场。该城还设立了一个"停车—骑车"系统(park-and-ride system)供换乘者换车,停车费用则包括一张往返市中心的巴士票。

四、把公共空间和道路资源还给绿色交通

(一)纽约时代广场改造

为解决时代广场和海诺德广场长期面临的公共空间规划不均衡、人行设施不足、十字路口过多等交通问题,2009年2月,纽约市交通局提出"中城绿灯计划",关闭第七大道和百

老汇相交处、42 街至 47 街附近的街区，作为交通整改项目试行增加步行空间。这项试点项目于同年 2 月 27 日正式宣布，5 月 24 日实施，8 月底结束，试点期间只保留第七大道的车行道，将百老汇大街的车行道改为步行广场，用于店铺外摆或公共活动。

2010 年 1 月，由市交通局发布的评价报告显示：在为期 3 个月的试行中，时代广场的交通事故减少了 63%，因步行道拥挤而被迫在车行道上行走的行人数量下降了 80%，在广场上停留活动的人数增加了 84%。基于社会层面的大量正面评价，由于收效良好，该试点项目持续了一年后，纽约市长宣布将"中城绿灯计划"确定为永久计划，时代广场中增加的临时步行空间建成为永久性步行广场。市交通部门通过重新整合机动车交通（包括信号灯时间的调整、部分街段的分时段限行和创造人车混合区），改造交通岛增加 50% 的步行空间，改变道路铺装、添设临时座椅和自行车专用道等方式，将时代广场转变为慢行交通更友好的公共空间，将时代广场全部回归给行人。

（二）北京河道复兴带动城市更新

亮马河位于北京朝阳区中部，长约 10 千米。作为朝阳区运河文化的重要组成部分，亮马河源出东北护城河，穿越使馆区、朝阳公园等，汇入坝河。20 世纪 80 年代前，亮马河未有治理记载，进入 21 世纪，污水直排现象屡见不鲜，岸上空间分割管理，上空电线杂乱，两岸企业背对河道经营，市民常绕行河道。

2019 年 4 月，北京启动亮马河四环以上段景观廊道建设工程（图7.8），西起香河园路，经三里屯、左家庄、麦子店街道及朝阳公园，终点至东四环北路。该工程建设面积 0.81 千米^2，其中水面面积 0.17 千米^2，绿化面积 0.64 千米^2。该工程拆除河道保护范围内停车位 1583 个、

图7.8　亮马河景观廊道

各类违章建筑 1.39 万米^2；增加城市水面旅游休闲新资源和高品质城市公共新空间；补齐城市慢行系统。23 个小区被公园连通，居民可"推窗见绿、推门见景、沿河有荫"。河畔因地制宜开辟符合不同人群需求的空间，包括餐厅、咖啡馆、市民会客厅以及各种健身设施。亮马河两岸沿线原本破碎、不成系统的公共空间被重新整合，形成一条拥有特色多元的滨水慢行系统、丰富多样的驳岸形式以及完备的公共服务设施的风景廊，成为北京市民触手可及的门前"绿水青山"。

五、重视以人为本的自行车和步行交通

（一）丹麦自行车超级高速公路网络

自行车超级高速公路是丹麦在自行车基础设施方面的一项创新，通过建造宽阔、笔直、平整的自行车道，将大都市各地区连接在一起，以方便长距离自行车通勤。丹麦高速自行车道

宽度大于 3 米，限速 30 千米/时，部分路段可达 35 千米/时，设有速度监测与提示装置，目标群体为通勤距离在 5～15 千米的通勤者。

丹麦建设自行车高速路的初衷是鼓励居民使用自行车出行。丹麦原本 5 千米以下的出行中有 60% 的人使用自行车，超过 5 千米只有 20% 的人使用自行车，为吸引中长距离出行者使用自行车，丹麦提出修建自行车高速公路的计划。丹麦自行车超级高速公路网络涵盖 28 条路线，总长 467 千米。目前已建成 206 千米，累计投入丹麦克朗约 4 亿。2022 年，丹麦对建成的前 10 条自行车超级公路的评估表明，自行车交通量长期增长了 59%，每年的二氧化碳排放量减少约 1500 吨。

（二）成都超级"绿环"

成都环城生态公园生态修复综合项目是目前成都市区在建最大的以景观牵头的综合生态修复项目，全环 500 千米绿道，133 千米^2 生态用地，4 级配套服务体系，20 千米^2 多样水体，100 千米^2 生态农业景观区。这样的美丽宜居生活场景，既是成都环城生态公园的目标定位，也是人民城市的理想生活期盼。

环城生态公园内已贯通 492 千米锦城绿道，桂溪生态公园（图 7.9）、江家艺苑、青龙湖公园等 12 个特色园已对外开放。并且现已贯通一级绿道 112 千米、二级绿道 150 千米以及若干三级游览步道；已建成 350 余处文商旅体设施；2021 年周末人流量达到 24 万人次/日，工作日达到 9 万人次/日。

图 7.9　成都桂溪生态公园

（三）重庆渝中半岛"山城第三步道"项目

步行曾是重庆市区居民的主要出行方式之一。位于渝中半岛核心区域的"山城第三步道"，经过修复后，如今已成为著名景点。这条全长 3.9 千米的步道上下高差近 80 米，连接着不同的街道，涵盖公园、医院、学校、居民区、农贸市场、历史遗迹、地铁站等，其规划理念是通过步道实现不同地铁系统的贯通。

（四）济宁凸显城市特色的绿道系统

近年来，济宁坚持"慢行优先"的发展理念，凸显城市特色，在城市发展目标的指引下，以"东文西武、南水北佛、中古运河"的市域文化格局为基础,遵循"亲水入绿、串旅彰文"总体选线策略,提出"一环、四带、六片区"的都市区绿道网体系,同时,提炼出每个区域的主题。按资源特征不同,可将济宁绿道划分为 5 种类型:滨水型、文化型、都市型、乡野型及山地型。济宁以 7 条绿道主线为核心、若干绿道支线为补充,构建都市区绿道网二级体系,绿道总长度约 1127 千米。

六、中国港口的"绿色之旅"

以干散货码头为突破口,率先发力。我国绿色港口在发展之初,将发力点选在以煤炭、矿石为主的干散货码头。干散货码头因物料性质、装卸方式、运输方式等原因,容易给港口的空气、水环境等带来污染,成为绿色港口建设的众矢之的。秦皇岛港自 2001 年开始建设含煤中水利用工程,开启当时世界最大煤炭输出港的绿色港口之路。通过节水、降尘等系统工程,到 2007 年秦皇岛港各项污染物排放量呈现整体下降的良性循环。进入"十二五"期,以上海、深圳盐田、大连为代表的集装箱港口,通过"油改电"、海铁联运、固废回收等多种方式改造已有设施,加入绿色港口建设中,并将"绿色"理念融入新建设的码头中。"十三五"以来,绿色港口建设以点扩面,从单功能的码头向大型港区拓展,获评星级绿色港口的越来越多,其中黄骅港、青岛港均获得了五星绿色港口的顶级评价。

从"节流"转向"节流与开源并重"。我国绿色港口发展之初,以节能减排为主要方式,采用原有的生产用能方式和设

第七章 绿色交通

备,通过优化运营组织,实现能源消耗和污染物排放"节流"的目的。这种方式具有投入小、见效快的特点,对早期的绿色港口发展做出了较大贡献。但随着绿色港口建设深入开展,单独实施"节流"的成效越来越弱,转换用能方式、改造生产设备等"开源"措施应运而生。港口用能从"油改电"到光伏、风能等绿电使用;运输方式从单纯公路运输到水水中转、水铁联运、封闭管廊运输等多种方式;污染物从以防为主到高效生态利用,努力打造"无废港口"。深圳盐田港(图7.10)2012—2022年在吞吐量大幅增长的同时,平均碳排放量却在稳步下降,主要得益于"节流与开源并重"的绿色港口发展

图 7.10 深圳盐田港

措施。通过岸基船舶供电、龙门吊"油改电"、使用新型节能发光二极管（LED）灯具、应用液化天然气（LNG）拖车等，4年内3度获得"全球最佳绿色集装箱码头"大奖。

第四节　绿色交通的工作重点

大力发展绿色交通产业功在当代、利在千秋，既为加强生态环保工作、畅通绿色出行"添力"，又为激发城市空间活力、推动经济社会发展"提速"。坚持尊重自然、顺应自然、保护自然，把资源能源节约和生态环境保护摆在交通行业发展更加突出的位置，是建设交通强国、推动交通运输高质量发展的新要求。我国进入加快建设交通强国、推动交通运输高质量发展的新阶段，必须采取更加强有力的措施，大幅提升交通运输绿色发展水平，不断降低二氧化碳排放强度、削减主要污染物排放总量，加快形成绿色低碳运输方式。

一、优化运输结构

目前我国交通运输结构过分倚重公路运输，特别是在货运领域，低碳环保运输方式（水路、铁路）比重较低，与类似条件的发达国家相比差距较大。我国交通运输领域结构性减排优势尚未发挥，优化运输结构是提升交通运输整体运行效率、节约资源能源、降低排放最有效的手段，也是从根本上解决交通运输生态环境问题、推动行业绿色发展的关键所在。

二、创新运输组织

我国交通运输行业,特别是公路运输,存在运输组织模式较为粗放、信息化程度不高的问题。多式联运、甩挂运输等先进运输组织模式占比较低,物流信息交流不畅通,造成运输效率不高、空驶率高、能耗排放大等情况。解决这一问题,应从推广高效运输组织方式、提高物流信息化水平、发展高效城市配送模式方面着力,鼓励大力发展多式联运、江海直达、滚装运输、甩挂运输、驼背运输等先进运输组织模式,鼓励"互联网+高效物流"等业态创新,深入推进道路货运无车承运人试点,并引导企业发展统一配送、集中配送、共同配送等集约化组织模式。

公铁联运构建绿色交通运输体系新模式

集装箱公铁联运是公铁联运的主要实现形式,是以铁路承担干线运输、公路承担两端短驳运输,货物全程以标准化集装箱为载运单元,更换运输方式过程不发生对货物本身操作,充分发挥铁路和公路整体优势和组合效率的一种先进运输组织方式,可以大幅提高综合运输效率、降低社会物流成本、减少能耗和排放。

以京广通道雄安至广州段为例,从时效性、经济性来看,公铁联运全过程费用要比公路直达运输费用低118.5%。生态价值方面,在集装箱利用率为70%和50%情况下,公铁联运与公路运输相比,每年能耗可降低约5008万吨标准煤和3827万吨标准煤,碳排放可减少约12.16万吨和9.3万吨,节能减排效果明显。

交通强国

我国集装箱公铁联运自 2015 年进入快速发展期，由 2015 年的 535 万标箱增长到 2021 年的 2639 万标箱，年均增长达 30% 以上。集装箱公铁联运已成为构建绿色低碳运输方式的重要支撑。

三、鼓励绿色出行

强化公民环境意识，倡导简约适度、绿色低碳的生活方式。积极鼓励公众使用绿色出行方式，加强城市慢行系统建设，全面推进"公交都市"建设，扩大公共交通覆盖面，启动全国绿色交通宣教行动，深入宣传贯彻相关理念、目标和任务，让绿色出行成为风尚。

四、集约利用交通运输资源

集约利用通道岸线资源、提高交通基础设施用地效率、促进资源综合循环利用、推广应用节能环保先进技术，比如，推

进交通通道资源、岸线及航道资源、土地资源集约利用，推进钢结构桥梁建设、建筑材料和水资源等循环利用，加快机械装备"油改电、油改气"、隧道桥梁节能、铁路机车和飞机节能等先进技术推广应用。

常泰长江大桥——世界最大跨度的公铁两用钢桁拱桥

常泰长江大桥是长江经济带综合立体交通走廊的重要项目，跨江连接常州与泰州两市，全长 10.03 千米，公铁合建段长 5.3 千米。常泰长江大桥上层设置六车道高速公路，下层设置双线铁路以及四车道普通公路，是长江上首座"三位一体"跨江大桥，也是世界首座集高速公路、城际铁路和普通公路为一体的过江通道，实现了土地和桥位资源的集约利用。常泰长江大桥于 2019 年 10 月全面开工建设，计划 2025 年上半年建成。

该项目以"工业化设计、自动化建造、循环式生产模式、智能化装备、信息化管理"为总体思路，在国内外率先探索并实现了节段梁自动化流水线预制，单榀梁预制效率至少提升 2 倍，相同产能下，土地占用面积仅为传统方式的 30%，作业人员减少 40%。

五、升级运输装备

车辆和船舶等运输装备升级是促进节能减排、优化能源结构、提升清洁化水平的重要举措。交通工具的绿色化包括推进船型标准化、淘汰老旧船舶、鼓励新能源车辆应用、完善公路网充电设施和内河高等级航道加气设施等。

六、防治交通运输污染

总体来看，我国船舶排放控制区实施、船舶污染物接收处置等工作仍面临较大压力。针对行业环境污染排放问题，尤其是港口、船舶、营运货车等重点对象，还要进一步从源头控制船舶和港口污染防治以及营运货车污染排放。

七、保护交通基础设施生态

现阶段交通基础设施生态环保工作目标以满足环评和环保验收等为重点，部分地区历史遗留生态环保问题也较为突出，交通基础设施建设和运营的生态友好程度还有待提高。

八、深化国际交流与合作

应深度参与交通运输全球环境治理，主动提出中国方案，推动形成公正、合理的国际制度安排。同时，还要加强绿色交通国际交流与合作，发挥好中美、中德、中日韩等双边、区域合作机制作用，引导相关国家积极参与绿色交通发展合作议题，宣传中国绿色交通发展理念，推动全球生态环境治理体系建设，推动中国绿色交通标准国际化等。

第五节 我国交通绿色化的政策保障

交通运输与人们的生产生活息息相关，它把社会生产、分配、交换、消费等各大环节有机联系起来，只有推动绿色交通

产业发展，才能更好地服务绿色出行、提速物流运转、实现资源价值最大化。

一、完善绿色交通政策法规

建设绿色交通必须在制定交通运输法律法规时突出绿色理念，已出台的交通运输法律法规在修订过程中增加绿色交通举措，并结合行业发展实际研究制定专门的绿色交通法规；加快完善重点区域政策，如在生态制约问题突出的三江源地区，应尽快结合地方生态环境特点和发展实际需求，制定有针对性的绿色交通发展政策。

二、推动绿色标准制定修订

我国应尽快出台交通运输绿色发展评价标准，对各地交通运输绿色发展状况进行评价；制定绿色交通技术装备推广目录，建立绿色技术遴选机制；尽快完善绿色港口建设重点领域相关标准体系，如船舶污染物接收设施、岸电设施建设等。长三角和京津冀等发达地区应根据绿色交通试点项目经验，率先制定地方性新标准。

三、完善绿色交通规划体系

我国应推动建立绿色交通"综合性规划＋专项实施方案"相结合的规划体系，省级交通主管部门应编制绿色交通五年规划，鼓励地市级交通主管部门主动编制绿色交通规划；推动铁路、公路、水路、航空、邮政各行业，以及绿色公路、绿色港口、绿色航道、柴油货车污染治理、新能源车船推广应用、船舶及港口污染防治、运输结构调整、绿色出行等重点领域，编制专项实施方案。

四、健全绿色交通工作机制

绿色交通建设应加强与生态环境、自然资源、发展改革等部门衔接协调，统筹做好交通基础设施国土空间控制规划与"三线一单"（生态保护红线、资源利用上线、环境质量底线、环境准入清单）以及城镇开发边界、永久基本农田的衔接协调。

五、强化财政投入机制

绿色交通建设应建立以国家和地方政府资金为引导、企业资金为主体的绿色交通发展建设投入机制；统筹利用中央现有财政资金渠道，引导绿色交通发展，加大地方各级财政资金支持力度；积极争取国家绿色发展基金、国家低碳转型基金等资金支持，推动研究绿色金融支持交通运输绿色发展相关政策。

六、加强宣传引导与人才培养

我国应持续开展绿色交通宣传教育，引导全行业提升生态文明理念，形成全社会共同关心、支持和参与交通运输绿色发展的合力。应结合世界环境日、节能宣传周、科技活动周、绿色出行宣传月和公交出行宣传周等开展绿色交通宣传。应针对各级交通运输主管部门和从业人员，组织开展绿色交通相关培训，提高绿色交通工作能力和水平。

参考文献

［1］陆化普．绿色交通：我国城市交通可持续发展的方向［J］．综合运输，2011（2）：6．

［2］交通运输部科学研究院．2022年中国可持续交通发展报告［M］．北京：人民交通出版社，2023．

［3］交通运输部．2023年交通运输部7月例行新闻发布会［EB/OL］．（2023-07-31）［2024-05-20］．https://www.mot.gov.cn/2023wangshangzhibo/2023seventh/．

［4］交通运输部．2022年交通运输行业发展统计公报［EB/OL］．（2023-06-21）［2024-05-20］．https://xxgk.mot.gov.cn/2020/jigou/zhghs/202306/t20230615_3847023.html．

［5］陆化普．公共交通导向的发展模式：现状与趋势［J］．科技导报，2023，41（24）：7-13．

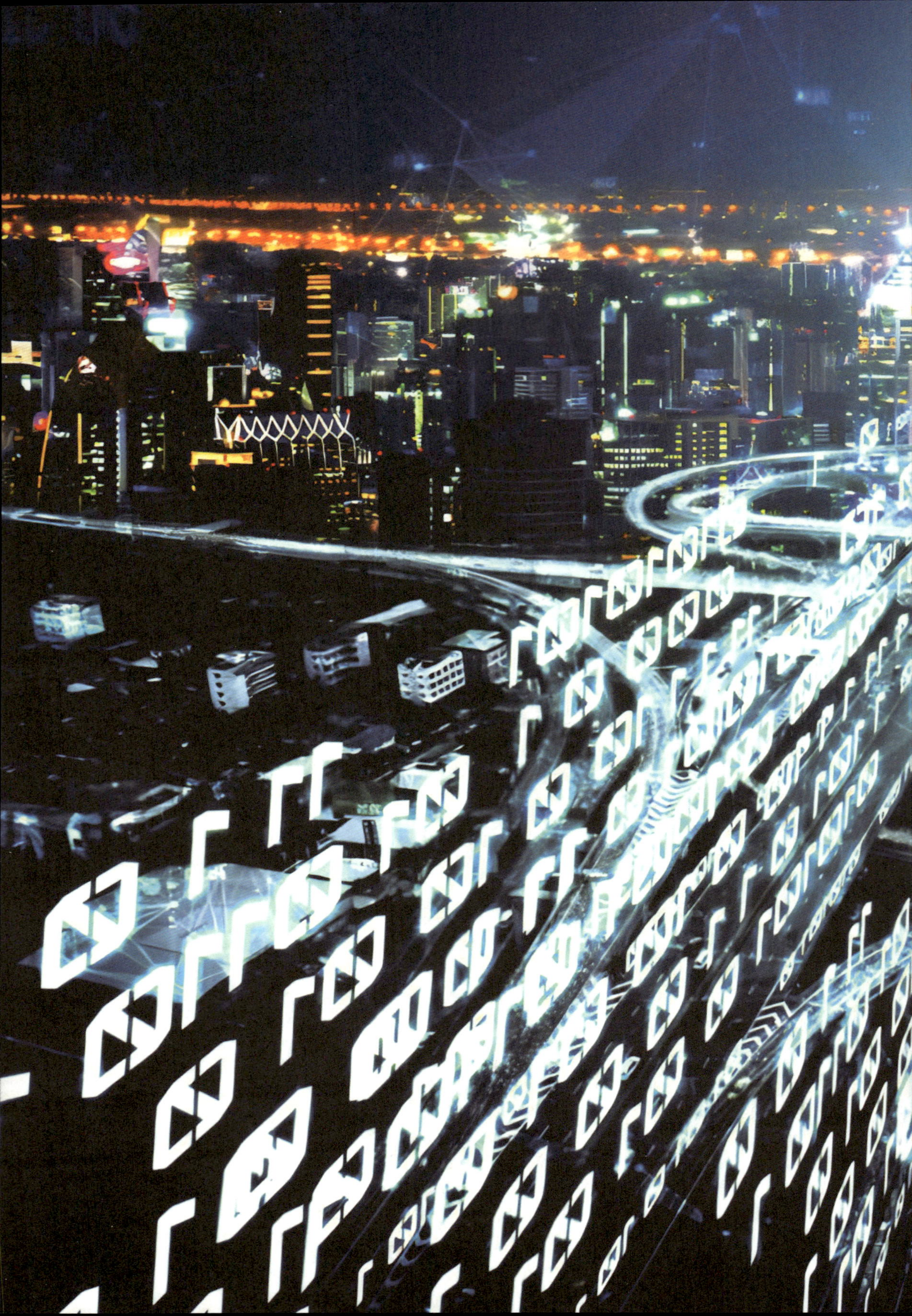

第八章 智能交通

智能交通，古往今来一直是中国人的憧憬和期待。嫦娥奔月、哪吒脚踏风火轮、千里眼顺风耳、孙悟空一个筋斗云飞十万八千里、土行孙的地行术，这些大家耳熟能详的情节，充分显示了我国先民对克服时空阻隔、实现遨游太空的丰富想象和美好期望。随着互联网、人工智能、移动通信技术和北斗技术等的迅速发展，现代智能交通系统正在从理想走向现实。智能交通在帮助人们超高速移动的同时，也为人们提供全方位、全时段的贴心服务，使人和

货物畅通无阻地到达世界上的任何角落。

提高交通智能化水平，是提高交通运输系统效率、安全性和服务水平的关键。充分应用交通大数据、移动互联、云计算、人工智能等信息技术，实现这些技术的深度应用和跨界融合，是交通强国建设的关键突破点和抓手之一，将为交通当好中国式现代化的开路先锋持续注入新动能，为我国搭起迈向世界交通强国的坚实阶梯。

> 交通强国

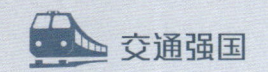

第一节　智能交通的意义和内涵

什么是智能交通？交通的智能与其他领域的智能有什么不同？建设智能交通系统的目标是什么？这些是我们必须首先回答的问题。透彻理解智能交通的本质、深刻理解交通系统的机理和规律、明确智能交通的发展目标及其与数字化、信息化、智能化的关系，是保证智能交通健康发展、以较小的投入产生较大社会效益和经济效益的基本前提。

一、智能的含义

智能交通系统与传统交通运输系统最大的不同，就在于它具备了"智能"。智能不仅仅是人类的特质，还可以应用于机器和其他非生物系统。在我们人类个体中，智能通常包含了各种智慧、认知能力和解决问题的能力，涵盖了感知、记忆和适应环境的能力以及逻辑思维、学习能力、分析能力和创造力等[1]。而对于机器和非生物系统而言，"智能"只能是由人类所创造的"人工智能"。

《辞海》中对于"人工智能"一词做出了这样的解释：以计算机科学为基础，综合生理学、心理学、语言学、数学等知识，研究用机器（主要指计算机）模拟类似于人类的某些智能活动和功能的学科[2]。其中，"人工"即由人设计，为人创造、制造，"智能"包含通过计算机系统应用机器学习、深度学习、自然语言处理等技术，来模拟和执行通常需要人类智力的任务，使计算机能够自主地处理信息、做出决策和解决问题。

智能交通中"智能"的概念就由此演化而来。它是将信息技术、通信技术、传感技术、控制技术以及各学科的基础科学和交通工程科学相结合，来提高交通系统的感知能力、分析判断能力、方案生成能力和优化实施能力等的新型交通系统。借助这些技术，系统可以进入自我进化的境界，从而全方位提高交通效率和可持续性，优化交通流动，减少交通拥堵，提高交通安全性和交通服务水平，实现交通运输节能减排。

二、数字化、信息化和智能化

尽管智能交通在不断发展和演进，但目前还没有一个统一的定义。美国交通部将智能交通系统（Intelligent Transportation Systems，ITS）定义为"应用信息、数据处理和通信技术以提高交通管理和运输系统效率、安全性和可持续性的集成应用"[3]。欧洲智能交通系统协会（ERTICO）将智能交通系统定义为"综合利用信息和通信技术的交通管理和交通运输系统，以提高交通效率、安全性、可持续性和舒适性"[4]。美国智能交通学会（ITS America）将智能交通系统定义为"应用先进技术，如通信、信息处理、传感器和控制，以改善交通系统的性能"[5]。

这些定义均体现了智能交通系统的数字化、信息化和智能化三大特征，它们构成了智能交通系统的基础。

交通强国

（一）数字化

数字化是智能交通的基础，就像建造房子需要一块平整坚实的地基一样，智能交通的数字底座必须坚实可靠。数字化包含数据的采集和质量控制、数据的融合和分析。数字化的关键在于数据采集，应用传感器、监控摄像头和其他技术，可以实时地收集大量的交通相关数据。数字化的信息可以被用于生成交通统计、分析交通状况，以及作为信息的基础，为智能交通系统的深度使用提供支撑。数字化技术允许交通系统实时收集、存储和处理大量的交通数据，包括交通流量、车辆位置、道路条件等。这些数据提供了关于交通状况的准确和详细信息，有助于交通管理者更好地了解和监控道路状况，帮助交通管理者预测交通拥堵、优化信号控制、改进路线规划等。

（二）信息化

原生态数字还不能说是信息，数字经过去伪存真、现象研究、机理分析和规律发现才能成为信息，或称为有用的信息或科学信息。信息化建立在数字化的基础上，它涉及将数字数据转化为有用的信息，以支持决策制定和交通组织与管理。信息化提供了实时数据和可视化工具，使决策在更大限度上基于事实和规律，信息化系统支持交通数据的传递和共享，使不同部门和机构能够协同工作，更好地组织和管理交通，这有助于实现跨部门和跨地区的协调。信息化技术能够向驾驶员和乘客提供实时信息，如交通状况、导航建议、停车信息等，便于出行者决策，提高了出行的便捷性和效率。

（三）智能化

智能化是智能交通系统的灵魂所在，是智能交通系统的本质属性。它支撑提高效率、保证安全和提供高质量的交通服务等目标的实现，使系统不断走向更完美的境界。首先，智能交通系统的一个关键目标是优化交通流动，减少交通拥堵和延误。这可以通过智能信号控制、动态路线规划、提供信息服务和智能停车系统等手段实现。其次，智能交通系统可以提高交通安全水平，通过监测交通违规、事故检测和紧急预报预警以及智能应急救援系统来减少交通事故及其死亡人数。最后，智能交通还有助于降低交通对环境的不利影响，通过减少交通拥堵和车辆排放，从而改善城市空气质量。

2020年，国家标准化管理委员会等五部门印发《国家新一代人工智能标准体系建设指南》，提出到2023年，初步建立人工智能标准体系，重点研制数据、算法、系统、服务等重点急需标准，并率先在制造、交通、金融、安防、家居、养老、环保、教育、医疗健康、司法等重点行业和领域进行推进，突出了智能交通的重要地位。同时，规范了其行业应用标准，即在智能交通领域，规范交通信息数据平台及综合管理系统，从而可以智能地处理行人、车辆和路况等动态复杂信息，引领智能信号灯等技术的推广。

总之，智能交通就是借助各类先进技术，建设一系列基础软硬件平台，提供各类全新技术和产品，使其具备"资源共享""系统整合""业务联动"和"自我进化"能力，根据输入数据进行学习和训练，实现分析、判断、决策、优化等功能，以执行各种任务、实现优化目标。

三、智能交通的定义

智能交通系统指依托现代通信技术、互联网、大数据和云计算等新一代信息和智能技术，全面感知交通运输体系中的各种要素（包括人、车、路、环境），深度掌握交通运输系统需求特性和规律，在此基础上依据系统工程和交通规划原理与交通工程理论方法，采用数学建模和人工智能等先进分析研判技术和类脑分析技术等手段，实现系统协同运行、高效服务和可持续发展的新一代交通运输系统[6]。

新一代智能交通系统具有以下主要特征[6]。

（一）全面实时感知

智能交通全面实时感知包含两个主要特征：交通基础设施和运输装备具有高水平的感知能力，不仅能即时收集自身特征或运行状态数据，也能通过感知周围事物的状态来获取其他数据；能够通过通信手段实时获得交通流相关信息，并能够与所有交通参与者分享，即交通基础设施、运输装备和旅客、货物之间实现实时有效的通信与信息交互。

（二）充分利用新技术

大数据、云计算、物联网、移动互联、人工智能等新技术、新方法的应用使智能交通的发展进入了新的发展阶段。目前，车联网、导航服务、智能分析研判、智能决策控制等智能交通技术广泛应用于交通运输系统的各个方面。新一代信息技术为智能交通的发展提供了新的动力和技术途径，为实现高质量的交通服务、破解交通拥堵难题、提高交通安全水平、满足人民日益增长的美好生活需求提供了条件和可能。

（三）协同运行

车联网与智能网联并行推进，协同发展。依托车联网，基于无线通信、传感探测等技术，实现车车和车路之间多种方式的信息交互与共享，在全时空动态交通信息采集与融合的基础上，实现车辆主动安全和交通协同管理，提高交通安全水平和通行效率。

（四）高度智能化

新一代的智能交通应具备高度的自学习、自判断、自组织和自决策能力，该系统通过对海量交通信息的挖掘、融合、分析和表达，自主应对一般性和常发性的交通问题，通过自我调节解决交通问题，实现交通管理系统的实时闭环控制。在此基础上，实现系统优化和系统的智能进化，并能为政府职能部门、交通监管部门及其他相关部门提供更科学、高效和及时的决策支持。

（五）跨界融合

随着新技术的发展及应用，新一代智能交通系统将实现交通与其他行业的跨界深度融合：智能交通与环境分析融合，大幅度提高交通安全水平；智能交通与新能源融合，建设智能光伏道路，提高运行效率，减少能源消耗；智能交通与交通关联行业融合，实现物流行业"门到门"服务等。

交通强国

第二节　智能交通发展现状与挑战

智能交通是一个庞大领域，既涉及城市交通，也涉及综合运输。总体上，我国智能交通领域在 20 世纪末起步，初期起步晚、中期进展快，当前已经在个别局部领先，取得了明显进展，但总体上发展水平还不高、系统效率和质量还有很大优化空间，与高质量发展、实现交通强国的宏伟蓝图的要求相比还有非常大的差距。建设交通强国，智能交通的使命是着重问题导向、注重务实创新，以智能化的手段实现破解交通拥堵、提高安全水平、提供一流服务、分析研判智能化水平世界领先的目标。

一、智能交通发展总体现状

（一）综合运输的智能化

综合运输的智能化发展重点体现在各运输方式智能化与跨运输方式的智能服务、管理与决策支撑体系建设。

我国公路智能化建设以高速公路为引领，体现在设施智能化、服务智能化、决策智能化、管控智能化，带动整体公路的智能化发展。目前公路交通运输行业基础数据库基本建成，重要交通基础设施、重点桥梁隧道、重点运载装备运行状态数据采集率稳步上升；国省干线公路网超过 40% 的重点路段以及特大桥梁、隧道基本实现了运行状况的动态监测和实时分析；基础设施运行管理信息化系统基本建成，基础信息资源逐步完善，信息共享全面推进，公共信息服务全面启动，信息化发展条件明显改善。截至 2021 年，全国 ETC 用户约 2.57 亿，我国建成了全球最大的 ETC 运营网络[6]。图 8.1 为交通运输部公布的七大建设行动，以鼓励综合运输智慧化发展。

| 智慧公路建设 | 智慧航道建设 | 智慧港口建设 |
| 智慧枢纽建设 | 交通信息基础设施 |
| 交通创新基础设施建设及标准规范完善行动 |

图 8.1　交通运输部公布七大建设行动鼓励综合运输智慧化发展[7]

随着高速铁路的快速发展和铁路信息化建设的深入推进，我国按照换乘高效、智慧便捷、立体开发、站城融合的理念要求，推进以铁路客站为中心，与其他交通方式有机衔接、融合发展的现代化综合客运枢纽建设，实现出行换乘便捷化和运输服务一体化，"一站式"服务水平显著提升，建成了中国铁路客户服务中心网站和中国铁路 12306 互联网售票系统，互联网售票比例超过 80%，构建了互联网/手机、电话、车站及代售点窗口、自动售票机等多种售票渠道，在北京南站、济南西站、南京南站试点推进大站智能导航服务。货运方面，中国铁路 95306 网站上线运行，货运电子商务系统建设加快推进，网上办理货运业务比例超过 70%。建成铁路电子支付平台，实现了铁路售票业务、货运业务网上支付；建立了铁路总公司和铁路局两级运输信息集成平台，实现了铁路总公司、铁路局、站段不同信息系统之间的资源共享。北京等城市的地铁实现了无人驾驶。

交通强国

在水运方面,我国重点推进了电子口岸建设、港口集装箱多式联运信息服务系统,推广了船联网技术应用,船舶交通管理、港口电子数据交换等领域与世界接轨。主要大型港口企业基本建成智能化生产调度指挥系统(图8.2),沿海大型集装箱港口信息化已经达到世界先进水平。我国大力推广数字航道、内河船舶智能过闸系统(水上ETC)、"感知航道"、重点船舶电子监管等新型信息技术。长江干线数字航道已面向社会提供公共服务。江苏根据本省船闸较多的特点,重点实施了水上ETC建设。京杭运河无锡段实施了"感知航道"建设工程,实现了对试点段航道的全天候、全区域、全过程监测。浙江发挥港口、航道、海事、船检统一管理的体制优势,着力推进重

图8.2 天津智慧港口

点船舶电子监管,并着手推动部分船舶不停航电子签证服务。重庆长江上游和武汉长江中游航运中心分别依托信息技术手段推动了航交所等水运服务新平台加快发展,有力促进了航运服务要素进一步集聚,为内河航运市场提供了更加专业、高效的货运交易、船舶交易、人才交流、运价信息等服务,航运服务能力明显加强。

我国的民航商务信息系统处于世界先进水平。无线射频识别技术、全球卫星定位技术等广泛应用于民航运输、物流配送中,低空数据链技术和地面IP网络技术、空中导航、空中防撞、机场地图和交通信息显示等先进航电技术得到重点发展。我国对跑道性能感知、跑道外来物、跑道入侵、飞行区防撞等技术尚未形成系统解决方案,缺乏智能化飞行区设施管理的综合应用和示范平台。

随着城市群的迅速发展,城市群综合交通系统成为一个处在动态变化中的庞大复杂网络,现有的研究正在由静态分析向动态辨识转化,利用实时动态分析技术,结合在线数据和智能交通环境下的态势推演系统,实现城市群综合交通运输系统运行态势的实时智能分析。

(二)城市交通的智能化

1. 城市智能交通管理系统

我国城市智能交通管理发展历史最早可以追溯到20世纪70年代北京的信号控制系统建设。在此之前,信号控制以人工为主,不但控制方案基于经验,而且需要大量的人工劳动,与国际先进水平有很大差距。随着通信技术和控制技术的研发以及产品的发展和经验的积累，城市交通信号控制领域已经具备了实现自动化、智能化的初步条件。1976年，北京市交通管理局结合世界银行项目，首次引进了英国的SCOOT（Split Cycle Offset Optimizing Technique，即绿信比、周期、相位差优化技术）系统。此后，智能交通管理领域不断发展，从信号控制优化到情指勤舆一体化警务体制的智能化、交通指挥的可视化、交管便民服务与信息诱导的便捷化，以及智能分析研判的初步发展，速度快，创新性强，已经初步形成了具有中国特点的智能化交通管理系统。

我国在城市交通多源异构数据特征分析与融合技术、分布式异构多系统集成技术、基于地理信息系统（GIS）的预案化指挥调度集成技术方面取得了重大突破，构建了以中心、平台和应用系统为核心的智能交通管理系统体系框架。这些系统高度集成了视频监控、单兵定位、122接处警、全球定位系统（GPS）警车定位、信号控制、集群通信等171个应用子系统，强化了智能交通管理的实战能力，同时建立的现代化交通指挥控制中心具有指挥调度、交通控制、综合监控、信息服务等功能群。

城市交通管理模式也随着信息化和智能化的发展，逐步从路面巡逻走向数字警务室、网上巡逻，以及在此基础上精准治理、快速实施路面管理与交通指挥的新模式。在这个新的警务体制中，交通状况的分析研判以及对策方案的自动生成已经成为核心的目标与任务。杭州于1998年就开始设置数字警务室。

在实现智能管控和可视化指挥的同时，交通管理部门以智能化为基础的便民服务全面展开。上海围绕民生诉求"补短板",在推进"车管到家"交通管理服务模式、"警医邮"服务模式、政务信息资源整合共享、建立事中事后综合监管平台、建立一站式"互联网"公共服务平台、智能化违法取证等方面取得了显著成效。

武汉于 2018 年提出"让数据多跑路,让市民少跑路"的理念,围绕大数据中心,建立了集交通信息采集、交通大数据分析利用、精准勤务管理、便民交通信息服务、交通信号控制于一体的综合智能交通管理系统。武汉以智慧交通为抓手整合了各部门交通数据资源,搭建了武汉智慧交通大数据中心,借力"互联网+",从智慧政务、智慧出行、智慧应急、智慧监管、智慧决策角度,全面铺开"智慧交管"建设,引领交通管理由传统的模式向智慧现代化模式转变,实现管理手段由人工向智慧化的转变。

如何提高分析研判的自动化和精准化、现场管理的高效化和实时化,是交通管理面临的重要课题。深圳于 2016 年开始探索,建立了最强大脑和最快双腿的全环节、智能化、高效率的警务管理新体制。他们通过数据采集统一化、数据分析实用化、信号控制仿真化、勤务管理精准化、交通服务便民化,结合城市实际打造了城市交通大脑,基于大数据的精准勤务和基于"互联网+"的信息服务(图 8.3)成效明显;创建"人脸"平台,在全国首创"刷脸"执法;不断研发应用多种新型科技手段,打造"一警多能"执法设备,拓展了冲红灯、超速等 27 类违法行为抓拍;同时警企联合驱动科技创新,建立联

> 交通强国

图8.3 深圳基于大数据的精准勤务和基于"互联网+"的信息服务

合创新、信号控制、视频分析、交通仿真等实验室，使得深圳一跃成为交通管理领域的佼佼者。

检测手段是多渠道的，哪种检测手段最好，如何针对城市的数据特点实现交通管理的智能化是非常有价值的课题。在这方面，重庆进行了很好的探索。他们以射频识别技术作为基本的信息采集手段，构建了包括交通信息采集系统、交通事件检测系统、交通违法监测记录系统、交通卡口系统、交通监控视频系统、交通信号智能控制系统、交通信息发布系统、通信网络系统在内的智能交通管理系统。在以电子车牌作为信息载体的射频识别技术应用方面走在了全国前列。

总体上看，我国的智能交通管理系统还在发展完善中，虽然在信号优化控制、可视化交通指挥、一体化分析研判、自动化便民服务等方面的探索已经起步，但是还有漫长的道路要走。

2. 城市智能公交发展

我国北京、上海等多个城市从20世纪90年代开始了智能公交系统建设方面的实践，重点针对公交车辆的定位系统及公交调度管理系统，实现营运车辆 GPS 卫星定位、智能排班发车，智能调度指挥中心可以实时监控各线路车辆的运行情况，同时电子站牌可同步显示公交车辆的到站信息。

2004—2015 年，结合公交优先发展政策，我国推动了城市智能公交的发展。国家陆续出台了公交优先发展政策，交通运输部在 2012 年启动首批 10 个城市的"城市公共交通智能化应用示范工程"，建立了技术体系，包括车厂的设备、传输的通信协议以及公交运行决策指挥应用系统等，建立了相关的标准体系，同时进行了行业标准和国家标准的转化。

到目前为止，全国许多城市的公交系统都建立了智能化调度指挥中心，实现了公交车辆的智能化调度管理和服务。北京、广州、上海等城市因地制宜建设了大运量快速公交（BRT）系统，在国家科技计划的支持下，快速公交系统成套技术装备得到规模化应用。如图 8.4 所示，武汉还出现了无人

图 8.4　武汉无人驾驶有轨公交车

驾驶的有轨公交车。绿色公交车辆、响应式公交等积极推进，基于人工智能和大数据等新技术的乘客服务和安全运行保障智能化技术得到快速发展。

2016年，基于新技术发展，智能公交开始快速发展，全国许多城市启动了智能公交综合运营平台的建设，实现了多种方式的便捷支付和统计清算、办公自动化、智能公交调度、实时信息服务、基于移动智能终端的服务和便民查询系统的应用、场站视频监控等，智能公交发展呈现出动力系统的电动化、高效化和清洁化，系统集成的智能化、网联化和协同化，用户消费需求的体验化、共享化和综合化，管理决策的定量化、精准化和科学化等趋势。

3.逐渐发展的车联网系统及自动驾驶技术

"十五"和"十一五"期间，我国研究人员在汽车辅助驾驶、车载导航设备、驾驶人状态识别、车辆运行安全状态监控预警、交通信息采集、车辆自组织网络等方面进行了大量研究，基本掌握了智能汽车共性技术、车辆运行状态辨识、高精度导航及地图匹配、高可靠度的信息采集与交互等核心技术。部分院校和研究机构围绕车路协同开展了专项技术研究，包括国家科技攻关计划专题"智能公路技术跟踪"、国家"863"计划课题"智能道路系统信息结构及环境感知与重构技术研究""基于车路协调的道路智能标识与感知技术研究"等，取得了阶段性成果。

"十二五"期间，科技部立项了"智能车路协同系统关键技术"，研究形成了我国智能车路协同系统的基础体系框架。

"十三五"期间,国家重点研发计划对车联网、车路协同、自动驾驶进行了广泛的支持,形成了丰富的研究成果,推动了车联网、车路协同系统的建设和自动驾驶技术的示范应用和产业化发展。

4. 智能交通服务新业态

随着新技术的发展,交通服务新模式和新业态不断涌现。

共享单车是区别于传统公共自行车的智能形态,具有无须充气、不怕爆胎、采用GPS定位等特点。用户不需要办卡,仅在手机里下载App,注册账号并缴纳押金后,就可搜索并扫码解锁单车,随借即走;还车时,无须寻找固定的停车桩,锁车即还。当前,通过新一代物联网、云计算和大数据技术,超过百万辆共享单车与用户手机上的App相联接,实现精准定位车辆位置、实时掌控车辆状态,对每一辆单车精细化管理。2020年中国有共享单车约2000万辆,其中共享电单车数量约为150万辆。

交通强国

近年"出行即服务"发展迅速，北京、上海等城市发布了一站式公共出行服务平台，出行用户可以通过该平台获得一站式公共出行服务。预计这些平台未来将实现：基于用户的出行需求，通过对交通大数据的分析研判和优化提升公交服务水平。用户可自由进行从任意起点到终点的个性化规划，采用不同交通出行方式的组合，最终实现体验最优、规划最优和成本最优的目标。

目前一些企业机构致力于为出行者提供出行、娱乐等一体化解决方案，包括住、行（解决方案、信息与交易）、游（门票）、娱（玩乐）、购、食一体化服务，集机票、火车票、汽车票、船票、专车、拼车、包车、租车于一身，为客户提供一站式服务。除此之外，还可以利用人脸识别大数据，和景区合作推出"刷脸"入园的闸机，实现不排队快速入园。

二、智能交通发展存在的问题和面临的挑战

虽然近些年来我国智能交通系统建设成绩斐然，但当前仍有一些关键问题有待解决，主要反映在数据共享机制、技术和管理标准、科技人才培养、创新发展能力以及国际影响力等方面。

（一）数据共享机制不完善

我国目前交通数据来源众多，数据的共享机制不完善，致使现有数据没有发挥应有的作用，严重阻碍智能化程度的进一步提升。

（二）技术和管理标准不统一

我国智能交通标准体系的建立较晚，标准制定工作滞后于行业的发展。在缺乏标准的条件下，许多地区的智能交通系统

自成体系，缺乏应有的衔接和配合，标准互不统一，而且我国地广人多、区域发展差异大，标准制定面临着巨大挑战。

（三）高精尖人才队伍匮乏

我国科技水平发展迅速，专利数大幅增加，但专利转化率还处于较低水平，说明技术创新转化能力还有所欠缺，产学研协作水平还有待提高。产生这些问题的根本原因在于缺少具有跨学科能力的领军人才和高素质的技术工人队伍。

（四）国际影响力不显著

我国智能交通领域在国际上的影响力还不够显著，产品国际市场占有率较日本等发达国家存在较大差距，举办的规模大、范围广、影响力强的世界级智能交通大会次数少；我国的科研机构和企业尚未形成具有国际影响力的生态圈和产业链，缺乏系统的超前研发布局。

在这个充满变革与创新的时代，我们必须深刻理解，应对这些挑战并不仅仅是一项任务，更是一次卓越的机遇。如何巧妙地将压力转化为推动前进的动力，将挑战转化为蕴含无限可能的机遇，将成为我国智能交通领域规划管理者和科技工作者必须共同努力攻克的关键问题。唯有通过齐心协力、不断创新，我们才能在新一轮科技革命的浪潮中引领智能交通技术的未来，为社会发展和人类福祉谱写新的篇章。

第三节　我国智能交通发展的若干关键问题

中国工程院《交通强国战略研究》提出的智能交通发展总体思路是[6,8]：紧紧围绕交通发展需求，以交通大数据综合平台为基础，以系统科学思想、交通工程原理和交通运输发展规律为指导，以破解交通拥堵、提高交通安全水平、提高交通运输效率和交通服务质量为目标，显著提高交通运输分析、决策、组织、管理、运营的智能化水平，建设信息感知共享、动态科学决策、实时精准服务、精细智能管理、高效便捷运输、主动安全防控、智能网联协同的新一代智能交通系统，分两步走实现智能交通领先世界的目标。

智能交通核心使命是破解交通发展面临的问题和挑战，支撑满足人民不断增长的美好生活需求，因此，智能交通是交通强国建设的关键切入点和主要抓手，是交通强国建设中应该率先实现世界领先的领域。智能交通的重要作用是不但能支撑破解面临的问题和挑战，还是高新产业与经济发展的新引擎，发展智能交通应抓住以下要点。

一、支撑实现深度分析研判、智能决策和精准管理

智能交通利用大数据技术对多源交通数据进行深度分析，有望实现交通运行状态的实时监控、交通问题的自动诊断、交通决策的智能化生成。利用基于大数据的分析结果，实现交通精准管理。

二、着力优化交通服务效率、质量、体验感

服务是交通运输的基本属性，交通运输服务质量直接关系到人民群众的生活品质和企业的生产效率。智能化创新发展有助于实现交通服务的现代化、精准化和便捷化，使交通基础设施发挥出最大的效能，进一步提高交通运输服务的效率和质量。智能交通有助于实现交通服务的一体化，从而实现提高交通运输服务品质、增加多样性、增强人民群众体验感的目的。

三、破解交通安全难题

利用智能交通技术，借助于智能交通设施、智能交通装备和智能交通系统，可实现主动交通安全，建立智能化的安全隐患排查治理体系，能够快速、精准发现交通安全问题，达到显著提高交通安全水平的目的。

四、精准治理交通拥堵

智能交通是提高交通设施使用效率、构建绿色交通体系的重要驱动力量。建设城市智能交通管理系统、智能公交系统、智能停车系统等先进系统，依靠智能交通解决方案和技术，可提高城市道路的使用效率、调整交通结构、促进绿色发展、建立良好的交通秩序，进而实现提高交通运输效率、缓解交通拥堵的目的。

五、支撑实现交通运输赶超世界先进水平的总体目标

交通强国的建设总目标是人民满意、保障有力、世界前列，智能交通是支撑实现这一总目标的全局性战略。智能高

铁、智能公路、智能港口、智能船舶、智慧机场以及车路协同、自动驾驶汽车、各类无人机等的全面发展，不但支撑成交通强国建设目标的实现，也将引爆新领域、新业态、新服务的创新发展。

要想实现智能交通发展的预期目标，最关键的保障是数据共享与一体化的体制机制。我们需要完善数据资源共享机制，建设交通大数据共享平台，打破信息壁垒、消除信息孤岛。此外，我们还需要推动交通大数据深度应用，以交通大数据共享平台为基础，挖掘数据潜在价值，强化大数据分析研判功能，从交通信息服务、高效货物运输、智能交通管理、交通安全提升和促进业务联动等方面深化大数据应用，实现基于大数据的精细化交通需求分析、精准化交通设施评价、实时交通态势研判、动态交通问题诊断、科学交通方案论证，以实现政府决策科学化、交通管理精准化、交通安全主动化、交通服务便捷高效。

第四节　交通智能化前景分析展望

如前所述，智能交通是提高交通效率、交通安全性和交通服务水平的关键抓手。未来，智能交通将应用各种先进技术，全面构建智能化综合交通系统，实现全息感知、信息共享、深度研判、科学决策、精细管理、精准服务、主动安全、车路协同等智能技术深度应用。沿着资源共享、系统整合、业务联动、自我进化的发展轨迹，我们的交通将不断变得更加智能化

和现代化,从而助力破解交通难题、实现更高交通效率和更便捷的交通服务。

到那时,我们可以通过声控提出出行要求,通过一键完成出行过程,无感安检、无感支付、自动服务成为常态,时空资源利用最大化,交通空间将成为最高效的工作空间、最放松的休闲空间、最理想的学习空间、能满足适当私密需求的公务和交往空间,继用于居住的第一空间、用于工作的第二空间和用于休闲的第三空间之后,成为人们能够共同享有的、具有复合功能的第四空间。

一、人享其行的未来客运系统

基于智能交通技术,我国将建立高效、便捷、一站式智能客运服务,大幅度提高客运服务水平,通过行车、停车、枢纽换乘、末端出行以及应答式定制服务等各个环节的智能化,实现"门到门"的一站式智能客运服务(图8.5)[9]。

交通强国

图 8.5 一站式智能客运服务

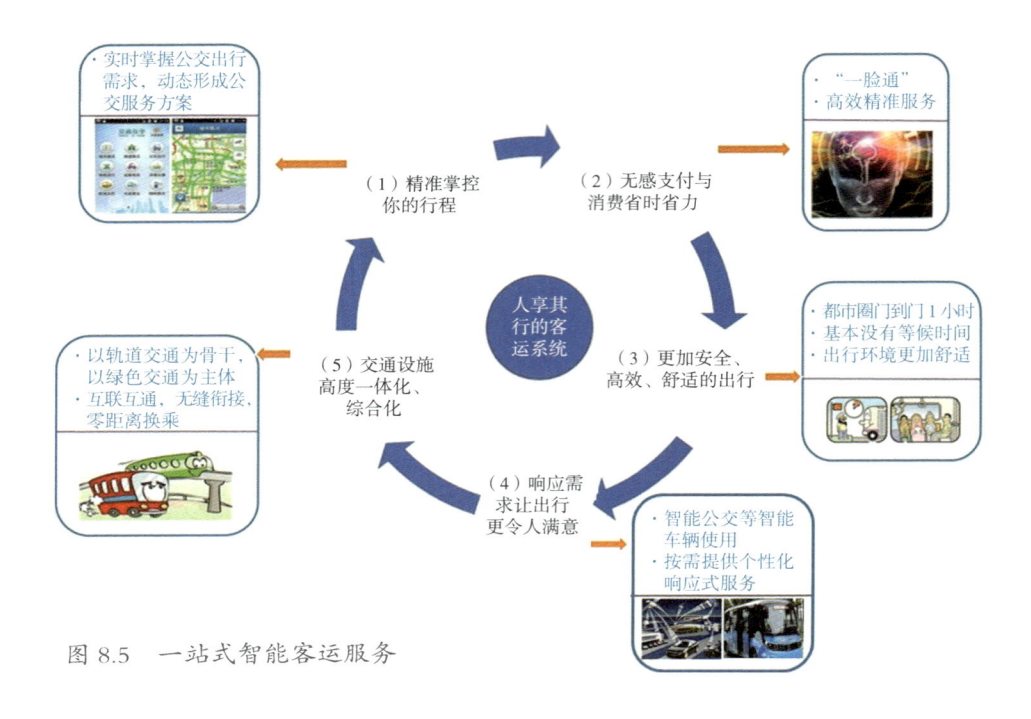

（一）一站式出行服务平台

一站式出行服务平台，具有出行路径规划、出行方式选择、出行配套服务、点对点出行服务、按需出行一站式服务等功能，实现个性化、多样化、全过程、预约式服务等多种智能服务方式。行前，服务平台为用户提供全环节、全方式的综合出行规划，提供包括酒店等出行相关信息，并完成对所有阶段的具体组织，一次付费；行中，服务平台可获得实时信息，对行程进行再安排；行后，服务平台可便捷办理报销等后续手续。

（二）智能公交系统

建设先进的智能公交管理系统。分阶段逐步完善公交运行管理、公交安全、公交信息服务、公交绩效管理、公交优先控制、智能需求应答型公交服务、多样化与个性化服务等功能。

推广多样化智能公交服务。如：上下车智能缴费，从一卡通支付、手机支付逐步过渡到无感支付；基于移动终端的车辆到达、停站时间的精准预报和车辆位置的精准预测；智能虚拟现实（VR）车载系统。

推广智能化公交设施与车辆。设置智能化交互式公交站点、VR人车互动系统。随着自动驾驶技术的发展，逐步推广专用车道的货运车辆、特定场景的公交车以自动驾驶方式运行。

（三）智能停车系统

建立智能化停车管理系统，实现停车快速、精准。

建立智能停车管理平台，实现区域范围内停车场和停车位的统一管理和共享。基于停车资源，实时发布停车位的精确位置和数量，并进行智能预测。

引进自动停车系统，提高停车效率。研究并引进新技术，最终实现自动泊车。

利用新技术建立自动化停车收费，推广无感支付、电子围栏技术，减少进出停车场的时间，从当前的人工收费迅速过渡到射频识别支付和手机支付，最终实现无感支付。

便捷的停车诱导系统。分城市级别逐步实现城市停车分级诱导、停车场入位引导。

（四）智能枢纽系统

交通枢纽是便捷高效出行的关键点，建立智能化交通枢纽，提高出行效率和服务水平。

建立完备的运行监测系统。信息的获取是所有功能与服务的基础,实现对周边环境中实时车流、人流的全范围、全天候的监测和交通需求信息获取尤其重要。实现信息的快速获取,进而对数据进行分析整合,才能做出科学智能研判。

建成智能分析决策平台。建成"枢纽大脑",实现分析决策智能化,基于需求的监测和预测,提供科学的人力、运力的供给,并且实现不同交通方式、不同线路时刻表的协同。

增加快速便捷的公众服务。为了实现高效的疏散,各个环节都必须便捷,减少瓶颈区的形成。例如:通过智能的无感安检技术的应用和普及,以及自助售票、取票、充值等服务的全覆盖,精准预测出行时间并且实时发布,把等候式的车站升级为通过式的车站。在不同交通方式之间的换乘方面,需要时刻表的协同以及枢纽内部智能引导,以便减少乘客的逗留时间。

稳定的安全防控与紧急救援系统。应用智能技术,全面形成集多种运输方式日常运行监测、重点运行指标分析、预测预警和突发事件应急处置于一体的平台,实现重大事件动态预警准确率≥99%,并且能够自动地采取减少危害的措施。

(五)智能慢行系统

基于绿色可持续发展,城市必须优先发展集约化的公共交通。在城市公共交通出行链中,出行时间是制约公共交通分担率的重要因素,其中两端的慢行交通尤其重要。建立智能便捷、连续的慢行交通迫在眉睫,重点包括:

第八章 智能交通

附近公共交通站点的智能引导。出行者骑自行车或者步行的时候，不方便停下来查看地图或者手机，在这种情况下，街边的智能引导设施或者无线的智能语音引导设备等智能化引导工具将发挥很大作用，需要进一步探索。

智能共享单车。运营公司利用大数据获取和分析技术，实现需求与供给的匹配，进而制订科学合理的调度计划；利用电子围栏、电子信用体系，解决共享单车停放和损坏的问题。图 8.6 为共享单车 App 页面。

图 8.6 共享单车 App 查询界面

二、物畅其流的未来货运系统

未来将利用互联网等先进信息技术手段，重塑企业货运业务流程，创新企业资源组织方式，促进线上线下融合发展，建立全程"一次委托"、运单"一单制"、结算"一次收取"的智能服务方式，提高仓储、运输、配送等货物运输环节运行效率及安全水平，形成"门到门"一站式智能货运服务[9]。

近距离货运，共同配送、货车专业配送与无人机物流（图 8.7）

295

交通强国

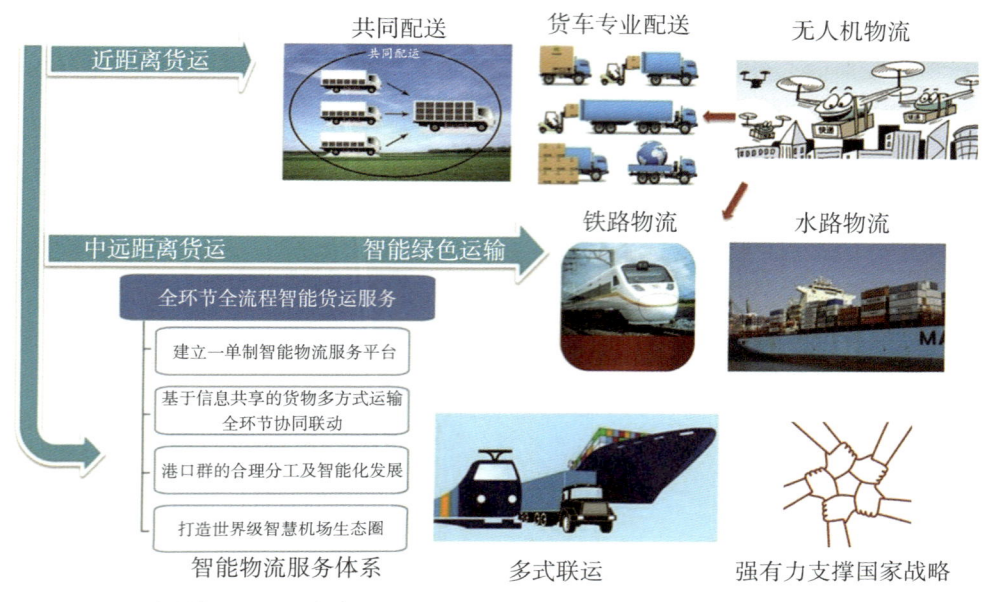

图 8.7 "一单制"物流体系建设

将会得到广泛应用。中远距离货运，利用铁路、水路等绿色运输方式的比例大幅上升。一站式、一体化的智能物流服务体系，多式联运比例将会不断增加，各种交通方式之间的衔接更加顺畅，强有力地支撑交通强国战略实现。

（一）完善的智能货物运输设施网络

货运骨干企业、行业协会、公共服务机构等各类市场主体参与云（云计算）、网（宽带网）、端（各种终端）等智能货运基础设施建设。

（二）智能货运云平台

智能货运云平台可实现全程可视、智能可控，提升智能货运水平。货运物流的全链条一体化信息服务与运输服务，可实

296

现"零库存"等新型货运组织模式,能满足不断分层化、分散化和细化的市场需求,紧扣用户体验、产业升级和消费升级需求,敏捷应对供应链的各种调整和变化,大幅提高货运效率。

(三)发达的多式联运和共同配送

未来我国将全面使用货运电子运单,建立包含基本信息的电子标签,形成唯一赋码与电子身份,推动全流程互认和可追溯,加快发展多式联运"一单式"服务,建立货物多式联运智能调度联动系统。

(四)先进的货运技术研发与应用

未来我国将围绕产品可追溯、在线调度管理、智能运输、配货等重点环节,基于物联网技术,开展货物跟踪定位、无线射频识别、可视化、移动信息服务、导航集成系统等关键技术的研发应用,逐步实现货运车辆自动驾驶[10]。

第五节 交通智能化的政策保障

交通智能化的目的是帮助我们破解传统交通问题、满足美好生活需要,让我们告别令人烦躁的交通拥堵、烦琐不便的出行体验和事故频发的交通环境,享受更为高效、智能、人性化的交通服务。而相关发展政策是交通智能化的指南针,为我国交通系统的大船指明了航向,确保我们加快建设交通强国的航程能够行稳致远,不断突破传统交通的瓶颈,为人们提供更美好的出行体验。

交通强国

一、做好顶层设计、建立后评估制度

我们须统筹协调，全面考虑，制定智能交通发展的顶层规划；加大对智能交通项目相关问题的研究力度，建立科学的智能交通应用绩效评估和水平测试体系，建立并实施城市智能交通系统项目的验收程序，建立系统后评估制度，对有关政策和资金投入效果进行综合评价；由政府建立智能交通顶层规划制度，加强统筹协调，有序推进智能交通系统建设，避免建设系统不实用、不能用；制定智能交通行动方案。

智能交通在解决城市交通问题的时候，从交通本质着手，尊重交通规律，分析交通机理，提出科学化、系统化、智能化、绿色化的解决方案。

二、完善智能交通相关法律法规，统一相关规范标准

（一）完善智能交通相关法律法规

应根据我国智能交通技术的发展特点和实际应用情况，

尽快制定完善相关法律法规，引导行业健康发展。加强车路协同应用标准建设，推动自动驾驶安全事故责任认定标准的制定与实施。健全与行业发展相适应的税收制度，明确车辆、驾驶员等生产要素的市场准入标准。制定完善交通互联网服务标准，明确交通互联网服务企业及相关方的权利、责任和义务等。

（二）统一智能交通相关规范标准

结合我国国情，本着先进、实用、标准、绿色的原则与理念，完善智能交通基础标准体系建设，制定智能交通管理、交通综合运输管理、智能交通服务、智能交通技术应用等智能交通相关标准。强化各类标准衔接，构建完善的标准体系。制定交通运输数据交换共享标准，探索建立行业间、区域间、政企间数据交换标准。强化行业基础性标准执行。依托境外交通投资项目，带动技术和服务等标准走出去。

三、构建协调共享机制

构建交通数据共享机制和智能综合交通系统建设协调机制，是提高智能交通系统建设质量、效益，实现建设目标和高质量发展的关键。没有数据共享，就不可能实现真正的全局优化，实现世界领先的目标。

应建立包括交通、公安、建设、工信、发改等各职能部门在内的城市智能交通建设一体化协调机构或机制，打破行政壁垒，推进数据共享和智能交通系统协调建设。

四、加强智能交通行业监管，营造公平有序的市场环境

创新行业监管模式。以发展战略新兴产业为契机，在智能交通开发市场等方面给予相关的扶持政策，加强智能交通行业监管，注重发挥市场机制的作用。全国各地应建立和健全部门联动协同管理机制，依法规范智能交通领域新产业发展，不断创新行业监管模式，提高监管水平，实行透明化监管。

营造公平有序的市场环境。鼓励多方参与，避免垄断，避免恶性竞争。制定相应的政策鼓励多方参与到智能交通的建设中来；制定相应的法律法规，避免市场上出现寡头垄断的情况，维护良好的市场环境。对于适合独立运营的智能交通项目，在统一监督管理下，采用"政府授权、投资受益、公平竞争"等方式，进行独立的商业化运营；推动鼓励第三方机构采用商业化运营模式为政府或者企业提供服务；鼓励企业以合资、合作等多种方式，参与智能交通项目建设和运营[8]。

五、建立健全智能交通科技创新与科技人才培养制度

我们要建立智能交通科技创新制度，奖励智能交通科技创新，鼓励研制具有完全自主知识产权的技术、产品。在智能交通领域人才队伍建设方面，有计划有目的地培养一批精通技术、掌握行业发展趋势、熟悉标准化工作程序、具有国际领先水平的高层次的智能交通专项技术型人才和复合型人才，满足智能交通快速发展需要。建立科技人才培养制度，加强对参与智能交通工作的各种类型人员的培训，促进人员间的交流，加大对从事智能交通开发和应用服务工作的人员的激励和表彰[6]。

参考文献

[1] 维基百科. 智力 [EB/OL]. [2023-12-23]. https://zh.wikipedia.org/wiki/智力.

[2] 巢峰. 小辞海 [M]. 上海：上海辞书出版社，2016.

[3] 陆化普. 智能交通系统概论 [M]. 北京：中国铁道出版社，2004.

[4] 欧盟法规标准办公室. 欧盟智能交通 [EB/OL]. （2019-05-09）[2024-05-20]. http://eustandards.net/?page_id=4040.

[5] The Intelligent Transportation Society of America. ITS Technology Use Case Library [EB/OL].（2024-01-01）[2024-05-20]. https://itsa.org/wp-content/uploads/2024/01/Use-Case-Library-Final-Draft-v4-update.pdf.

[6] 清华大学交通研究所课题组. 交通强国战略研究之智能交通发展战略研究报告 [R]. 2019.

[7] 交通运输部. 七大建设行动推动交通基础设施数字转型、智能升级 [EB/OL].（2021-09-26）[2024-05-20]. https://news.cctv.com/2021/09/26/ARTI5vb8DH2ioJLyMegGC5bd210926.shtml.

[8] 傅志寰，孙永福，翁孟勇，等. 交通强国战略研究 [M]. 北京：人民交通出版社，2019.

[9] 陆化普. 交通天下：中国交通简史 [M]. 北京：人民交通出版社，2023.

[10] 清华大学交通研究所. 宁夏绿色交通发展战略研究报告 [R]. 2023.

居庸关隧道

第九章 城市交通

城市交通系统是一个复杂的系统，包含了城市中的所有交通要素，涉及多样化的基础设施、多种交通方式，以及出行者与通勤、商业、休闲娱乐等活动密切相关的各种交通需求。城市交通系统不仅与城市形态和空间结构有着错综复杂的关系，与政治、经济、社会、法律、环境等也有着千丝万缕的联系。这使得城市交通问题内容广泛，既要考虑具体问题、具体领域，又要具有宏观思维和全局观念。要按照新的科学思路、新的工程原理，遵循城市发展规律，按照以人民为中心的城市建设原则规划构建更加美好的城市生活。

"发展公共交通是现代城市发展的方向。"作为城市经济社会活动正常运行的重要支撑，城市交通发展应以人民为中心，坚持以公共交通为导向的城市用地空间规划，构建安全、便捷、高效、绿色、经济、包容、具韧性的可持续城市综合交通系统，大力发展智能交通技术，加强交通需求管理，实现人与物的安全、有序流动，支撑城市、都市圈、城市群经济社会活动正常运行。

交通强国

第一节　城市绿色交通体系建设

改革开放之初，中国只有193个城市，城市道路长度2.7万千米，民用汽车总计136万辆，只有少数城市拥有城市轨道交通线路。1981年，全国城市建成区面积仅有7438千米^2，不到目前重庆、北京、广州、上海、东莞和天津6个城市的建成区面积之和。1998年城市客运量为291.7亿人次。

近30年，伴随着城镇化与机动化同步快速发展和城市规模的扩大，中国取得了世界城市和城市交通发展史上前所未有的发展奇迹。如今，城市道路长度达55万千米，55个城市开通运营城市轨道交通，线路运营里程达10165.7千米，中国因此成为全球开通地铁线路最长、城市最多的国家，年城市客运量超过700亿人次。与此同时，城市交通也经历了前所未有的挑战。为了有效应对不断增长的机动车保有量和城市道路交通量、严峻的交通供需矛盾和严重的空气污染，发展绿色交通成为共识。

一、城市轨道交通快速发展

（一）中国内地城市轨道交通线路运营里程突破1万千米

截至2023年12月，31个省（自治区、直辖市）和新疆生产建设兵团共有55个城市开通运营城市轨道交通线路306条，运营里程10165.7千米。相比2000年只有4个城市7条线路186千米的运营里程，城市轨道交通系统发展迎来了历史性机遇，年均新增运营里程达423千米。拥有4条及以上运营线路、3座及以上换乘站的城市26个，这些城市的轨道交通系统已初步成网并在城市综合交通系统中发挥网络效应。

（二）城市轨道交通逐步承担公共交通主体功能

2022年城市轨道交通客运量占公共交通客运总量的比例为45.8%，其中上海、深圳、广州、杭州、成都、南京、南宁、南昌、北京、武汉10个城市超过50%，这些城市的轨道交通网络已承担公共交通主体功能。在城市轨道交通网络比较成熟的超（特）大城市，城市轨道交通的主体功能地位更加突出。以北京市为例，在不含步行的城市客运交通结构中，城市轨道交通出行分担率已超过公共汽电车6.4个百分点，城市轨道交通客运量占公共交通客运总量的比例为54%。轨道交通在长距离出行的时间保障和出行体验（低成本、舒适度和轻松感）方面已发挥出公共汽电车甚至小汽车都不可替代的作用。

（三）城市轨道交通快线进入迅速发展阶段

在已建城市轨道交通线路中，地铁线路约占78%，这既是荣耀也不无遗憾，因为城市轨道交通功能层次单一的弊端暴露无遗，相对单一的地铁制式难以满足市域或都市圈范围的公务、通勤（学）、旅游休闲等多种出行需求。为此，大城市轨道交通快线规划建设受到各方高度重视。基于城市轨道交通发展起来的市域快速轨道交通和基于铁路发展起来的市域（郊）铁路，都属于快线功能层次。我国市域快速轨道交通线路长度由2018年656.5千米增长到2022年1223.46千米，2022年在建线路占15.5%，同比增长5.38个百分点。各地也在探索利用既有铁路建设和开行公交化列车、建设全新的市域（郊）铁路等发展模式。上海提出建设6条快线+10条市域铁路支撑新城和都市圈发展，广州提出建设超过400千米的5条市域轨道交通快线，实现主城区与市域重要组团、邻近城市组团的快速联系。城市轨道交通快线迎来新的发展机遇。

（四）城市轨道交通系统制式多元发展

我国已投运的城市轨道交通包含大运量、中运量和低运量系统，涉及地铁、轻轨、单轨、有轨电车、磁悬浮交通等多种制式，中、低运量系统制式约占10%。省会及以上城市在城区主要选择大运量地铁系统，省会以下城市在城区选择中运量系统的较多。近年来，部分大中城市将轨道交通发展方向放在了低运量轨道选项上，这是因为低运量城市轨道交通系统由省级发展改革部门负责审批，同时可以有效应对客流不足的风险（2023年12月城市轨道交通客运强度为0.863万人次/千米/日，较2019年降低18.6%）。截至2022年年底，我国共有29座城市开通了低运量城市轨道交通，运营线路总长度714.61千米；在建及运营的低运量城市轨道交通线路共有56条，涉及33座城市。城市轨道交通系统制式逐步向多元化方向发展。

二、公共交通优先发展战略的落实与推进

（一）公共交通优先被确立为城市发展战略

自2003年以来，中央有关部门和地方政府陆续出台了一系列经济与产业扶持政策，加快推进公共交通系统建设。

2012年，国务院进一步强调要加快转变城市交通发展方式，将公共交通发展放在城市交通发展的首要位置。城市公共交通优先发展首次上升成为国家的城市发展战略，即城市公共交通优先发展战略。城市公共交通发展成效显著，先后有74个城市被授予"国家公交都市建设示范城市"称号。

（二）公共交通设施保障是公共交通优先发展战略的落实重点

近年来，城市公共汽电车线路、车辆、场站等基础设施投资与建设规模显著提升。截至2022年年底，全国拥有公共汽电车70.3万辆，约为2000年的3.1倍，车辆的增加显著降低了满载率，提高了乘坐的舒适度；其中纯电动车45.6万辆，占65%，推广应用新能源城市公交车辆成效明显。全国公共汽电车运营线路7.8万条，比10年前翻一番；运营线路总长度166.5万千米，约为2000年的17.4倍。城市建成区公共汽电车站500米半径覆盖水平显著提升。卫星定位系统覆盖率超过90%，基本实现了车辆到站时间预报的全覆盖。国家

公交都市创建城市陆续开通定制公交、旅游专线、通勤班车等特色服务，不断满足市民对出行服务的多样化、个性化需求。

（三）公共汽电车客运量面临下滑趋势

基础设施规模扩大并未带来客运量的提升。全国公共汽电车客运量从2014年开始呈现逐步下降的态势，截至2022年年底，全国公共汽电车客运量353.37亿人次，比2021年年底减少135.79亿人次，相当于2000年的客运量水平（341亿人次）。部分公共汽电车企业运营出现财务问题[1]。

（四）坚定不移坚持公共交通优先发展战略

公共汽电车客运量下降受到多方面因素影响，包括自身网络规模增加与城镇化进程放缓的矛盾，私人汽车、城市轨道交通、共享单车和网约车等多种交通方式的冲击，甚至公共卫生危机引发的焦虑。然而，变化孕育着新生，未来的发展重点是：一方面需要有效提升传统公共交通系统的服务质量，另一方面需要加大力度探索和推进公共交通服务创新。"积极推进在城市公共汽电车运营线路和班次较为集中的道路设置公交专用车道，实现公交专用车道连续成网，推广公交信号优先"是提升运营效率和服务水平的重要举措。全国公交专用车道只有1.99万千米，仅占运营线路总长度的1.2%，值得讨论的不是"是否取消"而是"如何增加"。国际公共交通联会（UITP）的报告指出："公共交通是城市交通的脊柱"，体现了公共交通之于城市的不可替代性。优先发展城市公共交通作为城市发展战略，应继续发挥引领城市发展模式转变、保障城市良好运转、提升居民生活品质、促进城市高质量发展的重要作用。杭州、厦门等地公共交通发展的经验表明：定制公交、网约公共汽车等创新公交服务的广泛领域，大有可为。抓住城市更新机遇，为新型公共交通服务做好布局和安排，提供运营条件和创新土壤，是实现城市交通高质量发展的关键。

三、自行车与步行出行环境是城市高质量发展的缩影

（一）自行车交通的衰落与复兴

得益于中国城市的高密度发展、自行车的国产化、机动交通的滞后发展以及大多数中国城市平坦的地形，20世纪80年代中国自行车保有量居世界第一，在城市交通结构中自行车出行分担率也达到顶峰。如图9.1所示，北京1986年的自行车

图9.1 北京交通结构历年变化
（注：2000年以前数据统计范围为城八区，2000—2014年为六环内，2014年以后为城六区。）

交通强国

出行分担率占全方式出行的54%，超过一半的居民采用自行车出行。然而，伴随着小汽车进入家庭的社会潮流以及城市的扩张，自行车交通逐渐被边缘化。在一些城市非机动车道不断被压缩甚至取消，某些道路不允许自行车通行，仅存的非机动车道往往被停车占用。由于自行车出行环境的不断恶化，1990—2010年的20年间，一些城市的自行车出行分担率年均约下降2个百分点，深圳自行车出行分担率从1995年的30%下降至2005年的4%，北京2015年的自行车出行分担率仅为9.5%。

随着保护环境、节约资源、合理利用土地和保护耕地等基本国策的确立，自行车健康、环保、经济、便捷的优势受到重视，各级政府做出一系列鼓励自行车出行的努力，自行车交通开始回归并逐步复兴。

（二）共享单车重构自行车文化，推动道路交通基础设施建设

在2015年自行车交通最低迷的时期，共享单车强势进入人们的视野，在短短数月间就遍布北京、上海等城市的大街小巷。2017年是共享单车企业发展的高峰时期，全国共有互联网租赁自行车运营企业近70家，累计投放车辆超过1600万辆，注册用户超过1.3亿人次。共享单车的迅速发展带动自行车回归和强势复兴，2022年北京自行车出行分担率由2015年的9.5%回升至17.3%。

两轮自行车热潮不仅唤醒了居民的自行车出行习惯，还为地方政府增设非机动车道和自行车专用路创造了时机。非机动车道被停车占用、车道宽度不足、通行不连续等导致骑车者缺乏安全感的问题也受到前所未有的重视。2017年，厦门利用BRT高架桥下空间建成全国首条空中自行车道——厦门云顶路自行车快速道，全长约7.6千米，距离地面高度约5米。北京于2019年建成回龙观至上地长6.5千米的自行车专用路（图9.2），近3年陆续设置完成35.9千米、拓宽80.6千米非机动车道，保障自行车通行路权。2020年以来不少城市还开展了人行道净化

图9.2 北京首条自行车专用路

和自行车专用道建设工作，聚焦局部步行和自行车出行走不通、不安全、不舒适等突出问题，开展人行道净化专项行动，推动自行车专用道建设。

（三）提升自行车和步行出行品质成为城市交通高质量发展的重要方向

街道不仅是车辆的通行空间，也是重要的公共空间和社交场所，是连接社区和社会最真实的纽带。当更多的人在街道上步行、骑车和停留的时候，一个充满活力、安全、有利健康的城市的潜能就被强化出来。良好的公共空间与绿色交通也是

交通强国

相辅相成的，如果城市居民更多采用步行、自行车和公共交通出行，城市的可持续性就被加强。这些交通方式具有经济、高效和环保的显著特征，可减少资源消耗、污染排放和噪声。因此，增加对步行和自行车出行的关注，不仅体现城市居民对城市品质的美好追求，更反映了城市的战略定位和发展目标。

近年来，改善步行和自行车出行环境已成为世界城市的发展潮流和趋势。国际先进城市纽约、伦敦、巴黎、中国香港、新加坡等，十分重视把部分行车道改成步行街或人行道，改善人行网络的覆盖和连接性，开展美化街道环境设计。《香港规划标准与准则》提出人行道应有足够宽度，以满足行人的需要及发挥不同的功能；连贯畅达的行人网络、统一清晰的路标、与公共交通结合、安全舒适的人行环境、充满活力和吸引力的街道是香港步行环境的亮点。新加坡、中国香港针对当地四季如夏的气候特点，注重在楼宇、公共汽车站、地铁站等公共设施之间建造连廊、遮阳顶棚等设施，为市民打造连续、舒适的步行系统（图9.3、图9.4）。中国内地不少有远见的城市从居民健康、环境可持续发展和城市宜居性着想，主张改善步行和自行车交通设施，鼓励居民多步行和骑行。北京已将"建设步行和自行车友好城市""创造不用开车也可以便利生活的绿色交通环境"写入城市总体规划。在多个城市受到居民喜爱的城市漫步（City Walk）活动让步行体验燃起活力，展现了城市魅力。塑造以步行和骑行为特色的街道公共空间环境，正成为城市交通高质量发展的重要方向。

图 9.3　香港中环架空人行天桥系统[2]

（a）连接办公楼与公共汽车站 　　（b）连接住宅与公共汽车站

图 9.4　新加坡步行连廊[3]

四、绿色出行行动推动城市绿色交通体系建设

（一）绿色交通理念深入人心

绿色交通是基于可持续交通的内涵提出的，是交通运输系统可持续发展的代名词，20 世纪 90 年代后期从国外引入中国并得以推广。绿色交通是一个理念，也是一个实践目标，旨在发展多种交通方式特别是环境友好型交通系统，以缓解交通

拥堵、减少污染排放、降低资源消耗、促进社会公平和节约成本。1994年，绿色交通体系被提出[4]，绿色交通工具按优先级排序，依次为步行、自行车、公共交通、合乘车，最末为单独驾驶汽车，该体系获得广泛认可。

（二）绿色交通宣传活动的孕育与发展

发展绿色交通的核心目标是减少个体机动交通工具的使用，通过宣传教育建立共识十分必要。2007年9月16—22日，"中国城市公共交通周及无车日活动"正式启动，现已拓展为每年9月开展的"绿色出行宣传月和公交出行宣传周活动"。全国性绿色交通宣传活动已连续开展多年，每年的主题一直聚焦在与绿色交通相关的议题。

除了围绕活动主题的宣传教育，绿色交通宣传活动还应重视激发居民的参与性和建立长效机制。国外有些好的做法，如罗马尼亚城市克卢日-纳波卡在公共汽车站设立一个有实时视频监控的售票亭，任何人只要站在售票亭前指定横线内，2分钟内完成20个深蹲，就可以免费拿到一张公共汽车票，全城有效。类似的将鼓励绿色出行的长效机制与增强参与性相结合的做法值得探索和推广。

（三）达成多方共识，开展绿色出行行动

绿色出行是个人对绿色交通理念的践行，提倡居民采用对环境影响较小的绿色交通方式出行。2017年，开展绿色出行行动被写入党的十九大报告。2019年，国家多个有关部门联合制定了《绿色出行行动计划（2019—2022年）》，指出：

完善绿色出行服务体系、确立绿色交通在城市交通中的主体地位，是生态文明建设在城市交通领域全面落实的重大政府行动。为此，我国众多城市政府采取多项政策措施落实绿色出行行动计划，优化交通结构、提升绿色出行品质，并将75%的绿色出行比例作为体现成效的重要指标，北京、上海、天津、西安、成都、洛阳等多个城市纷纷晒出绿色出行成绩单。

发展绿色交通的主要策略方向不局限于交通系统本身，既有与交通相关的城市空间结构和土地利用因素，也涉及产业发展、环保、能源、法律等多个领域。因此，要达成多方共识、勿忘可持续发展的初心，共同致力于让城市更适宜居住，给子孙后代留下一个更美好的世界。

第二节 城市交通拥堵治理策略

城市交通拥堵与城市发展密切相关，被称为世界性难题。2000年以来，中国城市规模扩张迅速，在高密度开发和汽车逐步普及的共同作用下，以交通拥堵为特征的"城市病"越来越严重，近年来由大城市逐步蔓延到中小城市。其显而易见的危害是：能源消耗和污染排放增加，居民出行成本、物流和交通运营企业的成本上升，城市应急反应的能力下降，危害居民健康，甚至影响经济社会活动正常运行。交通拥堵使城市付出很高的社会经济代价，也常常让人们抱怨需要为出行留出额外的时间。

交通强国

一、以道路规模扩张为主导的拥堵治理困境

自20世纪80年代以来，城市扩张带动了大规模的道路交通基础设施建设，也形成了通过扩张道路规模、提升道路等级缓解城市交通拥堵的惯性思维。通过扩宽道路提高道路通行能力、减少车辆延误，其效果被证明是极为短暂的，尤其是在快速的城镇化和机动化进程中，道路建设新增的通行能力很快就被新的交通需求所淹没，当扩宽的道路被再次填满时，更多的车辆陷入拥堵，并产生更多的二氧化碳排放。城市交通治堵出现了"拥堵—建设—缓解—更拥堵"的循环，陷入了道路建设越多越拥堵的怪圈[5]。在中国几乎所有的城市，增加道路规模实质上增加的是机动交通通行能力，人行道宽度被普遍压缩，非机动车道在一些城市一度被取消，步行和自行车交通出行环境受到严重影响。

虽然道路扩容对拥堵的缓解作用是短暂的，但是并不能证明增加道路容量是不好的做法。一方面，在城镇化初步发展阶段，城市道路欠账较多，道路扩容是城市发展的刚性需求。另一方面，在社会经济活动密集的区域，即使道路扩容不能有效地减少拥堵，仍能产生显著的社会经济效益。

二、交通供需双向调整的拥堵治理策略

在城市用地与交通设施进入以存量为主的发展阶段，政府服务供给的成本增加且容量有限，若要保持良好的供求关系就更需要调控城市居民的交通需求，采取交通供需双向调整的拥堵治理策略。

（一）城市进入存量阶段的交通供给策略

进入存量阶段的城市交通供给策略主要体现为：结合城市更新行动，基于绿色交通优先次序进行道路空间重新分配；改进交通运行管理，如优化交通信号控制、加强交通渠化设计等；改善公共交通，如增加轨道交通线路、优化公共汽电车线网结构和保障路权；优化步行和自行车出行环境，如完善通行连续性、道路设施宽度和路面平整度。此外，优先改善公共交通、步行和自行车等绿色交通的出行条件可能带来替代小汽车出行的积极反馈。

（二）交通需求管理的关键举措

与道路扩容一样，上述供给策略仍然会诱发潜在的机动车出行需求。也就是说，任何减少拥堵及出行时耗的手段，如果缺少相应的增加机动车出行成本的措施，最终只能适得其反。因此，单从交通系统考虑调控交通需求而言，增加包含经济成本和时间成本的机动车出行费用是缓解拥堵必不可少的方式，例如道路拥堵收费、少而且昂贵的停车位等。如图 9.5 所

图 9.5　新加坡道路电子收费系统

示，新加坡自 1990 年起推行的拥车证制度配合电子道路收费系统，确保了道路网运行效率和较低的小汽车年均增长率（从 1990 年的 3% 降至近年的 0.5%）；同时加强停车治理，例如每栋私人建筑都须配备最低限度的停车场地，市中心和交通枢纽周边降低停车位配置标准最多可减少 20% 的停车位，加强违法停车治理等。增加机动车出行费用将促使出行者对出行方式进行选择，减少不必要的出行，抑制小汽车交通需求的快速增长，从而达到供应能力与需求增长之间的平衡。

　　交通需求调控还包括更多涉及汽车使用（时间和空间限行）、土地利用、经济运行机制（错峰通勤、弹性工作制）、宣传教育等方面的政策措施。2008 年北京奥运会期间，北京及周边城市针对小汽车实施了交通需求管理措施，北京停驶的 195 万辆小汽车为整个城市减少了 87.8 万吨温室气体、3.9 亿升燃油和 48.9 万车千米的交通负荷。美国众多科技公司近年推行远程办公，极大地削减了通勤交通量，弹性工作制使工作日公共交通客运量趋于平均，人们可能会在任何时间前往办公室。波士顿、纽约、华盛顿特区、费城等城市纷纷增加日间平峰时段、夜间或周末的公共交通班次。提供全天候公共交通服务或许成为后疫情时代应对出行者行为变迁的必然选择。

三、"以静制动"调控机动车出行需求

　　"以静制动"调控机动车出行需求主要涉及两个方面，一是控制停车场面积或减少停车位，二是提高停车费用，概括起来就

是前文提到的"少而且昂贵的停车位"。香港针对制约人们驾驶行为的一项调查显示，除了交通拥堵这个制约人们驾驶小汽车的主要原因，最重要的三个因素均与停车有关，分别是目的地停车的方便程度、停车地点的不可靠性和停车费用。而且，在停车费用和停车方便程度两个方面施行政策性约束，对于减少小汽车交通量的效果要比调整燃料价格和收取通行费更为有效。因此，停车场对于小汽车的使用有着极为重要的制约作用。

　　丹麦首都哥本哈根采取控制停车位数量和收费的措施，不仅减少了交通量的增长，还使城市街道恢复了往日的生机。哥本哈根市中心区停车位连续多年每年减少2%~3%，其目的是把城市的广场用于人的活动，而不是停车。随着广场的大量改造，停车空间受到限制，城市创造了高质量的公共使用空间，居民因为停车不方便习惯了不开车进入市中心。此外，哥本哈根的停车费在不同时间、地点是有区别的，中心区的停车费用高达每小时43克朗（约合45元人民币），以确保停车设施能够迅速周转。当然，哥本哈根也在一些高密度的商业区、火车站、机场等地灵活设置少量临时停车位，可以免费停15~30分钟，方便送外卖、接送或快速购物的人。

四、减少对小汽车的依赖性

　　出行是一种习惯，在中国每百户家庭拥有63辆汽车的情况下，应强调改变过度依赖小汽车的出行习惯。人们一旦拥有了小汽车，原本依靠公共交通的出行会转移到小汽车上，驾车

> 交通强国

行驶的里程也会明显增长。

鼓励人们向绿色出行转变、减少对小汽车的依赖性，不仅是促进交通系统可持续发展的主要途径之一，也可以改善交通拥堵。杭州城市大脑数据显示，高峰期行驶在城市道路上的车辆仅占机动车保有量的10%，平峰时则在7%左右，堵车最严重的时候只比平峰期多5万~10万辆车[6]（以300万辆汽车保有量计算）。若高峰期有3%的驾驶人选择绿色出行，几乎可以改善所有人的通行条件并减少尾气排放。

第三节 城市空间与交通的深度融合

城市交通需求和交通拥堵（图9.6）受到诸多因素影响，除了人口和机动车增加，城市空间结构和形态、土地利用模式

图 9.6 武汉珞喻路晚高峰

等是重要影响因素。改变城市空间结构和土地利用模式是长达数十年的漫长过程，以此影响城市居民出行空间分布特性和出行行为是城市发展的长期策略。

一、城市空间结构和混合土地利用对城市交通的影响

（一）单中心城市和多中心城市的交通流分布特征

城市空间结构根据就业岗位分布分为单中心城市和多中心城市。单中心城市有一个就业岗位高度集中的区域，交通流的空间分布呈放射状，"潮汐式"交通明显。单中心城市的中心区易发生交通拥堵，这也是主张就业中心分散布局的主要原因之一。收入的增长、交通可达性的提高以及小汽车的普及，会造成城市向外蔓延，从而增加通勤时间和距离。

多中心城市有两个以上的就业岗位密集区或商业中心，当前的主流观点认为，这种发展有利于推动居住和就业岗位的平衡，进而减少城市交通需求（如日均车千米数）、缩短交通出行距离。

（二）创建功能混合居住区，缩短出行距离

混合土地利用被认为是构建有效的城市空间形态最有效的规划手段之一，也是遏制城市扩张的重要对策。混合居住、商业、商务和居民服务等功能，便于在居民生活区附近提供生活配套设施和各种服务。在一定区域内的土地混合利用可以使居民就近到达必要的生活配套设施而不需要依靠机动车出行，可以节省时间，减少小汽车使用，并提高生活质量，这一点对于老年人或儿

童居住的社区尤为重要。中国多数城市居住地周边的生活服务功能还很不健全，应强调居住用地与零售商业、餐饮用地，以及适合居住小区的幼托、文化、体育、卫生等服务设施用地的混合开发，推动形成十五分钟生活圈居住区、十分钟生活圈居住区和五分钟生活圈居住区。

二、公共交通导向的开发模式使城市进入高质量发展新阶段

（一）TOD模式与理想的"节点＋走廊"式城市形态

在世界各地寻求可持续交通和城市发展的努力中，以公共交通为导向（TOD）的开发模式受到广泛推崇。TOD模式着重于如何最充分地利用公共交通尤其是城市轨道交通提供的便利条件，对公共交通车站周边以5～10分钟步行距离为半径的地区进行精心设计开发，建成相对高密度、多功能混合、适宜步行/自行车及公共交通使用的城市节点，这种开发有助于城市区域从低密度蔓延形态转换为较理想的节点形式。在区域范围内，多个节点沿公共交通线路构成网络，形成以公共交通系统为骨骼的"节点＋走廊"式（或称串珠式、珠链式）城市形态，从而达到提高土地利用效率、支撑公共交通运营和提升生活质量的目的。

（二）TOD模式的代表性国际城市

丹麦哥本哈根和中国香港拥有典型的"节点＋走廊"城市形态。哥本哈根早在1947年就提出了著名的"手指形态规

划"（图 9.7），该规划规定城市开发要沿着几条狭窄的放射形走廊集中进行，走廊间由限制开发的绿楔隔开，发达的轨道交通系统沿着这些走廊从中心城区向外辐射。沿线的土地开发与轨道交通的建设整合在一起，大多数公共建筑和高密度的住宅区集中在轨道交通车站周围，使得新城的居民能够方便地利用轨道交通出行。香港居民住宅项目无论规模大小都必须考虑公共交通设施，符合 TOD 开发原则。1992 年轨道交通通车前的东涌组团基本为原生态渔村，在东涌新城的用地布局中，在离东涌站最近的地块规划了高密度商业集中区，向外依次是高密度办公、住宅、公共服务设施等，依托轨道交通车站打造东涌新城中心区，实现了人口快速集聚和商业快速发展，成为 TOD 理念的典范。

图 9.7 哥本哈根手指形态规划下的市郊铁路运营线路图（2020 年）[7]

（三）TOD 模式引领中国城市进入高质量发展新阶段

近 20 年，中国内地城市围绕城际、城市轨道交通建设积极探索 TOD 模式。珠三角地区率先实施了城际轨道交通站场 TOD 综合开发规划，提出了 TOD 规划引导要求以及土地利用、交通组织和城市设计的指引内容。成都在 2017 年、东莞在 2018 年均形成了轨道交通建设发展"1+N"政策文件，并划定了 TOD 综合开发圈层。成都在同一宗土地上采取划拨与出让相结合、地上与地下项目相结合、经营性用地与市政设施用地相结合的整体供地、分层登记新模式，有效支撑了轨道交通发展。东莞界定了 TOD 综合开发的核心区、控制区和协调区，明确了 TOD 综合规划的编制管理及审批管理，厘清了 TOD 范围地块的收储和供应管理等。深圳通过"城市轨道交通 + 城市更新"模式，由地铁公司对城市轨道交通车站周边区域进行整体统筹，同时与城市轨道交通沿线相关的区政府进行合作，发挥各方优势。在当前城市发展进入存量发展阶段，围绕存量用地的 TOD 综合开发能够实现土地资源集约利用的创新，既能整体改善城市形象，又能解决城市轨道交通建设资金问题并增加客流，引领城市进入高质量发展新阶段。

三、城市空间与交通基础设施融合发展

（一）高速铁路、城市轨道交通与城市空间的融合

交通基础设施是支撑城市发展的重要硬件，尤其是以车站为节点的高速铁路和城市轨道交通（图 9.8），与城市的融

第九章　城市交通

合度事关城市人口集聚、就业机会和城市可达性。以铁路客站为核心的高速铁路站场地区，包括周边一定的服务区域和影响区域，是站城融合发展的重点。枢纽主体、广场、车站附属用房、公共汽电车场站、城市轨道交通车站等综合交通设施所在的核心圈层，一般具有 1~1.5 千米^2 的规模，其外部 2~3.5 千米^2 的空间范围为铁路客站的主要影响区域[8]。城市轨道交通车站尤其是枢纽站周边往往是城市开发强度最高、人流密度最高、城市活动强度最高的区域，宜采取TOD模式；超（特）

图9.8　海口市郊列车，全国首条利用高速铁路开行的城际快线

大城市核心区域内（如5千米半径覆盖的圈层）宜由地铁实现面状服务，外围以市郊铁路构建的向心廊道服务为主，由此形成高效的、适宜轨道交通服务的"小核+大都市"的空间布局模式[9]。重要交通基础设施与城市空间的紧密融合，将为城市或地区带来发展机遇与可达性优势。

（二）城市道路与城市空间的融合

城市道路是经济社会活动和多种交通方式运行的重要载体，也是公共空间、城市文化的重要组成部分。20世纪90年代初期，伴随着经济体制从传统的计划经济向市场经济转变，中国汽车工业踏上了"快车道"，城市道路交通基础设施随之进入爆发式扩张阶段，30年间年均增长率达6%。与之相比，2022年城市道路长度同比增长仅为3.7%，增长趋势出现明显的拐点，预示着增量扩张阶段进入尾声，城市道路与城市共同进入以存量为主的发展阶段。然而增量扩张阶段侧重于机动交通的粗放发展造成了一系列的短板，例如：快速的机动化和城

市扩张促使城市更加注重以干线道路为主的交通网络骨架，城市新建城区次干路和支路系统严重缺乏；宽马路大街坊强化了道路的机动交通服务功能，街道公共活动的渗透性下降，出行"最后一公里"成为难题；城市道路的包容性不足（为小汽车交通方式提供了更多便利，无障碍设施缺乏或品质不高）、精细化设计和管理欠缺、生活空间被分隔等。

因此，合理划分城市道路功能、建设完整街道是存量发展阶段城市道路与空间融合的重点。长距离跨区交通的干线道路以及短距离服务本地交通的次干路和支路都十分必要，前者发挥机动交通出行效率，是城市道路系统的骨架，也是城市空间的骨架，道路规划建设和交叉口设计要以提高通行能力、适应城市机动化的发展为主要目标，而不直接服务于用地开发[10]；后者保护本地交通活动的完整性，要重视步行和自行车交通、限制车速及发挥公共空间功能，以建设完整街道为核心，即街道的设计和运行应为全部使用者提供安全的通道，各个年龄段的行人、骑车人、机动车驾驶人和公共交通乘客，以及所有残疾人都能够安全出行和安全过街。

（三）交通新业态和科技进步对城市空间的影响

交通新业态和科技进步引发的道路空间重构以及新的出行行为，将带来土地利用、城市空间结构变化。自动驾驶汽车可能带来高车辆行驶里程和交通拥堵问题，在高密度的大城市可能引发郊区化，私人自动驾驶汽车相对于共享自动驾驶汽车，更有可能吸引人口向城市外围搬迁，引发城市蔓延[11]。依赖

交通强国

于航空航天、气动结构、材料和能源创新以及通信导航等新技术的飞速发展，一种不需要跑道滑行即可在市中心垂直起降的载人飞行器正在从科幻概念逐步走入现实的城市交通系统，并由此产生一种全新的城市出行方式——垂直出行，适合于20~400千米的出行距离，可能引发城市郊区化、都市圈和城市群空间重构[12]。未来，应重视这些新型交通方式在站场、充电站、运营中心等基础设施建设方面与土地利用、城市空间结构和周边环境的统筹协调。

第四节　都市圈与城市群交通发展路径

超（特）大城市经过中心城区交通基础设施快速建设后，建设重心逐步转向市域和区域，都市圈和城市群成为支撑城镇化高质量发展的重要空间单元。中国已经初步形成"两横三纵"城镇化战略格局，19个城市群承载了全国70%以上的人口、贡献了80%以上的国内生产总值。城市的生产链、生活链组织正在向都市圈、城市群拓展，交通系统既是支撑体系也是规划建设的主要协同领域，尤其是包含铁路在内的轨道交通。建设轨道上的都市圈、城市群，都市圈1小时通勤、城市群2小时通达，是交通强国建设重要的发展目标。

一、都市圈的同城化和边界性交通特征

同城化的不断推进使都市圈交通面临与中心城区相似的交通需求，应加强以轨道交通为核心的公共交通的超前引导。一方

面，一些超（特）大城市将科创研发、会议会展、新经济产业，以及具有区域吸引力的特色或时尚消费、旅游、娱乐场所和主题公园等布局在近郊区，产生通勤需求和弹性需求并引发人群聚集。另一方面，随着都市圈的功能集聚，毗邻地区的多目的出行需求将日益增长。高品质公共交通服务的缺失将使出行需求向小汽车交通转移，并导致交通拥堵从市区蔓延至都市圈。

都市圈的时空交通特征具有边界性。都市圈作为城市的一日生活圈，具有"早出晚归"或"早出午归、午出晚归"的出行时间特征。在出行时间约束下，通勤和生活出行具有明显的距离边界以及超过一定距离后出行量递减的特征[13]。通勤出行范围一般不超过城市远郊地区或邻接边缘城镇地区[14]。因此，应控制都市圈的合理规模，如果取1小时作为都市圈通勤时间的上限，以一日生活圈为目标，在综合考虑提升城市交通系统效率的基础上，都市圈规模上限范围宜为25～30千米[15]。

二、城市群交通趋向中短距离、高频次的轨道交通出行

铁路旅客的中短距离出行比例快速上升。中国铁路包括高速铁路在内，主要承担中长距离客运服务，在城际交通出行中的普及程度不高。2022年全国铁路平均乘距为393千米，人均乘次仅为1.16次。然而，近年来平均乘距指标持续快速下降，相比2015年的平均乘距472千米，7年间平均乘距缩短了79千米，说明中短距离出行比例快速上升。这一出行特征在经济发达的城市群地区尤为明显，北京、上海、广州的铁

路平均乘距分别为 107 千米、92 千米和 91 千米，已接近发达国家水平[16]，在这些地区中短距离旅客占铁路客流比例比较高。

城市群内部出行目的多元化，衍生高频次出行。出行目的既有通勤、差旅出行，也包括跨市购物、旅游、娱乐、探亲访友等，多元化的城际出行不仅令出行频次增加，安全、快速、可靠、舒适、便利等旅行体验的需求也越来越多样化。超（特）大城市对人才的吸纳能力，使中等收入群体工作与家庭空间分离的双城居住、城际周通勤现象十分普遍。北京、上海、广州、深圳、南京、杭州等城市的铁路年人均乘次为 5.3～9.5 次，远高于全国平均水平。因此，在经济发达的城市群地区，经济活动的高度区域化将逐步催生越来越多常态化的中短距离、高频次城际出行人群。

三、公共交通一体化支撑轨道上的都市圈、城市群发展

在时空紧约束背景下，国际大都市圈普遍将缩短出行时间和优化用地布局作为交通规划的重要目标。以"都市圈区 1 小时通勤"为时间目标，推动干线铁路、城际铁路、市域（郊）铁路、城市轨道交通四网融合（或三网、两网融合），支撑区域多中心、多节点、多层次的空间协同，将为区域一体化加速发展提供现实路径。围绕轨道交通车站的 TOD 模式和高速铁路车站的站城融合模式，是都市圈土地开发的重要策略，应推动站城一体化发展。此外，在毗邻城市间提供高品质、高竞争

第九章 城市交通

力的城际公共交通快线服务，不仅能服务中短距离出行需求，还可延伸轨道交通服务覆盖，有助于提升都市圈公共交通出行分担率、引导都市圈集约发展。

以"城市群2小时通达"为时间目标，通过轨道交通四网融合、站城融合和高等级公路组织城市群客运交通。轨道交通快速准点、集约高效、绿色低碳的优势，符合中国发达地区人口总量大、人口密度高的国情，应在城市群地区推进四网融合、提高不同轨道交通系统制式的连接和贯通，并组织公交化运营。应促进站城融合发展，优化铁路线站布局，增强高速铁路的吸引力，减少城际铁路旅客对城市交通的依赖，利用车站周边区域开发改变城市与区域的关系。同时，应完善城市群高等级公路网络，加强公路与城市道路衔接。图9.9为重庆综合立体交通网。

图9.9 重庆综合立体交通网

参考文献

[1] 王园园. 财务约束下的城市公共汽电车交通可持续发展讨论[J]. 城市交通, 2024, 22（1）: 29-34.

[2] 吴家颖. 高密度城市的步行系统设计：以香港为例[J]. 城市交通, 2014, 12（2）: 50-58.

[3] 陈广艺. 新加坡2030年陆路交通发展规划简析与启示[J]. 城市交通, 2016, 14（2）: 67-74.

[4] 沈添财. 绿色交通与空气质量的改善[J]. 城市交通, 2001（2）: 1-7.

[5] 孔令斌. 存量发展阶段的交通拥堵治理与公共交通优先[J]. 城市交通, 2019, 17（1）: 1-6.

[6] 中国报道. 为城市交通装上"智慧大脑"[EB/OL]. （2022-02-24）[2023-12-31]. https://baijiahao.baidu.com/s?id=1725619496342250507&wfr=spider&for=pc.

[7] 冯浚, 徐康明. 哥本哈根TOD模式研究[J]. 城市交通, 2006, 4（2）: 41-46.

[8] 郝之颖. 高速铁路站场地区空间规划[J]. 城市交通, 2008, 7(5): 48-52.

[9] 茹祥辉, 杨志刚, 郑猛, 等. 超大城市轨道交通与空间协同发展策略：以北京市为例[J]. 城市交通, 2022, 20（2）: 21-27.

[10] 孔令斌. 高速机动化下城市道路功能分级与交通组织思考[J]. 城市交通, 2013, 11（3）: 2-3.

[11] 张文烁, 陈宇琳, 姜洋. 自动驾驶汽车对城市空间形态的影响综述[J]. 城市交通, 2022, 20（5）: 1-10.

[12] 黄子翼. 基于eVTOL的城市垂直出行系统[J]. 城市交通, 2024, 22（4）: 95-105.

[13] 林群, 江捷. 时空紧约束的大都市圈轨道交通规划研究[J]. 城市交通, 2017, 15（1）: 31-37.

[14] 由效铭, 张宁, 宗传苓, 等. 都市圈轨道交通一体化融合发展研究[J]. 城市交通, 2022, 20（2）: 66-74.

[15] 傅志寰, 吴志强. 大城大道[M]. 北京: 社会科学文献出版社, 2023.

[16] 李晓江. 站城融合之思考与认识[J]. 城市交通, 2022, 20（3）: 5-7.

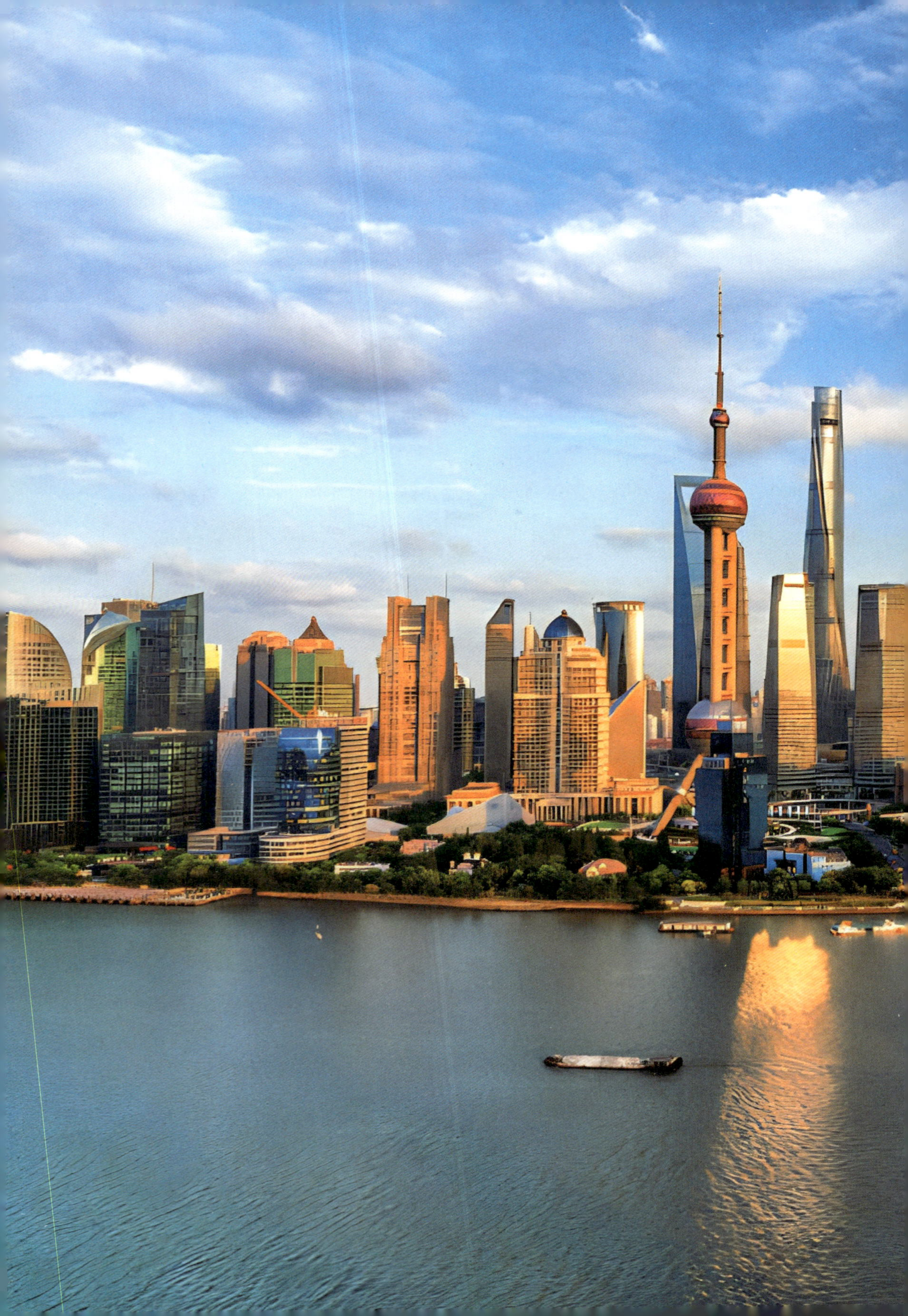

第十章 创新驱动

创新是一个民族进步的关键，是一个国家兴旺发达的不竭动力。习近平总书记指出，当今世界正经历百年未有之大变局，科技创新是其中一个关键变量。"十四五"时期是我国开启全面建设社会主义现代化国家新征程的第一个五年，要实现从"大交通"到"强交通"，继而助力"强国家"的历史性飞跃，势必要由传统要素驱动向创新驱动转变，紧紧依靠科技创新赋能交通强国建设。

近年来，正是在科技创新驱动作用下，我国在交通行业部分领域颠覆性技术不断突破，交通新业态正在形

成：基础设施建设突飞猛进、"交通名片"不断涌现、智慧交通能力水平大幅提升。诚然，近年来我国交通行业科技创新成绩斐然，但客观审视，与建设现代化经济体系的总体要求和交通强国建设的宏伟愿景相比，仍存在不少短板和显著差距。在新的历史时期，我们应紧紧围绕加快建设科技强国和交通强国的重大任务，瞄准关键方向着力推进，突破交通关键核心技术、增强交通科技创新转化力，充分发挥科技创新对加快建设交通强国的支撑和引领作用。

交通强国

第一节　现状与差距

一直以来，我国坚持创新驱动，在基础设施建设、装备制造、信息化与智能化、交通服务等方面，取得了一批标志性的重大科技创新成果，在一些设计方法、重大工程建设、重大装备制造等方面取得了重大突破，部分技术实现了赶超，发挥了科技对交通运输的支撑作用，不仅推动交通运输行业可持续发展，也与世界分享了"中国创新"带来的效益和便利。但是与世界领先的交通科技水平相比，在基础理论、部分运输装备制造水平、运营服务与管理技术水平、交通系统组织管理和控制技术等方面，我们还有一定的差距，还存在若干"卡脖子"的技术难题有待突破[1-2]。

一、基础性创新能力有待进一步提升

首先，在交通基础理论的原创性贡献、建筑信息化模型（Building Information Modeling，BIM）技术、交通基础设施建养一体化技术、智能交通管理控制技术等方面的基础理论创新能力、研发能力都有待进一步提升。与此同时，如隧道结构设计与建设技术基础理论，特殊复杂环境条件下交通基础设施设计、建造和养修技术，混凝土结构劣化与灾变机理，交通基础设施建养一体化技术，更高速度轮轨系统、磁悬浮、真空管道等新型交通运输装备技术，车路协同、自动驾驶、联

网控制等支撑智能交通系统发展的交通科技前沿技术，交通基础设施中新材料、新技术、新设备、新工艺的研发，综合交通枢纽建设和绿色低碳环保交通基础设施建设理论与方法，以及交通与用地深度融合的TOD模式应用等方面，都是交通领域国际研究热点问题，我国均需要开展深入研究。

二、部分运输装备差距明显

我国民用飞机、燃油汽车、高技术船舶以及军事运输等重要装备的制造水平总体不高、核心技术受制于人，尤其是燃油汽车、飞机和船舶的发动机、电控系统、通信导航等交通装备的自主创新能力有待提高。面向未来发展和国际市场的新技术、新装备和新系统的研究和试验验证能力建设需要加强。

部分交通装备制造产业链存在"卡脖子"短板，包括飞机、汽车等行业的设计和仿真软件等，这些产业基础能力弱，部分领域核心关键技术受制于人，存在隐患。

三、运营服务与管理技术水平不高

我国面临的主要问题是：需要摆脱国外对交通控制核心技术的垄断，解决适合我国交通特点的新一代智能交通控制的瓶颈问题；综合交通信息服务发展不平衡、不充分的问题突出，不能充分满足旅客出行和客货运输的个性化需求；大型枢纽机场、低空空域存在管理手段和能力不足问题；航空应急救援管理技术和应急救援能力缺乏；柔性工程（通过提升系统的适应能力和应变能力，来应对不确定性和复杂性，实现高效且灵活的生产和服务的工程）等理论在水上交通风险防控中的应用研究有待开展；大型滚装船、客（渡）船、危险品船舶等的实时信息获取、态势评估与预测技术尚待突破。

四、交通系统组织、管理和控制技术需要有突破性发展

我国在城市交通信号控制、智慧机场的运行控制管理方面，需要研发更先进的国产软件系统；在飞机盲降系统、国产的规划设计以及智能分析研判系统方面，需要有足够成熟和具有市场竞争力的软件，这些是实现交通高质量发展、走向智能交通发展新高度的基本前提。

因此，需要解决目前一些基础研发能力不强、关键装备技术水平不高的问题，突破一批服务国家重大战略和经济社会发展的核心技术瓶颈，加快新技术成果推广应用，不断提升我国交通技术水平。

第二节　创新驱动的主要方向

新时代、新征程，要建设交通强国，创新驱动发展的任务艰巨。中央提出的以新质生产力理论支撑和引领我国社会经济高质量发展的要求进一步指明了交通强国建设的思路、动力和关键。绿色是新质生产力的基本底色，创新是新质生产力的本质要求。我们需要以满足构建我国安全、便捷、高效、绿色、经济、包容、韧性的可持续交通体系为核心，增强基础研发能力，提升建造技术和关键装备技术水平，强化运营服务技术研究，突破一批服务国家重大战略和经济社会发展的核心技术瓶颈，着力解决目前基础研发能力不强、部分关键装备技术水平不高、基于机理分析的深度分析研判差距大等问题，不断提升我国交通科技水平和创新能力。

强化人工智能、新材料和新能源等赋能/赋性技术与交通运输需求的深度融合，发展高效能、高安全、综合化、智能化的系统技术与装备，形成满足我国需求、总体上达到国际先进水平的现代交通运输核心技术体系。

培育壮大新能源载运工具、现代轨道交通、现代航空运输、智能水运装备等产业，提升我国交通运输业及其装备制造业全球竞争力，尤其需要强化分析研判、预测预报、方案优化与自动生成、具有自我进化能力的管理控制系统和决策支持系统，为全面建设社会主义现代化国家当好先行[1,3]。

交通强国

一、全方位提升交通科技创新能力

科技赋能，创新驱动。我国力求在发展中掌握战略主动，推动全行业发展方式由要素驱动向创新驱动转变，使创新成为交通运输业发展的新引擎。

首先，应以资源开放共享为手段，加强资源统筹和优化利用。以协同管控和服务水平提升等软件系统功能为例，当前影响实现全局优化和服务质量提升的最大困难是信息不能共享，信息壁垒众多和信息孤岛普遍存在，使得本来可以实现更大范围、更高水平的系统优化和功能强化变得难以实现。因此，加强各类创新主体间合作、充分发挥企业技术创新主体作用、完善协同创新机制、破除信息孤岛，是创新发展需要解决的首要问题。

其次，应高度重视理论、方法研究，支撑基础研究的突破。提高交通智能化的关键是基础理论研究的突破，对机理和规律的掌握。为达到这样的目的，需要创造更好的与应用开发关联密切的基础研究条件，激励更多的优秀人才投入应用基础研究之中。不断完善财税制度、效益分配制度，使研究人员成果效益共享，使科技企业的研究开发产品受到支持和保护，强化政策环境、体制机制、科研布局、评价导向等方面的系统设计，多措并举支持基础研究和应用基础研究。

再次，应在构建国家级创新平台的同时，营造百花争艳的创新局面。一方面，建设高水平科技创新平台，积极推进国家级创新平台建设。另一方面，广泛支持有创新思想和创新意愿的研究个体和在高新领域前沿探索、有发展潜能的小微企业，给予政策扶持，鼓励全体研究人员活跃起来，与国家平台一起形成创新的洪流，营造百花争艳创新发展的局面。

科技部发布首批国家新一代人工智能公共算力开放创新平台建设通知

2023年科技部发布首批国家新一代人工智能公共算力开放创新平台建设的批复通知，同意9家平台建设国家新一代人工智能公共算力开放创新平台，16家平台建设国家新一代人工智能公共算力开放创新平台（筹）[4]。

平台依托人工智能行业技术领军企业，以应用需求为牵引，促进人工智能与实体经济深度融合，为科技创新和产业智能化转型提供人工智能普惠算力，积极参与我国人工智能算力网络建设，更好服务我国人工智能创新与经济社会发展。

最后，应深化国际科技合作与交流。加强交通科技合作研究，主动参与或牵头开展国际交通领域大科学计划和大科学工程科技合作，全面提升我国交通科技创新能力和现代化水平。

二、突破核心技术

瞄准世界科技前沿，加强共性关键技术攻关，大力提升关键装备技术自主研发水平，摆脱核心技术受制于人的局面，掌握与引领产业变革的颠覆性技术。

第一，全面深入推进数字化、智能化技术。数字化、智能化技术使我们的分析研判能力、精准治理水平、攻坚克难的技术路径和破解难题的思路方法都产生了革命性变化，需要大力度发展由大数据和人工智能技术等支撑形成的智能交通系统技术，攻克大城市区域交通控制、动态信息服务、动态事故监测与对策方案形成、城市用地与交通需求特性动态变化分析和交通规划方案自动生成、先进机场运行、运输组织与应急指挥一体化、高速铁路和高速公路的智能化、港口与航运的智能化以及极地航运实时通信等技术与装备制造难题。

第二，针对船舶、飞机动力设备与控制系统核心技术受制于人的问题，着力提升自主创新能力。进一步提升高技术船舶的自主设计建造水平，突破大型民用飞机以及航空发动机、航空电子、航空材料和空管系统软件等核心技术，提高空管系统装备自主化率。

第三，攻克载运工具节能、低碳关键技术，实现排放洁净化，降低传统燃油汽车油耗、排放。

第四，发挥我国电动汽车总体竞争优势（产能、技术研发、电池生产、充电基础设施建设），占领开发新能源汽车的制高点。

第五，研究汽车安全多系统协同控制、车路智能协同控制、船舶远程自主航行、智能化空管系统等关键技术，形成一体化系统安全技术与装备。

三、提高智能分析研判和交通运营指挥控制技术

为摆脱国外垄断，要解决适合我国交通特点的新一代智能交通控制技术的瓶颈问题。例如，城市交通信号控制系统软件长期以来以引进国外系统为主的局面没有从根本上改变，国外系统软件水土不服的现象依然普遍，原因在于国外开发的软件系统是基于国外均质的交通流特性、行为特征和路网条件的，难以适应我国不同于国外的混合交通流、不规则的路网结构和不十分规范的交通行为。同时，国外系统开发较早，近年来没有明显的更新和进步，也不适应当前不断发展的交通控制环境变化和优化控制的新要求。因此，交通领域的自主创新和原始创新非常必要。

第一，努力提高交通分析研判能力。提高分析研判能力是实现高质量发展的基本前提，也是大数据时代应该提高的核心能力之一。无论是破解交通拥堵，还是提高安全水平，以及实现交通运输节能减排和一流交通服务，都需要显著提高分析研判能力。

第二，加快开发综合平台与管理控制等自主软件。实现交通运输高质量发展的另一个关键是实现交通运输的一体化，包括交通与土地使用、不同交通方式之间、干线交通与末端交通以及交通服务的一体化。综合平台是实现一体化的技术途径。此外，研发应用自主可控的交通运输领域的关键管理与控制等软件也是实现交通强国目标的关键。

第三，突破城市交通协同管控、综合交通集成服务、交通系统在线动态仿真等关键技术，形成城市综合交通协同管控、动态仿真等方面的技术标准和规范，并创新应用，提高城市交通系统运行效率和综合服务水平。

第四，重点突破区域交通运输态势监测、区域综合交通运输组织调度、应急指挥与协调联动、区域交通信息服务走廊等关键技术，研发其综合平台与系统，提升区域综合交通运行效率和服务水平。

第五，深入研究开发空管系统的协同化与智能化运行技术。开展天陆空地一体化信息系统、智能化空管系统、无人机／有人机混合运行管控系统、无人机物流系统、亚轨道交通管控系统等方向的前沿技术研究，引领国际智能空管系统装备生产制造。

第六，突破综合交通运输网络运行风险辨识与防控技术，构建面向综合运输运行风险防控的交通行为风险监测与调控系统。

天津探索"大数据+"交通分析研判及运营服务新模式

天津智能交通体系汇聚了46家行业数据，涉及9个交通行业、50类业务，总量超5430亿条，初步形成"大数据+"的分析研判及运营服务新模式（图10.1、图10.2），正在以"业务为导向、技术为支撑"，构建"一个中枢、四大体系"总体框架——数字交通发展基础中枢，基础设施体系、运输服务体系、运输治理体系、可持续生态体系[5]。

图10.1 大数据+救灾防灾=全息管理一呼百应

图10.2 大数据+应急指挥=看见一屏指挥所有

四、保持高速铁路技术和港机装备技术领先地位

我国要在高速铁路技术和港机装备技术等领域继续巩固领先地位，始终保持在世界前列，持续不断研发新技术、开拓新领域，引领世界技术发展潮流。

交通强国

第一，通过科技创新引领世界轨道交通发展。在与在役时速 350 千米列车性能进行对比研究试验的基础上，开发运行时速 400 千米级高速列车系统。通过采用新一代信息技术、人工智能、新材料，进一步提高列车速度以及安全、节能、环保性能，领跑世界。

高铁成为闪亮的中国"名片"

新时代，我国铁路快速发展，已建成了世界上最发达的高铁网和最现代化的铁路网，形成了布局合理、覆盖广泛、层次分明、安全高效的铁路网络，深刻影响和带动了城市格局、人口布局、经济版图的积极变化，"坐着高铁看中国"成为享受美好旅行生活的真实写照，高铁成为闪亮的中国"名片"。

自主创新是我国高铁领先发展的"法宝"，我国已形成了具有自主知识产权的世界先进高铁技术体系。

中国中车承担研制、具有完全自主知识产权的时速 600 千米高速磁悬浮交通系统在青岛成功下线[6]；航天科工集团正在研制超高速低真空管道磁悬浮交通系统[7]。

高铁持续科技创新发展，对于打造我国高端装备产业新引擎、形成轨道交通领跑新优势、抢占科技竞争制高点、加快构建现代化综合立体交通网、支撑"科技强国""交通强国"战略，具有重大而深远的意义。

第二，加强既有码头技术改造，结合需求有序提升装备设施水平，完善自动化码头成套技术，保持海港设施技术先进水平，提升港机装备技术国际市场份额。优化设施装备存量资源，提升设施利用效率。

五、保持交通土建技术的领跑态势

经过多年研究开发和大规模实践，我国在铁路、公路、港口、机场建设方面已经走在世界前列，要继续保持领跑态势。

第一，加强基础理论研究和应用技术攻关，掌握先进的全寿命智能化设计理论与方法。

第二，加快高性能混凝土材料、高性能钢材及缆索、复合材料及智能材料及工艺的开发应用。

第三，施工设备和工艺将以重大工程需求为导向，以智能化、一体化、装配化、精细化等"四化"为目标进行研发，重点在桥隧设计施工、土工结构、吹填造陆、港航和海岸工程方面突破，加大智能建造成套技术与装备研发力度，完善相关技术标准体系。

第四，将信息智能技术应用于交通基础设施监测、检测、养护维修及更新改造方面，建立基于大数据和建筑信息化模型技术、故障预测与健康管理（Prognostic and Health Management，PHM）技术的建养一体化技术和建养一体化平台，以信息化、智能化实现建养一体化引领交通基础设施养护维修的现代化发展，实现精细化、动态化管理，实现"全生命期内的监管养护"目标。

第五，针对未来发展重点逐步从新建转向既有线路、设施改造升级和运营维护，从安全、寿命、效能、成本、智能等方面，系统开展交通基础设施服役性能优化和提升技术研究。实现桥梁隧道建造技术跃升至新水平，到2035年时，新建桥梁隧道结构寿命较2020年及之前建设的桥梁隧道结构寿命长20年。

第三节　实现创新驱动发展的若干措施

抓创新就是抓发展，谋创新就是谋未来。世界百年未有之大变局加速演进，在新一轮科技革命的浪潮中，为更好地应变局、育新机、开新局，实现创新驱动发展，充分发挥交通运输科技创新的支撑引领作用，需要营造创新氛围、夯实创新基础、培养创新人才、落实激励措施、建立长效机制[3]。

一、加强顶层设计

推动交通领域创新发展，首先要加强交通科技创新的顶层设计，打造创新生态。制定涵盖公路、铁路、水运、民航及城市公交、轨道等交通领域的科技创新规划，面向综合交通运输发展，有效整合和协调大交通行业人才、技术、资金、平台等创新要素，强化基础研究、互联互通标准制定和共性重大技术攻关。以现代信息技术与人工智能技术引领道路网、公交网、铁路网、航空网、水运网的合理配置、相互衔接及综合交通枢纽建设，构建智能网联、高效协同、绿色环保的现代综合交通运输体系。继续利用经济、技术、政策手段，支持 LNG、电动、氢能等新能源车船开发、推广。建立基于交通大数据平台的国家交通监控中心。围绕国家重大战略需求，加强国家级交通科研基地建设和智库建设，形成面向全球的合作、开放、共赢的创新平台体系。

首先，围绕交通强国目标和战略需求，整合行业现有各类创新平台资源，完善交通科技创新平台体系，建设一批世界一流的综合性交通科技创新中心，集聚和培养一流人才，推动交通行业重大科技问题研究，形成一批引领性原创成果。

其次，摒弃浮躁之风、尊重科研规律，政策导向上不要急于求成，科研经费上要显著增加项目负责人对经费自我判断支配部分的比重，鼓励科研团队建立激励机制，切实落实科研成果产生效率的分享机制等。

最后，建立目标导向、绩效管理、协同攻关、开放共享的科技创新平台运行机制，建立健全科技资源开放共享机制，开

展重大科研基础设施、大型科研仪器现状调查和开放能力评估，建立资源清单和开放共享平台；分类制定开放共享目标，建设交通行业科技基础数据库，建立信息共享机制，大幅提升科技资源利用效率。

二、夯实创新基础

国家确保对基础研究，尤其是从 0 到 1 的创新研究的支持力度。优先保障基础科学研究财政性资金合理、稳定、持续，大力支持行业重点科研平台基础条件建设。争取国家科技资源支持，加大交通运输战略与前瞻性技术、共性关键技术等研究投入。通过后补助、购买服务、间接投入等方式鼓励企业和其他社会力量投入，发挥金融创新对交通运输技术创新的助推作用，建立健全多元化科技资金投入机制，确保科技资金稳定投入，形成财政资金、金融资本、社会资本多方投入的新格局。加大对基础学科、基础研究基地和基础科学重大设施的稳定支持。

国家要定期列出原创性基础研究清单，张榜承担、奖惩分明、重奖重罚。要杜绝"取得项目难、交账很容易"的科研平庸局面。将长期大量获得科研经费资助而无显著科研成果的单位和个人纳入限制名单，限制申请项目。

三、培养创新人才

我们要把人才作为创新的第一资源，加强人才引进与培养。完善科技人才评价和激励制度，鼓励科技人才竞争流动；

鼓励企业、科研院所、高等院校联合培养技术人才；加大高端国际人才、复合人才引进与培养力度。依托重大科研项目、建设项目、科研基地，以及国际学术交流与合作项目，加大学科带头人的培养力度，带动创新团队建设。

交通运输系统是一个复杂的社会—技术系统，需要从社会—信息—物理系统的视角去分析问题和优化方案。因此，交通运输系统是典型的复杂系统，交通运输领域的创新尤其需要多学科"融贯型"人才，这对交通运输领域的人才培养提出了更高要求。

面对复杂的交通问题时，交通专业人士除了需要从纯技术角度出发去分析问题，还必须充分考虑交通参与者可能的反应以及国家政策、法律法规、标准规范、管理要求、金融保险等社会性要素，要用系统的思维和视角实现对交通运输系统的分析诊断及优化工作。也就是说，交通领域创新人才的培养，要有一定的知识广度、牢固的系统工程思路和综合分析问题解决问题的能力的培养。

第四节　未来交通新技术发展的若干亮点

展望全球，交通科技发展进入了发展新阶段。基础研究快速发展、应用探索百花盛开，交通科技创新正在以前所未有的态势展现在世界面前。面对交通强国建设目标和交通科技发展的使命，创新驱动是关键。而创新驱动的重中之重，超级高铁、

交通强国

大型飞机、智能船舶、车路协同与自动驾驶、低空飞行、飞行汽车以及导航服务与人工智能等领域,是被人们关注的焦点。

一、超级高铁

多年来,不少专家都认为磁悬浮列车是属于未来的交通方式。一些发达国家相继涉足这一领域,期望通过采用磁悬浮技术解决传统铁路的轮轨摩擦、振动和高速受流等问题。20世纪,德国、日本、美国、苏联等国家分别进行磁悬浮列车的研制。我国于2002年引进德国技术建成了上海磁悬浮专线,运营速度为430千米/时。此后,于2021年由中国中车承担研制的时速600千米高速磁悬浮交通系统在青岛下线(图10.3),不过由于缺乏配套的轨道,试验工作尚未完成。日本计划建设东京到大阪的磁悬浮新干线,目前正在建设东京至名古屋段,最高运营速度拟定为505千米/时。

众所周知,无论是轮轨式或磁悬浮式列车,当车辆处于开放空间大气环境下运行时,均要面临巨大的空气阻力(与速度的平方成正比)和噪声(与速度的六次方成正比)问题,从而带来经济性和环保性挑战。因此,为获得更高的经济运行速度,在利用磁悬浮技术减少车轨摩擦的基础上,再构建低真空运行环境以减小空气阻力和噪声的超级高铁,是未来更高速度轨道交通技术的重要发展方向之一。

目前,我国正在对时速600千米级低真空管(隧)道高速磁悬浮铁路关键技术展开攻关。

图 10.3　时速 600 千米高速磁悬浮交通系统在青岛成功下线（中国中车承担研制、具有完全自主知识产权）

超级高铁是以低真空管道运输为理论核心，综合运用高速磁悬浮技术和低真空管道，在地面上创造出低真空环境实现超高速运行的一种运输体系[8]。美国一些私营企业和创业公司开展了超级高铁技术的研发工作，美国超级高铁（Hyperloop One）公司曾基于超级高铁管道系统提出过超级高铁的设想，根据设计，超级高铁在真空管道中运行，预计最高时速 1287 千米。然而，由于缺乏订单，该公司已于 2023 年 12 月 21 日宣布倒闭。

中国在超级高铁领域已取得进展。在 2023 年中国航天大会上，航天科工集团展示了超高速低真空管道磁悬浮交通系统的建设进展，完成了国内首次全尺寸超导航行试验。这套系统

交通强国

利用磁悬浮消除摩擦阻力，利用低真空管道大幅降低空气阻力和噪声，有望成为新一代交通工具，实现最大运行速度1000千米/时的超高速"近地飞行"[8]。

回顾历史，德国是最早开展磁悬浮列车研究的国家之一，德国的磁悬浮列车系统为常导型磁悬浮列车。2002年12月31日，由德国磁悬浮列车（Transrapid）公司在上海建设的磁悬浮列车（图10.4）全线试行，并于2003年1月4日开始正式商业运营，线路全长约30千米，列车驶完全程只需8分钟，该系统是世界第一条实现商业运营的磁悬浮专线，但该磁悬浮列车技术在德国没有得到推广。

图10.4 德国磁悬浮列车公司在上海建设的磁悬浮高速铁路列车

日本也是高速铁路技术的领跑者之一。与德国不同，日本的磁悬浮列车系统采用电动超导模式。正在建设的日本中央新干线是一条连接东京品川和名古屋的高速磁悬浮列车线路，全长286千米。中央新干线采用了最新的磁悬浮技术，实现了高速、舒适、环保的交通出行。该线路由日本东海公司于2011年开始建设，预计在2027年投入运营，预计最高时速505千米，虽未完全竣工，但部分路段已经处于试跑阶段。

二、大型飞机

大型飞机一般指起飞重量在100~150吨级别（含以上）的机型，分为以军用货运为主的大型货机和以干线远程人员运输为主的大型客机[9]。国际上在大型飞机领域处于领先地位的主要是美国、欧洲等。

美国是大型民用和军用飞机制造的领导者之一。美国的波音公司是世界上最大的民用飞机制造商之一，在大型民用飞机领域有着丰富的经验。美国波音公司产品包括新一代737、737MAX、747-8、777、777X、787-10梦想飞机、777-8货机、767、BBJ（波音公务机）等。

欧洲的空中客车公司（Airbus，简称空客公司）也是世界上最大的民用和军用飞机制造商之一，研发了多款大型飞机。截至2024年1月，空客公司产品包括A220、A320、A330、A350、A380等。

中国虽然在大型飞机开发上走过漫长的道路，但近期中国商用飞机公司（COMAC）在党中央关怀下，承载着国家意志、民族梦想，在关键核心技术上取得重大突破，成功研制C919大型

> 交通强国

客机（158～192座，航程4075～5555千米）（图10.5）填补了我国单通道干线客机的空白，打破了波音和空客公司的垄断。C919具有很高的安全性、舒适性、经济性、环保性，并已执飞京沪等我国最繁忙的航线，成功超过预期。而在此之前开发的ARJ21（78～97座、航程为2225～3700千米），已经实现了载客超千万人次，成为中国支线市场的主力机型之一。

图10.5　中国商飞公司C919机型

与此同时，我国正在开发C929洲际客机。该机型是中国首款按照国际通行适航标准自行研制、具有自主知识产权的喷气式远程宽体客机，基本型座级280座，航程12000千米，目前已进入详细设计阶段。

虽然我国大飞机制造取得重大成果，但尚须对关键技术和前沿技术加深研究。未来我国要聚焦大飞机关键核心技术和科学问题，选择正确技术路线合力攻关，培育专业人才队伍，为早日实现大飞机高水平科技自立自强提供坚实基础。

三、智能船舶

近年来，国内外航运业以提高水上交通运输的经济效益为目标，着眼于水路运载工具的升级改造和船岸通信网络的构建，积极开展绿色智能船舶研究，努力提升港航基础设施与运营组织服务[10]。

国际海事组织在第99届MSC地中海航运公司会议上，将自主水面船舶（MASS）定义为"在不同程度上可以独立于人的干预而运行的船舶"[11]。荷兰智能船舶发展路线图预测，到2030年25%的内河货运船舶将实现无人在船值守的远程控制（L3，即有条件自动驾驶，是系统在其设计运行条件下持续地执行全部动态驾驶任务）。日、韩、俄、美等国以实现中小型货船在内河沿海场景下的商业化推广为愿景，相继启动了日本无人舶MEGURI、韩国自主水面船舶KASS项目、俄罗斯自主和遥控航行试验ARNTP项目、美国无人水面舰NOMARS项目和实船测试。

我国工信部等五部委联合印发《关于加快内河船舶绿色智能发展的实施意见》，明确了推动新一代智能航行船舶技术研发应用，开展基于5G网络的"岸基驾控、船端值守"船舶航行新模式研究等重点任务，鼓励在通航秩序好、船舶交通密度适中的骨干支线航段客船、货船上率先开展远程驾驶系统技术的试点示范。

2022年5月，我国首艘智能无人系统母船"珠海云"号在广州黄埔港下水，其具有远程遥控和开阔水域自主航行功能，取得了中国船级社R1远程控制符号。2023年4月26日，全球首艘智能型无人系统母船"珠海云"号顺利完成专业海试航次任务，已可正式步入业务化运行。但是，该项技术自主可控程度尚须提高。

四、车路协同与自动驾驶

车路协同（CVIS）是从全局上整合交通科学技术与相关法律、法规以提升交通系统整体表现的系统性框架，目的是实现包括车和路在内的交通运输系统整体最优。CVIS依托于大数据、人工智能、云计算、边缘计算、无线通信技术、车辆自动化与智能网联技术，实现车辆、道路和行人之间全面的实时信息交互，动态地采集和整合了全时空的交通信息，为智能化引导、辅助决策、优化控制、出行服务、主动安全保障以及智能驾驶等提供支撑，最终实现安全、高效和环保的智能道路交通管理目标[12-13]。

目前，美国与中国在车路协同研究领域处于领先地位，并且在各自的领域拥有独特的优势。

美国是最早展开车路协同研究的国家之一，不断优化政策产业环境、推动市场规范，在技术和商业化方面保持领先。美国在2020年3月发布了《智能交通系统战略规划2020—2025》（以下简称2020—2025版《战略》），提出加快智能交通系统部署，鼓励推行公路自动化，已对多条道路进行大范围的路侧设备部署和道路智能化升级；同时在车辆与智能交通系统深度融合方面，考虑了车路云协同自动驾驶。美国2020—2025版《战略》中强调未来智能交通发展应从单车智能、自动驾驶、智能互联等单点突破模式向系统集成化转变，融合新兴技术，结合数据共享、网络安全等技术，以车路协同为框架，通过ITS技术为民众提供全链条的智能出行服务。同时，美国也很重视发展车路云协同自动驾驶，提出了网联自动驾驶（CAV）的概念，美国联邦公路管理局（FHWA）开发了CARMA平台（自动驾驶系统）和CARMA云，以支持协同驾驶自动化（CDA）的研究和开发。

中国在"十二五"期间布局推动智能车路协同系统关键技术的研究，在车路协同系统架构、车路通信、典型场景应用等方面已有相关成果，目前正加速建设车路协同标准体系。中国相关研究集中在车路协同环境下的车辆诱导与微观控制、场景构架与生成等，并在科研与试点工程中取得了显著成果。

目前，中国已经形成了包括电子元器件、整车制造、智能道路基础设施、云服务平台、测试验证及运营服务在内的相对完整的车路协同产业链，处于国际领先位置。当前全国17个测试示范区、16个"双智"（智慧城市基础设施与智能网联汽车简称"双智"）协同发展试点城市、7个国家车联网示范区完成了7000多千米道路智能化升级改造，装配路侧网联设备7000余台（套）。

尽管车路协同发展迅速且优势突出,但一些关键问题仍对车路协同跨越式发展形成了掣肘。从技术层面看,主要有三个瓶颈:第一,感知的局限性问题。激光雷达、毫米波雷达、路侧摄像头智能感知设备遇大雨、大雾等恶劣天气时难以稳定、准确地提供智能感知数据。第二,成本问题。车路协同涉及的相关智能设备受到生产成本、产品生命周期不稳定、成本较高等因素影响,导致整体产业成本过高[14-15]。第三,统一的协议和设备互联互通问题。5G-V2X 等无线通信协议尚未建立,难以进行商业化应用;设备与各个子系统之间不成体系,难以集成[16]。

自动驾驶又称先进辅助驾驶系统,是车路协同的子系统之一。按照美国的分类,依自动化程度由低到高分为 Level 0(无自动化)、Level 1(驾驶支援)、Level 2(部分自动化)、Level 3(有条件自动化)、Level 4(高度自动化)和 Level 5(完全自动化)六个级别。其中 Level 3 及以下为智能辅助驾驶,Level 4 及以上为自动驾驶。

目前,中美两国在自动驾驶技术开发、测试与应用方面处于全球领先地位。

中国从 2015 年陆续启动自动驾驶应用示范区和测试区建设,工业和信息化部、公安部与江苏省人民政府共建了"国家智能交通综合测试基地";国家自然科学基金委在江苏常熟建设了"中国智能车未来挑战赛"赛场;长沙、厦门等地自建了示范区。截至目前,全国范围内开展智能网联和自动驾驶的测试、示范基地超过 60 个。

自动驾驶技术已在多个领域得到初步应用，包括乘用车和出租车、货运和物流、城市交通管理、农业、采矿、建筑、公共交通、物流中心和仓储、残疾人出行、环境监测以及军事和安全应用。

五、低空飞行与飞行汽车

低空飞行指各类飞行器以载人、载货、巡逻、救援及其他生产、生活作业等多场景低空飞行活动，是低空经济的核心组成部分。低空飞行涉及的领域和行业众多，在商用客运、物流配送，农用自动化生产、警用巡逻、突发事件监控与救援等方面表现出了高度的融合性与适应性。总体上说，低空飞行与地面活动结合紧密，呈现了"飞行在空中，作业在地面"的特点[17-19]。

根据2010年国务院、中央军委发布的《关于深化我国低空空域管理改革的意见》，"低空"范围指"垂直范围原则为真高1000米以下，可根据不同地区特点和实际需要，具体划设低空空域高度范围，报批后严格掌握执行。"目前管理部门和业内普遍将高度上升至3000米。

美国与西欧国家在低空飞行技术方面发展呈现起步早、应用范围广、覆盖范围大的特点。中国在低空飞行方面表现出增长快，爆发强，且以无人机与垂直起降飞行器发展为主的特点。

根据中国民航局信息，截至2022年，我国通用航空机场

交通强国

数量为 399 个，远低于国际先进水平，总体上低空飞行存在地域窄、规模小，以垂直起降飞行器、小航线与小企业为主的特点。但得益于国内完善的产业链，中国在无人机和旋翼机制造研发方面具有优势。截至 2023 年，共有 16 个省（自治区、直辖市）将低空飞行写入政府工作报告。其中，以粤港澳大湾区无人机集群产业发展最为突出，仅深圳在 2023 年 1—10 月就拥有无人机航线 74 条以上，大型无人机起降点 69 个以上，载货无人机飞行 42.1 万架次。

随着国家低空空域管理改革工作的深入推进，低空飞行在城市建设中的应用场景日益多元化。低空飞行本身具有高度的灵活性和机动性，其在复杂城市环境中运行时面临诸多运行限制和安全风险，目前无人机和有人机在空中避障、路线规划等方面还有诸多不足，进而导致飞行安全水平和效率较低，无法适应未来的井喷式低空飞行需求。为保证低空飞行安全，在低空区域，尤其是城市区域为其科学规划出一条安全无碰撞且尽可能短的飞行路径，成为城市空中交通领域亟待解决的关键问题。未来依靠车路协同的路侧设备向空中延伸，以加强低空飞行器避障算法与信息感知能力，提高低空飞行器自动化程度，是解决这一关键问题的有力抓手。

飞行汽车是一种新型的交通工具，它能通过机械和电子设备实现形态转换，使得汽车以特定形态在空中飞行或在地面行驶。

目前，飞行汽车以垂直起降（vertical take-off and landing，

VTOL）技术为主流，其中电动垂直起降（EVTOL）技术被视为未来解决温室气体排放和城市拥堵的重要技术手段。

近年来，飞行汽车研发已经取得了一些重要的突破。如轻量化材料与高能量密度电池的技术突破，使得飞行汽车的航程与安全性得到巨大提升。例如，2021—2023年，美国、英国等多国投入试运营的飞行出租车，通过多个小型垂直起降喷气发动机或涵道风扇等装置，实现了在狭小空间内的垂直起降，这使得飞行汽车可以更加灵活地适应城市等复杂环境。

2022年，中国机械工程学会与北京理工大学联合发布全球首款载人级两座智能分体式飞行汽车工程样车，其从上至下主要由自主垂直起降飞行器、智能操控座舱、自动驾驶底盘3个独立的模块构成。这款飞行汽车采用先进的分布式8轴16旋翼技术，实现自主垂直起降，最大起飞重量650千克，净载重280千克。其智能操控座舱采用超轻量化材料，仅重80千克，通过感知传感器与上下飞行器和底盘精确对接，实现地面行驶与空中飞行的无缝转换。自动驾驶底盘采用电机四轮驱动、高机动线控技术，支持轨迹规划、运动控制、精确定位，与座舱实现高精度自主对接。该飞行汽车最大载荷可达500千克，车速最高可达80千米/时，为未来立体智慧交通提供了全新的解决方案。此外，御风未来公司自主研发的2吨级EVTOL飞行器M1在上海成功首飞，标志着飞行汽车商业化迈出重要一步。

然而，要实现飞行汽车的广泛应用，还需要攻克许多技术挑战。与其他低空飞行器一样，飞行汽车需要配备智能感知与决策系统，以实时监测周围环境、交通状况等信息，并根据这些信息做出相应的决策，如调整飞行高度、速度、航线等，从而保证飞行汽车的安全和高效运行。这需要先进的自动驾驶系统，包括传感器、计算机视觉、雷达等方面的技术支持。但目前相关技术受限于先进性、可靠性和成本等诸多因素，制约了飞行汽车的发展。同时，单纯依靠飞行汽车本身的自动化系统，在可靠性、安全性和成本上难以取得平衡[20-22]。

2024年1月9日，小鹏汇天公司在拉斯维加斯CES2024现场将旗下首款飞行汽车带入北美市场，并将于2025年正式上市[23]。图10.6为广东汇天航空航天科技有限公司生产的飞行汽车。

图10.6　广东汇天航空航天科技有限公司生产的飞行汽车

六、公路北斗税收系统

对成品油征收燃油税用作公路养护支出是我国交通建设运营政策的重要基石,但由于燃油税制度不适应未来以新能源车为代表的载运工具发展方向,因此需要探讨建立新的替代燃油税的改革方案[24-25]。经过有关研究,根据车辆行驶轨迹征收里程税,是个可行的办法。即基于北斗导航系统和大数据体系,精准计量车辆行驶轨迹和里程,向车辆征收对应的使用税。其实,利用卫星导航定位技术按车辆行驶里程收费在国内外均有成功应用。德国、奥地利等国一些高速公路已实现通过GPS系统向车辆征收通行费,成效明显。在我国海南省也在进行类似的试验。

在我国,北斗导航系统运行状态良好,可以支撑"里程

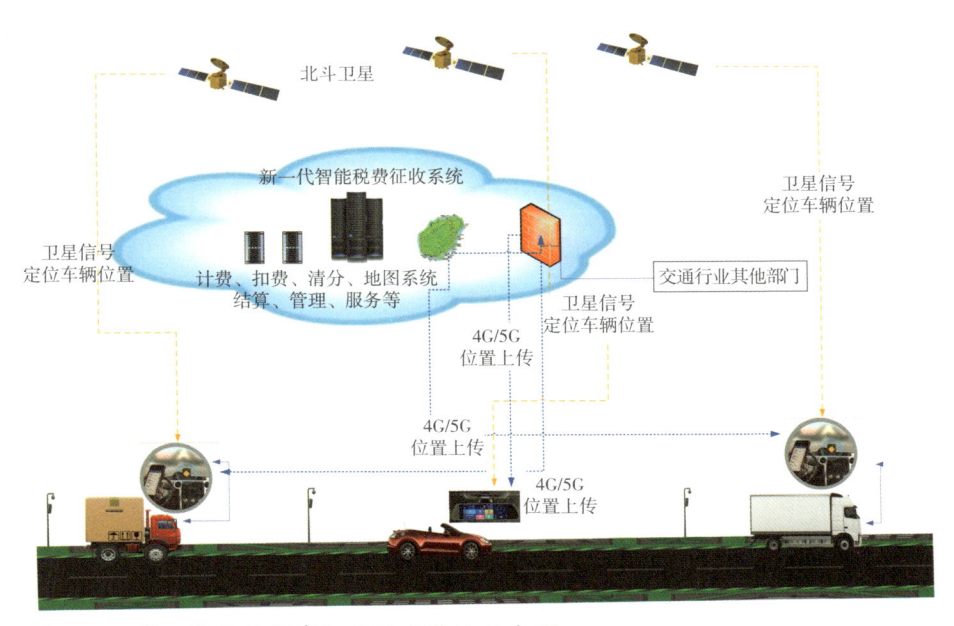

图 10.7 新一代智能税费征收技术系统示意图

税"改革。北斗导航系统是着眼于国家安全和经济社会发展需要，自主建设的卫星导航系统，可为全球用户提供全天候、全天时、高精度的定位、导航和授时服务。而基于北斗定位、5G通信、区块链、互联网金融等技术融合的公路车辆行驶收费系统，即可作为新一代交通税费方案的可行选择。通过车辆在路网上的行驶轨迹，绑定后台账户，采用"车辆定位 + 云端计费"的方式，收取车辆税费。我们只需在云端电子地图划定虚拟收费区域，配合稽查设施、矫正设施和配套的政策制度，无须建设收费站及附属设施[24-25]。

收费过程包括终端发行、里程税计费、异常情况计费、稽核、支付缴费和清分结算等环节。

参考文献

[1] 傅志寰，孙永福，翁孟勇，等. 交通强国战略研究[M]. 北京：人民交通出版社，2019.

[2] 创新驱动交通发展战略研究课题组. 交通强国战略研究之创新驱动交通发展战略研究报告[R]. 2019.

[3] 陆化普，李瑞敏，吴润华. 交通土木理论创新与人才培养初探[J]. 土木工程学报，2022，55（3）：1-6.

[4] 长江日报. 武汉人工智能计算中心等9家平台成功获批国家"开放创新平台"[EB/OL].（2023-07-04）[2024-05-20］. https://www.wuhan.gov.cn/sy/whyw/202307/t20230704_2226239.shtml.

[5] 刘道刚. 智解民忧心欢悦 慧聚春风向未来[R]. 2023年中国智能交通大会. 2023.

[6] 杨丽君. 中国速度! 我国时速600公里高速磁浮交通系统下线[EB/OL].（2021-07-20）[2024-05-20］. https://news.cctv.com/2021/07/20/ARTI4zCePBILBmrvLOGMXXEW210720.shtml.

[7] 刘苏雅. 时速1000公里"高速飞车"正驶来[N]. 北京日报，2023-4-25（9）.

[8] 汤友富. 超级高铁发展趋势及关键问题分析[J]. 铁道建筑技术，2019（4）：1-4.

[9] 祝文立. "大型飞机"项目与财政支持的探讨[J]. 当代经济，2008（12）：48-49.

[10] 张宝晨，张英俊，王绪明，等. 基于船岸协同的船舶智能航行与控制关键技术研究[J]. 中国基础科学，2021，23（2）：44-51.

[11] MSC. Interim guidelines for MASS trials（MASS）：MSC.1/Cir c.1604[S]. London：International Maritime Organization，2019.

[12] 张毅，姚丹亚，李力，等. 智能车路协同系统关键技术与应用[J]. 交通运输系统工程与信息，2021，21（5）：40-51.

[13] TIAN D，ZHANG C，DUAN X，et al. An automatic car accident detection method based on cooperative vehicle infrastructure systems[J]. IEEE Access，2019，7：127453-127463.

[14] 张新钰，邹镇洪，李志伟，等. 面向自动驾驶目标检测的深度多模态融合技术[J]. 智能系统学报，2020，15（4）：758-771.

[15] 安鑫，蔡伯根，上官伟. 车路协同路侧感知融合方法的研究[J]. 测控技术，2022，41（2）：8-19+42.

[16] YU H, LUO Y, SHU M, et al. Dair-v2x: A large-scale dataset for vehicle-infrastructure cooperative 3d object detection [C]// Proceedings of the IEEE/CVF Conference on Computer Vision and Pattern Recognition. Piscatway, NJ: 2022: 21361-21370.

[17] 国务院，中央军委. 国务院 中央军委关于深化我国低空空域管理改革的意见[EB/OL].（2010-11-2）[2024-05-20]. https://www.shenyang.gov.cn/zwgk/zcwj/zfwj/qtxgwj/202112/t20211201_1701134.html.

[18] 国务院，中央军委. 无人驾驶航空器飞行管理暂行条例[EB/OL].（2023-05-31）[2024-05-20]. https://www.gov.cn/zhengce/content/202306/content_6888799.htm.

[19] JANG T, GELER J, Ni D H, et al. Unmanned Aircraft System traffic management: Concept of operation and system architectural [J]. International Journal of Transpiration Science and Technology, 2016, 5: 3.

[20] Ahmed S S, Hulme K, Fountas G, et al. The Flying Car—Challenges and Strategies Toward Future Adoption [J]. Frontiers in Built Environment, 2020, 6: 106.

[21] 中国工程机械学会. 北理工联合研发智能分体式飞行汽车[EB/OL].（2023-05-31）[2022-11-28]. https://mp.weixin.qq.com/s?__biz=MzA4MTQxOTQzMw==&mid=2650291433&idx=1&sn=645a97b083bceda8e5276140fa266e6e&chksm=8799d12fb0ee5839f0da7b750ee398ee221f99f0402efda2e195c2dd1a549e8fd0f9974221d2&scene=27#wechat_redirect.

[22] KASLIWAL A, FURBUSH N J, GAWRON J H, et al.

Role of flying cars in sustainable mobility [J]. Nature Communications, 2019, 10: 1555.

[23] 小鹏汽车. 小鹏汇天飞行汽车亮相北美 CES,"陆地航母"四季度开启预订[EB/OL].(2024-01-10)[2025-05-20]. https://www.xiaopeng.com/news/company_news/5241.html.

[24] 智慧公路发展战略研究课题组. 新一代公路智能税费征收技术系统研究报告[R]. 2023.

[25] 陆化普. 交通天下:中国交通简史[M]. 北京:人民交通出版社,2023.

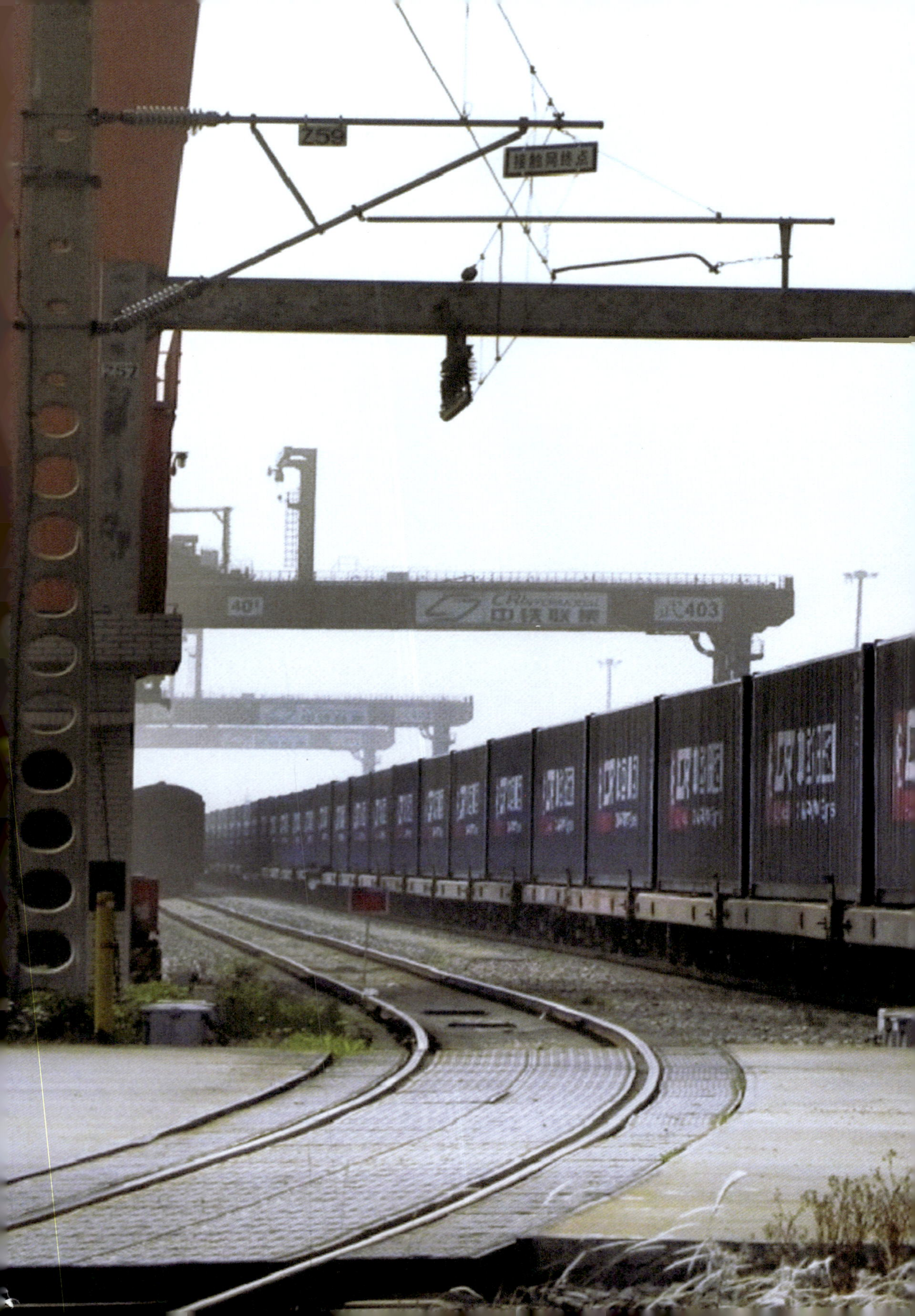
Z59
403

第十一章 通达世界

开放合作是增强国际经贸活力的重要动力，是推动世界经济稳定复苏的现实要求，是促进人类社会不断进步的时代要求。习近平总书记强调，只有开放合作，道路才能越走越宽。开放已经成为当代中国的鲜明标识，中国开放的大门只会越开越大。

交通运输是开放合作的重点领域，应构建互联互通、面向全球的交通网络，加大对外开放力度，深化交通国际合作，通过持续深化开放合作实现交

通运输面向全球、互利共赢。立足新发展阶段，我国须深化拓展交通国际合作"朋友圈"，实现高质量引进来和高水平走出去，交通对外开放应以"一带一路"为平台推动现代物流体系建设。交通运输开放合作应牢牢把握加快建设交通强国这一主线，加快开创交通运输开放合作新局面，加强交通国际交流合作，与世界各国一道，更好推进全球互联互通、民心相通，为建设繁荣美好世界做出更大贡献。

交通强国

第一节　联接世界的综合立体交通网络：
现状、成就与挑战

当前，"一带一路"设施联通正加快呈现出陆、海、天、网全面推进的态势，"六廊六路多国多港"架构基本形成。其中，"六廊"指新亚欧大陆桥、中蒙俄、中国—中亚—西亚、中国—中南半岛、中巴和孟中印缅等六大国际经济合作走廊；"六路"指铁路、公路、航运、航空、管道和空间综合信息网络；"多国"指一批先期合作国家；"多港"指若干保障海上运输大通道安全畅通的合作港口。基础设施建设稳步推进，成效显著。

交通设施互联互通，是看得见摸得着的，是最有说服力的。共建"一带一路"深刻改变了工业文明形成的以海洋为主导的全球经济地理格局，形成了海陆经济并进、共同发展的新格局，拓展了国家的战略腾挪空间和战略纵深[1]。

围绕"六廊六路多国多港"的基本架构和"陆海天网"四位一体的总体格局，我国交通互联互通项目建设取得突破性进展。

陆路联通方面，六大经济走廊交通项目加快推进，如白沙瓦—卡拉奇高速公路（中巴经济走廊）、匈塞铁路（新亚欧大陆桥经济走廊）、中老铁路（如图 11.1 所示的跨湄公河大桥）和雅万高铁（中国—中南半岛经济走廊）、同江铁路桥（中蒙俄经济走廊）、中缅原油和天然气管道（孟中印缅经济走廊）等标志性项目相继建成[2-3]。其中，中老铁路建成通车，对老挝经济发展拉动

图 11.1 建设中的中老铁路琅勃拉邦跨湄公河大桥

作用明显；雅万高铁是东南亚首条高速铁路，时速高达 350 千米。

海上联通方面，希腊比雷埃夫斯港、巴基斯坦瓜达尔港、斯里兰卡汉班托塔港等一批大型港口的合作共建取得积极进展，"丝路海运"联盟网络不断拓展；我国港口航线辐射全球，截至 2023 年 6 月底，"丝路海运"航线已通达全球 43 个国家的 117 个港口[4]。海上实现互联互通，海陆联动加快发展，提高了运输效率，降低了世界贸易成本。

空中联通方面，"空中丝绸之路"建设成效显著，我国已与 128 个国家和地区签署双边航空运输协定，开通国际航线

895 条。正常情况下，国内航空公司经营国际定期航班通航 62 个国家的 153 个城市，每周完成国际货运航班约 5000 班，通达全球 52 个国家的 123 个城市，有力保障了现代产业链供应链稳定。我国与 100 个"一带一路"共建国家签署了双边航空运输协定，与 64 个国家保持定期的客货运通航，航班总量占我国国际航班总量的 60% 以上。

在"一带一路"倡议背景下，重大交通基础设施项目开通运营，对共建国家之间和国家内部经济发展推动作用巨大。东非国家、柬埔寨有了高速公路，哈萨克斯坦有了出海口，马尔代夫有了跨海大桥，等等。西部陆海新通道铁海联运、跨境公路和跨境铁路常态化运行，截至 2022 年年底，目的地已覆盖全球 119 个国家和地区的 393 个港口，初步实现了丝绸之路经济带和 21 世纪海上丝绸之路的有机衔接[1,5]。

"一带一路"交通基础设施互联互通取得了明显成效，发挥了重要的先行引领作用，但我国面临的国际环境正发生改变，外部风险明显增加，对交通项目建设带来很大影响。

第二节　支撑全球交通服务的枢纽基地

综合交通枢纽在提高综合交通效率、提升多式联运水平中发挥关键作用，在支撑国际物流供应链构建、助力全球经贸发展中作用突出。在"一带一路"背景下，我国东部地区上海、广州、深圳等城市，依托自身区位和腹地经济优势，在枢纽建设方面成效显著；中西部地区的一些枢纽城市，依托区位优势和中欧班列的快速发展，建设发展步伐加快，郑州就是其中的代表。

一、概述

根据《国家综合立体交通网规划纲要》，综合交通枢纽可分为国际性综合交通枢纽集群、国际性综合交通枢纽、全国性综合交通枢纽、区域性综合交通枢纽等。其中，规划的国际性综合交通枢纽城市，包括北京、天津、上海、南京、杭州、广州、深圳、成都、重庆、沈阳、大连、哈尔滨、青岛、厦门、郑州、武汉、海口、昆明、西安、乌鲁木齐等20个城市[6]。

二、郑州成功构建发达的交通网络

以不临海的河南郑州作为案例，我们来分析我国内陆城市如何通过构建发达的国内外交通网络而辐射全球。

（一）构建国际综合交通枢纽

郑州是全国20个国际性综合交通枢纽之一、全国唯一的

空港型国家物流枢纽、国家首批 15 个综合货运枢纽补链强链城市之一。郑州形成了以其为中心 1 小时覆盖全省地市，2 小时连通周边省会城市，4~6 小时通达长三角、粤港澳、成渝等主要经济区的高铁圈，使其国际综合交通枢纽地位不断提升[7]。

（二）构建四条丝绸之路

空中丝绸之路：目前郑州新郑国际机场已开通全货机航线 44 条（国际地区 31 条），郑州的通航城市达 57 个（国际地区 43 个），可通达 30 个欧美亚国家及地区。

陆上丝绸之路：自 2013 年 7 月开行第一班班列以来，郑州已形成覆盖欧洲、俄罗斯、中亚、东盟和亚太的国际物流网络体系。2020 年 7 月，郑州中欧班列集结中心示范工程建设项目获批，促进班列开行由"点对点"向"枢纽对枢纽"转变。2022 年，郑州新开通国际直达线路 7 条，新增云南磨憨出境口岸，全年郑州国际货运班列累计开行 2050 班，增长 2.4% 以上。

海上丝绸之路：2020 年 6 月，郑州内陆无水港揭牌，实现了"关、铁两方一站式服务"，目前开通有郑州至连云港、青岛、天津、宁波、上海、苏州等 6 条海铁联运线路。2022 年，郑州中心站铁海联运到发 2.8 万标箱，增长 59% 以上。

网上丝绸之路：2016 年，国务院批复设立中国（郑州）跨境电子商务综合试验区。2022 年全年郑州市跨境电商交易额 1182.5 亿元，同比增长 8.2%。

（三）发展枢纽口岸经济

近年来，郑州市不断提升口岸服务能力，加快发展口岸经济。现有航空和铁路2个国家一类口岸、9个功能性口岸。2014年获批国家汽车整车口岸，2018年获批国家平行进口车试点城市，2019年获批药品口岸。

管中窥豹，可见一斑。郑州综合交通枢纽建设案例，仅是我国众多国际性综合交通枢纽城市建设实践的一个。其实，从北方的哈尔滨到南方的海口，从东部的上海到西部的乌鲁木齐，每一个国际性综合交通枢纽城市，都在结合自身特色优势，紧抓"一带一路"发展机遇，开展诸多富有区域特色的探索实践并取得了显著的成效。这些城市，是支撑全球交通服务的枢纽基地，也是引领全球交通服务话语体系的枢纽基地，使得中国的交通服务走向全球，也使得世界更加了解中国的交通。

第三节　走向世界的中国铁路

改革开放以来，中国铁路"走出去"渐入佳境。截至2020年年底，中国已与40余个国家和地区合作开展铁路规划、设计和建造，技术装备输出至全球100多个国家和地区。

中国铁路"走出去"的主要进展与成效如下。

中国铁路充分发挥在装备技术、工程技术和产品价格等方面的优势，通过与世界各国的务实合作，加快走向世界。20世纪60—70年代，我国协助坦桑尼亚和赞比亚建设坦赞铁路，实现了铁路勘探、设计、装备全套系统的出口。

从"产品零售"到"成套出口"。早期的中国铁路"走出去",是以对外工程承包出口为主。随着经验的多年积累、技术的不断成熟,中国铁路开始实施"工程承包+装备出口"的模式。如雅万高铁就是中国高速铁路从技术标准、勘探设计、工程施工、装备制造、物资供应,到运营管理、人才培训、沿线综合开发等全方位整体"走出去"项目。此外,中国轻轨交通装备高端产品已出口到澳大利亚、新加坡、马来西亚、土耳其等80多个国家和地区。

高铁掀起中国铁路"走出去"新篇章。在高铁的带动下,中国铁路"系统批发"的中外铁路合作项目不断落地生根,已遍及亚洲、欧洲、北美洲和非洲各地。中国铁路围绕服务"一带一路"建设,统筹国内铁路建造、装备制造、设计咨询、金融机构等单位，开展国际铁路合作，带动我国铁路技术标准和全产业链整体走出去，中国铁路的国际影响力明显提升[8]。

蒙内铁路

蒙内铁路是肯尼亚实现2030年国家发展愿景的旗舰工程，也是其独立以来最大的基础设施工程。该项目由中国路桥公司负责建设和运营。项目于2014年12月开工，提前两年半竣工，2017年5月正式通车。蒙内铁路长480千米，每列货车牵引量为4000吨，可运载108个标准集装箱，最高时速80千米；每列客车额定乘员1096人，最高时速120千米。铁路建设过程中，超过300家当地企业参与建设，本地供应商数量达到1200多家，直接和间接创造了46000余个就业岗位。其中，当地员工占比超过90%。该项目还为当地培养了5000多名铁路运营和维护人才。

蒙内铁路促进了当地物流业的发展。货物上午在蒙巴萨装车，下午就能运抵内罗毕，物流成本最高降低40%，港口物资到东非腹地的运输效率大大提升。随着东非铁路网及配套基础设施的完善，整个东非地区的物流业都将得到较快发展，各国经济合作与文化交流也会迈上新台阶。

中老铁路

中老昆万铁路，即中老国际铁路通道，简称中老铁路，是一条连接中国云南昆明与老挝万象的电气化铁路，由中国按国铁Ⅰ级标准建设，是第一个以中方为主投资建设、共同运营并与中国铁路

> 交通强国

图 11.2 中老铁路万象站

网直接连通的跨国铁路。2021 年 12 月 3 日，中老铁路全线通车运营。2023 年 12 月 3 日，"中老铁路＋中欧班列"国际铁路运输大通道正式打通。图 11.2 为中老铁路万象站。

依托中老铁路，云南积极推动"南出、北上、东连、西接"大物流通道建设，正在形成以昆明为集结中心，东连西部陆海新通道、西接孟中印缅经济走廊、南出辐射东盟国家、北上连通成渝地区双城经济圈的开放格局。中老铁路使老挝从"陆锁国"变为"陆联国"，成为老挝经济的加速器[9]。在中老铁路的带动下，中老两国的互利合作日益深化，双边贸易额持续增长。2022 年中国对老挝的进出口增速超过 20%。根据世界银行的报告，中老铁路通车运营后，从老挝万象到中国昆明的货运成本降低了 40%~50%，同时老挝国内线路成本降低了 20%~40%。

第四节　合作共赢的海外港口建设

我国参与海外港口建设起步很早。2003 年，中远海运集团开始与新加坡国际港务集团合作运营集装箱码头。随着"一带一路"倡议的提出，我国企业加快"走出去"步伐，不断完善海外港口网络布局，加快推动基础设施互联互通，成为"一带一路"建设的先行者。

一、主要成就

近年来，我国海外港口合作建设不断走深走实，海外港口网络不断完善，建设成效明显。据不完全统计，截至2019年，我国海外合作建设的港口码头达到58个，分布在全球六大洲38个国家。特别是"一带一路"倡议提出以来，我国参与合作建设的港点数量增长较快（图11.3），由2012年的9个，增加到2019年的58个，年均增加7个。从参与码头经营管理的程度看，绝大多数是参股经营，以当地政府或企业控股为主，此类码头占比为71%。从码头合作期限看，短则20~30年，有的长达99年。从性质功能看，码头主要服务区域经济社会发展，同时服务陆向相关纵深腹地区域以及周边海上物流中转网络。

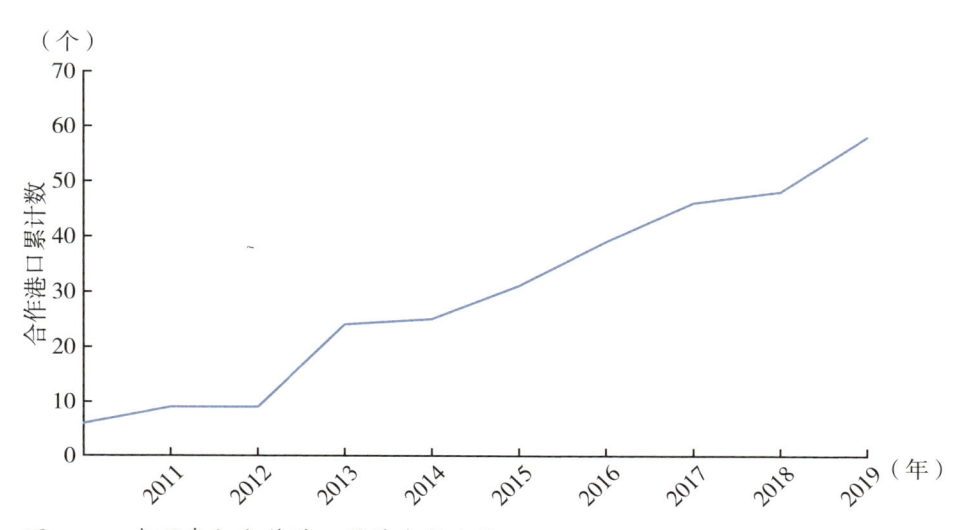

图11.3 我国参与合作港口累计个数变化

目前，参与海外港口建设的企业主要以港航企业为主，其中以中国远洋海运集团旗下的中远海运港口和招商局集团旗下的招商局港口为主要代表。参与合作建设的企业，还包括我国大型国有港口企业、大型投资集团、民营企业等。企业参与海外港口建设，不仅包括基础设施建设，更重要的是包括码头后期的运营管理，部分还包括临港产业开发、集疏运体系建设、物流仓储设施运营、航运服务网络完善等。

合作建设海外港口，完善全球港航服务网络，提升了我国面向全球的物流网络服务能力，为世界贸易繁荣发展提供了坚实支撑，对我国国际产能合作、现代供应链打造、携手构建人类命运共同体等具有重要意义和作用。通过合作建设港口以及后方产业园区，我国优势产能加快"走出去"，与当地企业合作，进一步扩大消费市场，推动了我国产业竞争力的进一步提升。

二、中外合作的典型案例

（一）比雷埃夫斯港

比雷埃夫斯港（以下简称比港）（图 11.4），地处巴尔干半岛南端、希腊东南部，连接欧亚非三地，是希腊最大的港口、地中海地区重要的集装箱枢纽港[10]，是由地中海前往大西洋、由红海前往印度洋以及由马尔马拉海前往黑海的重要中转港，是"21 世纪海上丝绸之路"的重要节点。比港是中国和希腊的合作典范。

我国企业首次在海外接管整个港口经营权。受全球金融危机、欧债危机等影响，希腊政府于 2008 年启动国有企业私有化改革，

图 11.4　中国和希腊合作的典范——比雷埃夫斯港

比港港务局因亏损严重而成为改革的重点。2008 年 10 月，中远集团通过竞标，以 4.98 亿欧元获得比港 2 号、3 号集装箱码头 35 年特许经营权，并在 2 年内实现扭亏为盈[10]。在此基础上，2016 年 8 月，中国远洋海运集团与希腊共和国发展基金签署协议，以 3.685 亿欧元收购比港港务局 67% 的股权，成为比港的实际经营者[10]。

　　比港项目成为中国、希腊经贸合作的典范。比港成为"一带一路"建设中连接陆海的重要支点，是中欧陆海快线的南起点。中欧陆海快线是匈塞铁路的延长线和升级版，南起希腊比港，途经马其顿斯科普里、塞尔维亚贝尔格莱德，北至匈牙利布达佩斯。与通过苏伊士运河抵达汉堡港或鹿特丹港后进入中东欧相比，中欧陆海快线将使运输时间缩短 7~11 天，进一步加强了我国与中东欧各国的联通[10]。

比港项目带来了显著的经济社会效益。2008年以来，比港集装箱吞吐量全球排名大幅提升，从第93位提升到2016年的第38位；同期，集装箱处理量也从68万箱增加到347万箱。截至2016年年底，比港已占有希腊90%的集装箱进出口份额，成为地中海东部地区最大的集装箱港口。比港项目为希腊拉动就业和发展经济做出了重要贡献。截至2017年年底，中远海运对希腊的直接经济贡献达7亿欧元，为当地直接创造工作岗位2600个，间接创造工作岗位8000多个。根据希腊智库预测，比港项目2025年将拉动希腊国内生产总值增长约0.8个百分点，2016—2025年约创造3.1万个新的就业岗位，带动公共债务减少2.3个百分点[10]。

比港项目推动了中国企业管理和文化理念落地生根。中远海运收购比港以来，加快推行本土化管理。以集装箱码头公司为例，除几名中方管理人员外，公司共有当地员工3000余名。同时，公司非常注重人文关怀，为全体员工提供免费午餐；有针对性地建立工资拆借制度，允许有家庭急需的员工提前预支部分工资，解决困难；以灵活多样的形式促进中希文化交流[10]。此外，公司还积极履行社会责任，包括与教堂合作为贫困居民提供食物、援建学校、修缮道路等，在比港当地居民中树立了良好的中国企业形象。可以说，比港项目不仅深化了中希两国的海运合作，而且有利于促进两国在基础设施、能源、旅游等更多领域的深入合作和交流。

（二）关丹港

马中关丹产业园和关丹港，是"一带一路"倡议提出以来，中国和马来西亚两国共建的重点项目。关丹港是马来西亚东海岸第一大港，也是关丹产业园发展的重要支撑。

为加快东部沿海发展，马来西亚政府将关丹港列为重点发展港口之一。2013年，广西北部湾国际港务集团有限公司入股关丹港。中马合作对关丹港进行升级改造，同时共同规划开发新港区。2018年之前，港口一天只能卸货8000吨。现在每天可卸货3万~4万吨，成为马来西亚最大的公共散货专业化码头[11]。随着我国西部陆海新通道加快建设，关丹港迎来新的机遇。西部陆海新通道和钦州港连接，将扩大钦州港和关丹港的经济腹地。从关丹港经中国东部港口到中国西部，需要35天以上，但如果从关丹港经钦州港，再换乘铁路到中国西部，最快只需不到两周时间。

马中关丹产业园区位毗邻关丹港，园区规划面积约12千米^2，一期占地约6.07千米^2，二期占地约5.93千米^2[12]。马中关丹产业园立足中国和东盟，面向亚太地区，重点发展钢铁及有色金属、机械装备制造、可再生能源、加工贸易和物流等产业。另一个同为中马共建的中马钦州产业园区则形成以棕榈油、燕窝、生物医药、电子信息、新能源等为主的产业集群。马中关丹产业园已引进联合钢铁、新迪轮胎、建晖纸业等多家中国企业投资建厂，成为"一带一路"倡议下中马投资合作的旗舰项目和标杆项目[13]。截至2023年8月，马中关丹产业园累计完成开发投资约15亿元；招商入园签约项目13个，总协议投资额约460亿元；完成产业投资约120亿元，工业总产值超600亿元。

马中关丹产业园已成为马来西亚东海岸经济增长的引擎，也为当地创造了大量就业机会。未来，马中关丹产业园将围绕新材料、新能源汽车及动力电池、电子电气、装备制造等高端制造业，进行多元化布局，打造"一园多区"发展模式，与中马钦州产业园互动发展，共同构建跨境产业链、供应链、金融链。

三、展望未来

（一）关于海外港口合作建设

2012年以来，我国海外合作建设运营的港口，由单点建设逐步转向全局性网络布局，由以建设为主逐步拓展到后期的运营管理，由局部区域逐步迈向全球，比雷埃夫斯港、汉班拖塔港等部分项目成为"一带一路"合作的典范。到2019年，我国海外港口网络布局基本成型，在重要的经贸合作区域，基本有我国企业参与合作建设运营的港点。近年来，我国企业开始依托合作建设运营的港点，加大后方产业园区、自由贸易区的合作建设，通过港口与产业的联动，实现更加可持续的发展；加快推进内陆场站、物流通道等合作建设，通过完善集疏运网络，拓展合作港点向纵深腹地的服务能力；加大与区域航线网络的协同，通过港点、航线的优化协同配置，完善海向航运网络布局，增强区域航运服务网络的效率和水平。

因此，我国企业合作建设运营港口的方式逐步多元化，合作范围越来越大，合作的内容越来越深入，由港点拓展到临港园区、物流园区、临港新城建设，拓展到内陆场站、集疏运通道、铁路站点合作，拓展到与内陆货代、物流、铁路等企业合资合作。可以说，我国海外港口合作建设运营，不仅完善了我国海外港航服务网络，大大提升了我国企业的国际竞争力和影响力，同时，对提升我国国际物流供应链韧性、保障国际产业链供应链安全等也具有重要意义。我国海外港口合作建设运营的上述变化趋势，预计将来还会进一步强化。

近几年，疫情、地缘冲突等对全球经贸发展带来影响，对我国海外港口合作建设运营，也带来一定的冲击。港口所在地国家的经济社会发展状况，在很大程度上影响了合作港口的运营情况。我国海外港口合作建设，更加受到当地政府的制度、体制、政治、法律、社会稳定性等因素影响，以及外部的金融环境、地区冲突、西方国家舆论等因素影响。因此，后续如何进一步高质量推进海外港口合作建设、扎实推进海外港口项目走深走实，真正实现从"走出去"到"走进去"，使得合作项目更好促进当地经济社会发展和我国的国际产能合作，还有很长的路要走。

（二）关于我国海上通道安全

在海洋时代，谁控制了马六甲海峡就等于控制了整个东南亚。这句话在一定程度上说明了马六甲海峡在当代国际海运贸

易中发挥的关键作用。马六甲海峡是世界最繁忙的水道之一，控制了世界1/4的海运贸易和一半以上的石油运输。经马六甲海峡进入中国南海的油轮是经过苏伊士运河的3倍、经过巴拿马运河的5倍。

我国海运在国际物流供应链体系中的地位非常重要，在能源原材料等战略性物资运输中发挥着其他交通方式均不可替代的作用。海运通道的畅通高效，关乎我国产业链供应链稳定和国家经济安全。因此，构建安全、畅通、高效、稳定、可靠、富有韧性的国际海运通道体系，是全球经贸、政治格局深度调

整背景下的关键战略选择。2022年苏伊士运河集装箱船舶搁浅、2023年地区地缘政治冲突导致的红海部分航线停运、改变航路等事件，无不在极大地影响原本就十分脆弱的国际海运物流供应链体系。

未来的中国，要充分估量各种可能的极端事件的发生，在巩固加强现有海运通道的基础上，加快谋划拓展战略备份通道，海陆兼顾，在继续推进陆上西向、南向、北向大通道建设的同时，加快谋划北极航道等战略通道，为国家经济安全和社会稳定提供"打不烂、拖不垮"的国家物流运输大通道支撑。

> 交通强国

第五节　跨境交往的口岸交通

口岸指国家指定的对外往来的门户，是国际货物运输的枢纽，是一种特殊的物流节点。各类口岸由商务部、海关总署等确定，并经国务院审批和公布。这些口岸包括陆路口岸、水运（海、河）口岸、空运口岸。

一、发展概述

经过多年发展，我国口岸布局进一步优化。沿海地区基本形成环渤海、长三角、东南沿海、珠三角以及西南沿海规模化、专业化、现代化口岸聚集区。沿边地区基本形成面向东北亚、中亚和东南亚开放的口岸聚集带。内陆地区口岸枢纽作用日趋明显，成为连接内陆与沿海、沿边国际贸易通道的重要节点。截至2020年年底，全国经国务院批准的对外开放口岸共313个，其中，水运口岸129个（其中河港口岸53个，海港口岸76个），陆路口岸104个（其中铁路口岸22个，公路口岸82个），空运口岸80个[14]。图11.5为我国东莞珠江口岸东莞港。

二、展望未来

未来，我国口岸交通应重点推动跨境基础设施互联互通工程建设，解决一些口岸拥堵的问题。要完善口岸配套交通、场站及后方通道等基础设施建设，推动口岸与交通融合发展，鼓

图 11.5　广东东莞珠江口岸东莞港

励内陆与沿海沿边口岸深化物流合作。要推进口岸对等设立，同步提升双边口岸通过能力和服务水平，更好支撑中欧班列、跨境公路等国际运输发展。

　　千年驿站，百年口岸。霍尔果斯口岸，无疑是我国在"一带一路"倡议背景下，内陆口岸中重新崛起的一颗新星。霍尔果斯，这处"驼队经过的地方"，远在隋唐时期就是古丝绸之路北道上的重要驿站。现在的霍尔果斯口岸，是中国西部历史最长、综合运量最大、自然环境最好、功能最为齐全的国家一类陆路口岸；拥有我国首创、世界唯一一个封关运营的跨境经济合作区——中哈霍尔果斯国际边境合作中心。截至2023年

> 交通强国

8月31日，经霍尔果斯铁路口岸通行中欧（中亚）班列数量累计超过3万列，班列开行线路累计达78条，辐射境外18个国家、45个城市和地区[15]，成为名副其实的国际物流陆路运输"黄金通道"。霍尔果斯充分利用国际国内两个市场、两种资源，发挥口岸平台功能和政策叠加优势，推动商贸物流产业和加工贸易产业发展，促进通道经济向口岸经济、产业经济转变。

在"一带一路"倡议下，我国陆向开放战略深入推进，还有众多如霍尔果斯口岸这样的内陆型国际口岸，在中欧班列快速发展的牵引下，正在加快口岸经济、口岸产业乃至口岸文化的发展。

第六节 中欧班列的作用与未来发展

西汉时期，张骞出关中、过河西、走戈壁、越天山，打开了通往西域的路。这条横跨亚欧大陆的丝绸之路，是连接华夏和西方世界的第一座桥梁，开启了东西方文明交流互鉴的新篇章。在当代，沿线国家经济社会发展的共同诉求加速推动了亚欧国际物流供应链体系的重构，中欧班列应运而生。

一、发展概况

中欧班列是往来于中国与欧洲及沿线国家间的集装箱国际铁路联运班列。经中国阿拉山口、霍尔果斯、二连浩特、满洲里、绥芬河五大口岸出境的西、中、东三条通道,构成了中欧班列的主要运输线路,形成"多向延伸、海陆互联"的布局[16]。

从2011年重庆至杜伊斯堡国际列车的"破冰之旅",到成都、郑州、武汉、苏州、义乌等城市中欧班列的渐次开行,再到2016年统一品牌的启用,中欧班列进入统一规范、高质量发展的新阶段。中欧班列作为共建"一带一路"的旗舰项目和标志性品牌,自创立以来到2023年11月,已累计开行8.1万列,通达欧洲25个国家的217个城市,物流服务网络覆盖亚欧大陆全境,成为沿线国家广泛认同的国际公共物流产品,成为具有强大辐射力、带动力和影响力的国际物流品牌。中欧班列创新了现代交通物流运营模式,提高了效率,缩短了时间,增加了附加值。中欧班列运输费用约是空运的1/5,运输时间约是海运的1/4,平均碳排放量是航空运输的1/15、公路运输的1/7[16]。

二、地位作用

中欧班列依托陆桥、向陆而生,开创了亚欧国际运输新格局,打造了富有韧性的国际物流供应链[16],拉近了沿线国家交流交往交融的距离,成为推动"一带一路"建设的重要载体。

(一)中欧班列成为沿线地区经济发展的新引擎

中欧班列推动了亚欧国际联运通道完善,推动了沿线国家交通基础设施优化升级,带动了一批物流、工业、商贸中心、产业园区建设,促进了沿线国家经贸合作与繁荣发展。图11.6为在满洲里口岸铁路运货的俄罗斯火车。

图 11.6　在满洲里口岸铁路运货的俄罗斯火车

（二）中欧班列成为国际物流供应链的新选择

中欧班列为亚欧国际贸易提供了除海运、空运之外的物流新选择。在新型冠状病毒感染疫情全球大流行期间，中欧班列有力保障了国际抗疫救援物资和工业原材料、产成品的运输。在乌克兰危机、苏伊士运河拥堵等重大突发事件发生时，中欧班列仍保持安全稳定畅通运行，增强了国际物流应急链的韧性和保障能力。

（三）中欧班列成为沿线国家交流互鉴的新纽带

以中欧班列开行为纽带，越来越多的中欧班列境外节点城市与中国主要开行城市建立了国际友好城市关系。中欧班列也成为沿线国家人民的"购物车"，让沿线人民更加便捷地共享来自世界各地的优质商品。中欧班列打造了亚欧贸易和人文交流的新通道，将更多沿线国家的文化产品引入中国，同时也让富有中国元素的商品走出国门，向世界传播中国文化。

（四）中欧班列是中欧贸易持续发展的新动能

随着中欧班列开行规模不断扩大，货物品类逐步拓展，中国消费类电子产品、服装、家电、日用小商品等多种产品，以更快速度、更优价格到达欧洲；西班牙红酒、荷兰奶酪、波兰水果等越来越多的欧洲产品，走进了中国寻常百姓家。2016—2021年，中国自欧盟进口贸易额增长了63.7%，其中自中东欧进口增长了127.3%。

三、展望未来

中欧班列作为跨大洲、跨国别、长距离、大运量的国际运输方式，架起了连接亚欧的友谊桥梁。未来，我国将继续推进中欧班列高质量发展，升级改造中欧班列铁路口岸和后方"卡脖子"路段，进行技术装备升级和信息化建设；建设中欧班列集结中心，推广中欧班列统一运单；健全行业自律机制，巩固维护品牌形象，强化风险防控；推动国际铁路联运规则衔接统一，探索建立与贸易、金融联动发展新规则，尽快探寻补贴逐步退出后的发展路径[17]。

第七节 "一带一路"：走向共同富裕的交通走廊

交通走廊建设是共建"一带一路"的优先选项。这里的交通走廊，指地理上特定的运输通道和公路、铁路、港口、机场

交通强国

等交通基础设施密集的战略空间，是国家和区域政府通过直接参与投资建设，实现关键通道、关键节点联通的重要途径。

一、现状与作用

交通走廊建设为货物流动提供便利，促进贸易往来，刺激经济增长，拉动当地就业，促进经济发展和减贫，也助力内陆国家打破地理封闭僵局，推动世界地缘经济格局的改变，成为人类命运共同体建设的践行者。

（一）推进世界互联互通

"一带一路"倡议提出以来，交通走廊形成了"六廊六路多国多港"的互联互通架构，取得了很多标志性成果。由世界级港口群、机场群、铁路公路等组成的"一带一路"交通走廊，正在加速推进全球互联互通，不断增强世界的联通性、稳定性和安全性。"一带一路"交通走廊，通过打造内畅外联、陆海贯通的运输通道，为我国对外开放和对外投资赋予新动能。

（二）推动沿线国家交通技术升级

很多"一带一路"沿线国家交通技术和基础设施相对落后，搭乘我国交通高速发展的"快车"，沿线国家交通技术得到提升发展。以孟加拉国为例，位于该国吉大港的卡纳普里河底隧道是中方负责施工的第一个大型海外隧道项目，作为该项目核心设备的盾构机完全由中国自行研发制造，成为克服施工技术难题的利器，也明显提升了当地的施工装备技术。

（三）为全球减贫做出巨大贡献

基于交通基础设施改善而吸引到的外国投资，弥补了沿线发展中国家的资金缺口，也促进了沿线国家经济增长。2018年，世界银行研究员德索伊斯等人估计，"一带一路"交通走廊建设，将使撒哈拉以南非洲经济体的国内生产总值因国外直接投资增加7.47%[18]，增长0.23%；南亚和中亚国家的国内生产总值将因国外直接投资增加6.25%和7.28%，分别增长0.14%和0.12%。埃塞俄比亚通过被誉为"运输生命线"的亚吉铁路，将工业产品运往欧美市场，实现了产业升级和外资增长，进而跻身非洲中等收入国家行列。

（四）推动国际运输合作深化

"一带一路"倡议提出以来，我国与沿线国家交通合作持续深化。截至2021年11月，陆路方面，我国与19个国家签署了22项国际道路运输便利化协定，建立中欧班列国际铁路合作机制，实现中欧班列出口运输常态化运作；海运方面，我国与66个国家和地区签署了70个双边和区域海运协定，海运互联互通指数多年保持世界第一；航空方面，与100个国家签订双边政府间航空运输协定，与其中54个国家保持定期客货运通航，与东盟、欧盟签订区域性航空运输协定；邮政方面，与22个国家签署邮政合作文件[19]。

（五）锻造中国知名物流品牌

中欧班列统一命名，整合了各地物流资源，增强了中欧班列全程服务能力和竞争力。在国际贸易增长低迷的形势下，中

交通强国

欧班列逆势增长，通达欧洲25个国家的217个城市，物流配送网络覆盖欧洲全境，为亚欧市场整合和亚欧大陆合作提供了契机[20]。

二、展望未来

2023年，是"一带一路"倡议提出10周年。作为面向21世纪的新型国际合作机制，10年对于高质量共建"一带一路"来说，不过仅仅是一个开始。许多重要的交通基础设施正在加快推进或刚刚建成投运，还需要在日后不断发挥其效益。面对全球急剧变化的复杂形势，交通基础设施互联互通给共建国家的经济增长增添了韧性。高质量共建"一带一路"将为中

国和世界打开新的长期机遇之窗，不仅将使中国更美好，也将使世界更美好。

"连接"是一道世纪命题，需要全方位、多层次、立体化的力量参与。而交通基础设施建设和国际连接形成了一种有形的公共产品，对于包容、韧性发展具有关键价值。"一带一路"交通走廊建设遵循的"共商共建共享"原则，正受到越来越多共建国家的认同[21]。面向未来，我们需要进一步打通"硬联通"和"软联通"，把政策沟通、设施联通、贸易畅通、资金融通、民心相通，统筹融合于具体的项目和发展实践中[22]。未来的交通合作项目，关注点不仅要聚焦在具有影响力的大项目上，还要深耕一些精品小项目。"小而美"的交通项目，也会带来"大而强"的影响力。

青山遮不住，毕竟东流去。尽管在"一带一路"倡议下，交通基础设施互联互通过程中也存在一些风险挑战，但交通基础设施互联互通顺应时代潮流，符合各国发展诉求，具备突破人类社会意识形态偏见和地缘政治短视的强大内生动力，富有极强的国际感召力和吸引力，前景光明。

参考文献

[1] 徐刚，傅梦孜."一带一路"：互联互通的现状与未来[EB/OL].（2023-11-25）[2023-12-30]. https://mp.weixin.qq.com/s/97NtPUmbiBkAc1DPOQz7Tw.

[2] 雷洋，马军海，张玉春，等."一带一路"沿线公路交通基础设施发展战略研究［J］．中国工程科学，2019，21（4）：14-21.

[3] 滕腾，赵玼．"一带一路"下"中欧班列"高速发展：成绩、挑战与商机［EB/OL］．（2023-11-02）[2023-12-30]．https://mp.weixin.qq.com/s/l8lsFYpC3Stet1FemwHJkw.

[4] 陈海萍．海上互联互通 合作共同发展："一带一路"港口建设彰显"中国智慧"［EB/OL］．（2023-10-12）[2023-12-30]．https://mp.weixin.qq.com/s/4ok2_PHdoOCvIKXeQY9sIA.

[5] 周子勋．"一带一路"这十年｜推动全球互联 互通全方位基础设施网络加快形成［EB/OL］．（2023-10-12）[2023-12-30]．https://baijiahao.baidu.com/s?id=1779515413554090375&wfr=spider&for=pc.

[6] 国民经略．官宣！"国际交通枢纽城市"揭晓，这20城被委以重任［EB/OL］．（2021-02-25）[2023-12-30]．https://mp.weixin.qq.com/s/21F3eoV1juffzXoCMqUiSQ.

[7] 河南省发改委．深度融入"一带一路"探索中国式现代化的郑州开放实践［EB/OL］．（2023-10-07）[2023-12-30]．https://fgw.henan.gov.cn/2023/10-07/2825599.html.

[8] 孙永福，何华武，郑健，等．中国铁路"走出去"发展战略研究［J］．中国工程科学，2017，19（5）：1-8.

[9] 孙广勇，谢亚宏，黄炜鑫．铁路建设：高质量共建"一带一路"的生动实践［N］．人民日报，2023-10-11（17）.

[10] 中国经济时报．希腊比雷埃夫斯港：中希"一带一路"合作典范［EB/OL］．（2019-04-18）[2023-12-30]．https://baijiahao.baidu.com/s?id=1631077779149400381&wfr=spider&for=pc.

[11] 章念生，刘慧．携手推动马中关丹产业园走向新辉煌（共建"一带

一路")[N].人民日报,2023-04-04(3).

[12] 中国一带一路网.马中关丹产业园[EB/OL].(2021-05-31)
[2023-12-30].https://www.yidaiyilu.gov.cn/p/175934.html.

[13] 罗婧,黄珊,冯耀华.携手共赢建"双园"——探访"一带一路"重大项目马中关丹产业园[N].广西日报,2023-09-12(6).

[14] 深圳市人民政府口岸办公室.国家"十四五"口岸发展规划[EB/OL].(2021-09-23)[2023-12-30].http://ka.sz.gov.cn/g 千米 lpt/content/9/9149/post_9149276.html#319.

[15] 赵戈.新疆霍尔果斯铁路口岸中欧班列跑出"加速度"[EB/OL].(2023-09-07)[2023-12-30].http://xj.news.cn/20230907/733a568643644448941caa273c2c11fe/c.html.

[16] 中国一带一路网.中欧班列是高质量共建"一带一路"的互联互通大动脉:《中欧班列发展报告(2021)》解读之三[EB/OL].(2022-08-24)[2023-12-30].https://mp.weixin.qq.com/s/AY62lgcomAixor8R1xP1Xw.

[17] 陈云,卢春房,盛黎明,等.基于共建共赢的中欧班列高质量发展战略研究[J].中国工程科学,2020,22(3):125-131.

[18] 杨晓琰,郭朝先.加强国际产能合作推进"一带一路"建设高质量发展[J].企业经济,2019,(7):50-60.

[19] 刘志强,陆娅楠."一带一路"交通互联互通稳步推进[EB/OL].(2021-12-03)[2023-12-30].https://www.gov.cn/xinwen/2021-12/03/content_5655542.htm.

[20] 胡慧.中欧班列:架起亚欧大陆友谊桥,铺就互联互通共赢路[EB/OL].(2023-12-12)[2023-12-30].https://cn.chinadaily.com.cn/a/202312/12/WS6577f44ea310 c2083e412826.html.

［21］中国交建.《习近平经济思想研究》刊发中交集团主要领导署名文章：互联互通　共建共享　在"一带一路"交通基础设施建设中勇当先锋［EB/OL］.（2023-10-25）［2023-12-30］. https://mp.weixin.qq.com/s/_j9EYMF-pBbfyiz33zgMpg.

［22］中国外汇."一带一路"互联互通：十年成就与展望［EB/OL］.（2023-10-18）［2023-12-30］. https://mp.weixin.qq.com/s/2oPH5FZzNTfmQAMuUrSKdg.

图书在版编目（CIP）数据

交通强国 / 傅志寰，陆化普著. -- 北京：中国科学技术出版社，2025.3. --（强国建设书系）.
ISBN 978-7-5236-0811-1
Ⅰ. F512.3
中国国家版本馆 CIP 数据核字第 202482NR93 号

策划编辑	郑洪炜　孙海婷　王　萌
责任编辑	郑洪炜
封面设计	金彩恒通
正文设计	中文天地
责任校对	吕传新
责任印制	徐　飞

出　　版	中国科学技术出版社
发　　行	中国科学技术出版社有限公司
地　　址	北京市海淀区中关村南大街 16 号
邮　　编	100081
发行电话	010-62173865
传　　真	010-62173081
网　　址	http://www.cspbooks.com.cn

开　　本	170mm×240mm　1/16
字　　数	275 千字
印　　张	26.5
版　　次	2025 年 3 月第 1 版
印　　次	2025 年 3 月第 1 次印刷
印　　刷	河北鑫玉鸿程印刷有限公司
书　　号	ISBN 978-7-5236-0811-1 / F・1267
定　　价	168.00 元

（凡购买本社图书，如有缺页、倒页、脱页者，本社销售中心负责调换）